MEDIA SOCIOLOGY

媒介社会学

韩瑞霞 ◎ 著

上海交通大学出版社
SHANGHAI JIAO TONG UNIVERSITY PRESS

教材简介

本书以"行动—媒介—结构"为分析框架,从 web3.0 以降媒介全面切入社会生活微观、中观和宏观全领域的语境背景出发,系统梳理了媒介社会学的议题、理论与方法。在回顾媒介社会学芝加哥学派思想理论资源基础上,重点介绍了以吉登斯、布尔迪厄为代表的宏观理论资源和以布洛维、格兰诺维特、桑斯坦为代表的中观理论资源在媒介社会学议题上的适用性。然后以结构—行动、宏观—微观谱系为横坐标,以 web1.0~web3.0 媒介发展为纵坐标,从媒介、体制与政治,媒介工业与受众,媒介表征/再现,数字技术、自我和社会四个议题进行了媒介社会学研究案例导读。最后介绍了实验法、调查法、访谈法在媒介研究议题上的应用和谱系,并就大数据代表的"界面"研究方法对未来社会科学基本研究方式的挑战进行了梳理解读。

全书将理论介绍与案例导读相结合,适合新闻传播、社会学专业本科高年级和研究生同学选读。

图书在版编目(CIP)数据

媒介社会学/韩瑞霞著.—上海:上海交通大学
出版社,2024.8—ISBN 978-7-313-30385-1

Ⅰ.G206.2

中国国家版本馆 CIP 数据核字第 2024S4C580 号

媒介社会学

MEIJIE SHEHUIXUE

著 者:韩瑞霞 等			
出版发行:上海交通大学出版社		地 址:上海市番禺路 951 号
邮政编码:200030		电 话:021-64071208
印 制:浙江天地海印刷有限公司		经 销:全国新华书店
开 本:710mm×1000mm 1/16		印 张:17.5
字 数:291 千字		
版 次:2024 年 8 月第 1 版		印 次:2024 年 8 月第 1 次印刷
书 号:ISBN 978-7-313-30385-1		
定 价:68.00 元		

序 一
媒介社会学的思想与学术①

李红涛②

  媒介社会学并不是一个时髦的领域,但它近年来在国内外都吸引了相当多的关注。媒介社会学也不是一个新兴的议题,毕竟早在 1970 年杰里米·滕斯托就编辑了《媒介社会学读本》,戴维·巴勒特在 1986 年就出版了英文学界最早的《媒介社会学》教科书。无论是在英文文献还是中文文献中,都不乏对媒介社会学的界定。其中最简便者,莫过于"对媒介的社会学研究"。但还是经常会有人问,到底什么是媒介社会学? 它跟传播社会学有什么区别? 或许这就是一个交叉领域必然会面对的问题,也是它"未定"状态的一种体现。

  "什么是媒介社会学"这个问题,还会牵涉一系列其他问题。譬如,某一位学者到底可不可以被视为媒介社会学者? 如果抱持保守看法,只到那杆飘扬的"媒介社会学"旗子——有没有、在何处先不论——底下看聚拢的人群,恐怕失之于僵化。如果抱持开放和激进看法,把凡是在媒介研究作品中看到的社会学者都拉进来,又恐怕遭"拉大旗扯虎皮"之讥。这个问题当然要放到学术脉络中加以观察,是一个知识社会学问题,但对于领域中人而言,它也是个实践问题。

  或许我们不妨采取"实用主义"的态度,以同心圆的意象来形容媒介社会学的知识或学术状况,当中既牵涉研究者的知识或学术取向、机构附属,也牵涉对学术身份的自我认同和他人认可。最内圈由专注于从社会学视角开展媒介研究的学者

---

① 李红涛:《媒介社会学的思想与学术》,《南京邮电大学学报(社会科学版)》2024 年第 1 期,第 32 - 36 页。
② 李红涛:复旦大学信息与传播研究中心研究员、复旦大学新闻学院教授,邮箱:hongtao_li@ fudan. edu. cn。

构成,他们身在新闻传播院系或社会学系,自认媒介社会学者;中间圈的研究者,身在社会学或其他人文社科院系,将媒介视为重要关切,未必主动自认但被他人视为媒介社会学者;最外圈,身在社会学界或其他社科院系,基本不从事与媒介有关的研究,但其理论或概念被媒介研究广泛援引。从这个粗疏的"同心圆"意象出发,在看到书中将布洛维、格兰诺维特视为"媒介社会学的中观理论家"时,读者或许就不会急着反问,而是会注意到,作者强调的更多是"以布洛维、格兰诺维特、桑斯坦代表的中观理论资源在媒介社会议题上的应用"。

对于一个交叉领域来说,似乎时时都需要界定自身。实际上,《媒介社会学》开门见山,将该领域界定为"在结构与行动互动框架下,考察媒介在社会生活各个层面发挥作用机制与影响的一个交叉学科"。这里有两点值得注意:一是作者明确了"结构与行动互动框架",而我们都知道,结构与能动性的确构成了社会理论当中非常重要的一对关系;二是作者将媒介社会学的重心放到媒介对社会生活的机制与影响,而似乎把对媒介自身——体制、结构、生产、内容——的社会学研究排除在外。

紧接着,作者就针对媒介研究和社会学研究展开了边界工作:

> 相比于单纯的媒介研究,其更注重在社会结构和个体互动关系中来探究媒介的置入、使用及其影响。而相比于单纯的社会学研究,则更注重回应 Web3.0 以降媒介在社会结构分层与流动、冲突与变迁、组织运作、文化实践以及日常生活中人们自我呈现和互动发生中的中介性作用,揭示具有未来展示意义的人类社会型构运作方式,提升社会学的当代解释力。

至于媒介社会学的学科和领域状况,作者引用维基百科的查询结果——"截至目前,'媒介社会学'尚无独立概念词条",来说明"媒介社会学并没有确切的定义和概念外延"。这是相当有趣的讨论。不过,维基百科毕竟是面向公众的协作式知识平台,学术界的情形又如何呢? 在这里,请允许我引用学术界的传统"百科",来对作者的论述做一点补充。

先以传播学领域的百科为例。四卷本的《传播理论与哲学国际百科全书》收录"媒介社会学"(media sociology)条目,由西尔维奥·韦斯伯(Silvio Waisbord)撰写。在条目开头，韦斯伯就对媒介社会学的定义和内涵做了一番颇为纠结的讨论：

> 关于"媒介社会学"，我们找不到经典的定义，可以囊括扎根于社会学思想的媒介学术这一广阔无垠的领域。简而言之，媒介社会学可以被界定为扎根于社会学思想和问题的"媒介"研究。媒介社会学探究媒介对于理解社会重要维度的相关性，这些维度包括分层、组织、身份、自主性、个人主义、社区、社会影响和权力。它也致力于运用社会学理论和论点来理解媒介的方方面面，包括行业、制度、受众、内容、政策、再现等。对媒介的研究应该有助于理解关键的社会发展，而对社会的研究应该有助于理解媒介过程和制度。[①]

可见，韦斯伯将媒介社会学界定为一条双向道，既可以从媒介通向社会，也可以从社会通向媒介。相应地，媒介社会学背后的指导观念即是，"从社会学角度理解媒介，有助于我们发现各类重要问题，关乎媒介如何运转，对社会生活方方面面有何影响；反过来说，对'媒介'的研究也能阐明众多关键领域，理解当代社会的重要趋势和变革"。

再来看社会学领域。《剑桥社会学手册》第一卷"社会学的核心领域与学科发展"和《牛津社会学词典》（第三版）都收录了"大众传媒社会学"条目。前者（sociology of mass media）只是将其界定为"对广电、印刷和新近的线上媒体机构、产品和受众的研究"，但也指出，其源头可以追溯到早期欧美的社会学思想，"它们认为，媒体（即报刊）的发展和影响对社会的变革或现代化非常重要"。[②] 后者（mass media，sociology of）因为是词典条目，篇幅更短一些。在论及大众传媒为何引起社会学界关注时，条目写道：

> 大众传媒主导着现代社会的精神生活，因而引起社会学家的浓厚兴

---

① Waisbord, S. (2016). Media sociology. In K. B. Jensen & R. T. Craig (eds). The International Encyclopedia of Communication Theory and Philosophy. John Wiley & Sons, Inc.

② Matthews, J. (2017). The sociology of mass media. The Cambridge Handbook of Sociology, vol. 1, Core Areas in Sociology and the Development of the Discipline (pp. 205-213). Cambridge: Cambridge University Press, p. 205.

趣。从 20 世纪 30 年代最早的研究开始，主要关切就是新媒体技术——尤其是广播和电视——中隐含的力量。希特勒成功运用广播做宣传，为可能的危险上了一堂实物课。而大众社会的概念则强化了这样一套观念，即电子媒体有可能造成奥威尔式的精神控制局面，导致被动的大众被极少数传播精英所支配。①

从媒介研究视角出发对"媒介社会学"的讨论，与从社会学视角出发对"媒介社会学"的介绍，构成了有趣的对照——未必是对话，其间的细微差异和张力也颇值得注意。

作为一本教科书，《媒介社会学》六章涵盖的内容非常广泛，"从媒介社会学的历史资源追溯开始"，延伸到经典研究范式、经典理论家，之后"下沉到媒介社会学的具体理论议题"和"经典研究方法及应用案例"。在这篇短序中，我不打算复述整本书的内容，而只能与其中部分章节展开一点对话，分享"先睹为快"的阅读体会。

《媒介社会学》"以芝加哥学派为分析起点"，这倒是不会让人感到意外，毕竟近年来国内外对芝加哥学派的"重访"都已经蔚然大观。第二章用了非常大的篇幅讨论"作为经典案例的罗伯特·帕克"。作者的讨论更多落脚在"思想"，譬如，我们在字里行间看到下面这样的表述，"罗伯特·帕克的传播学思想根植于芝加哥学派，将传播作为社会何以可能的基础，认为传播是人类关系的本质"，"帕克的学术思想受以下四方面的影响较大"等。换言之，原本作为学术研究出现的作品，时过境迁之后，被当作"传播思想"加以概括和解读。这当然是非常重要的工作，不过，我倒是希望在此做一点引申，那就是媒介社会学中的"思想"和"学术"，以及当中牵涉的与经典对话的方式。

"思想"和"学术"的区分，似乎是中文学术界中独特的关切，其源头要追溯到 20 世纪 90 年代初李泽厚关于当时中国大陆学术界风向的一个简单判断，即"思想家淡出，学问家凸显"，②以及由此引发的所谓"思想与学术之争"。在此，我当然无意于也无力对相关争论做全面的梳理，同时，我也非常赞同邓晓芒在《思想中的学

① Scott, J., & Marshall, G. (eds) (2009). Oxford Dictionary of Sociology (Third Edition Revised). Oxford: Oxford University Press, pp. 449 – 451.

② 李泽厚：《思想家淡出 学问家凸显》，参见马群林编撰：《人生小纪：与李泽厚的虚拟对话》，南京：南京大学出版社，2022 年。

术与学术性的思想》一文中的观点,即我们应该"将严格的学术作为思想本身内在的风骨,它引领思想的灵魂一步一个脚印地建立自己的基地、居所和世界,使思想真正成为立足于自身生命的、因而可以能动地作用于现实生活的独立主体"。① 但这里之所以提到这一对或许存在问题的二分法,是有感于一旦某个学者被当作"经典人物",其作品被视为"经典思想",也就意味着那个人和那套思想被束之高阁,仅供顶礼膜拜。

回到帕克,我当然不认为他没有"思想",但他首先也主要是一个社会学家,而不是社会思想家。一个简单的问题是,我们如何在他的"传播学思想"或"学术思想"中找回最初活生生的"学术",并与之展开对话,从中寻找于眼下的探索有益的启迪? 至少,从这个问题出发,"经典人物"的视角、问题和方法,以及我们自己的"问题意识",都会变得跟他的"思想"同样重要。

我们不妨将作者在这里的综述与一篇"重访"帕克的文章做一点对照,这篇文章就是罗纳德·雅各布斯(Ronald Jacobs)所撰《文化、公共领域与媒介社会学:从帕克的工作中搜寻经典创始人》。② 实际上,《媒介社会学》也提到了这篇文章,并在第二章第三节详加评述,以此"从第三方视野观察与媒介社会学密切关联的芝加哥学派重要代表人物对当时媒介、社会及社会变革关系的思考"。当然,作者将这篇文章归入"芝加哥学派媒介与社会经典论文"(第三节)或许值得商榷,因为它其实并不是在芝加哥学派传统之下或者受到该学派影响或启发的实证研究,而是在特定语境下"重访"芝加哥学派的文章。可能他发表在《美国社会学刊》上的论文《公民社会与危机:文化、话语与罗德尼·金殴打案》③或者专著《种族、媒介与市民社会的危机》④是更合适的选择。

回到雅各布斯 2009 年的这篇文章,他之所以重访帕克,甚至将之推到媒介社会学经典创始人的地位,并不是为了"钩沉",也不是为了阐发帕克的传播思想。他带着自己的关切和问题意识,那就是如何在主流社会学的脉络下复兴媒介社会学。

---

① 邓晓芒:《思想中的学术与学术性的思想》,《学术月刊》2001 年第 10 期,第 9 - 11 页。

② Jacobs, R. (2009). Culture, public sphere, and media sociology: A search for a classical founder in the work of Robert Park. The American Sociologist, 40(3), 149 - 166.

③ Jacobs, R. N. (1996). Civil society and crisis: Culture, discourse, and the Rodney King beating. American Journal of Sociology, 101(5), 1238 - 1272.

④ Jacobs, R. N. (2000). Race, media, and the crisis of civil society: From Watts to Rodney King. Cambridge University Press.

雅各布斯认为,"当媒介社会学以理解形塑公共领域的支配文化结构为目标的时候,它表现出了最大的活力",而帕克正是最早采取了这样的视角。但很遗憾,20世纪60年代之后,研究者不再关注媒体的公共属性,转而讨论社会因素如何影响媒介信息的生产,由此导向还原论的媒介社会学。由此,雅各布斯抛出了自己的主张,那就是20世纪90年代兴起的文化社会学和公共领域理论应该与芝加哥学派建立更明确的联系,并将帕克视为经典创始人,以此提高这一支媒介社会学在主流社会学内部的可见性。无论是雅各布斯的关切本身,还是他对媒介社会学历史的解释,都可以商榷,但这种从当代议题和学术探索出发的鲜明问题意识,仍然值得我们参考。

韩瑞霞博士很早就嘱我为她正在写作中的《媒介社会学》作序,实在诚惶诚恐。作者谦称,"本书的推出意欲在最为粗浅的层面提供最大公约数的共识讨论框架,以期以对话、讨论、争辩的方式共同促进本研究方向及领域的发展"。上面这些拉拉杂杂的文字,权当为该书出版后可能引发的"对话、讨论、争辩"提供一点补充或是边角料吧。

是为序。

序　二
媒介社会学再出发^①

陈文泓^②

　　韩瑞霞博士邀请我为她的著作《媒介社会学》作序,盛情难却又感慨万千。瑞霞和我于 2009 年在杜克大学社会学系相识。倏忽十五年,我们从当年的博士后青椒磨成媒介社会学者,其间在上海和瑞霞数次匆匆相见,每每都会谈起在社会学和传播学交叉地带耕耘的欣喜与艰辛。一方面媒介社会学的研究对象、研究方法早已沧海桑田,另一方面经典理论与问题青山不改。此书作为瑞霞多年来研究和教学的成果可喜可贺。

　　由于篇幅及文体所限,短序无意探讨媒介社会学是传播学科下的社会学研究,还是社会学下的传播媒体媒介文化研究等边界问题与从属问题。与任何社会行为一样,知识生产从来都有时代烙印。学术的生产传播受到宏观层面的机会结构,微观层面的个人获取资源的机会,以及中观层面的社区资源的影响。记述、解释和辩论一个领域的起源、发展和未来是知识传承的重要部分。瑞霞的《媒介社会学》再次证明遗弃论——社会学抛弃传播与媒介研究——有夸大和误导性。

　　社会学与传播学两个学科内部都是包罗万象、琳琅满目、不断细化分化,而且与众多学科交叉影响。从知识社会学的角度审视,学科之间的关系,学术机构与政府、企业和基金会等非学术机构的互动对媒介社会学的兴起、衰落和复兴都有影响。美国的媒介社会学至少开始于 20 世纪 20 年代。芝加哥学派的开山人物如杜

① 陈文泓:《知识生产视野的媒介社会学历史与发展:〈媒介社会学〉漫谈》,《南京邮电大学学报(社会科学版)》2024 年第 1 期,第 37 - 40 页。

② 陈文泓:美国德州大学奥斯汀分校传播学院和社会学系教授,邮箱:wenhong. chen@austin. utexas. edu。

威和帕克对传播和社区的互动很感兴趣。第二次世界大战前后,现代传播学作为一个相对年轻的学科迅猛发展,汲取社会学、政治学、心理学等社会人文学科的理论方法并大力招揽这些学科的人才。"二战"前和"二战"中研究资助的变化使社会学重镇从芝加哥学派转移到纽约的哥伦比亚学派;传播媒体研究也从芝加哥学派主导的传播与社区转移到哥伦比亚学派领军的媒介效果。尽管哥伦比亚学派的大师们如拉扎斯菲尔德和默顿并不否认结构性权力通过宣传操纵大众舆情与行为,以及媒介效果范式的中心是"具体的、可测量的、短期的、个人的、态度和行为的媒体影响"。[1] 有趣的是,实证研究常常发现大众媒体对人们态度和行为的影响有限。这与美国媒体公司高度集中和受众大幅增加形成鲜明对比,从 1959 年贝雷尔森与施拉姆,里斯曼和鲍尔等在《民意季刊》上讨论以来,传播学和社会学的学科关系主要被传播学者描述为一种遗弃论,即社会学放弃了传播和媒体研究。卡茨、[2]甘斯[3]、普利和卡茨[4]对遗弃论进一步呼应共鸣,认为"二战"后资助变化,传播学制度化程度的提高,以及令人失望的有限媒体效果等因素相互交织触发了自20 世纪 50 年代末社会学放弃传播研究。然而,传播学和社会学之间的学科关系并非如此简单。

瑞霞的《媒介社会学》体现了社会学想象赋予传播与媒介研究的深度与力度。媒介社会学建立在美国内外的多种研究传统之上。哥伦比亚学派及对其的批评对传播学研究发展初期影响重大。但即使在全盛时期也从未代表过美国媒介社会学的所有理论方法。事实上,哥伦比亚学派的权力盲点和实证主义受到法兰克福学派和 C. 赖特·米尔斯(C. Wright Mills)的挑战。20 世纪六七十年代以来,使用社会学理论和方法的传播和媒体研究薪火相传。遗弃论也受到以美国为中心的影响,忽视了在美国外受过社会学训练或受过启发的学者的研究。仅仅以欧洲社会学而言,阿多诺的文化产业、哈贝马斯的公共领域理论、布尔迪厄的场域和文化资

---

[1] Gitlin, T. (1978). Media sociology: The dominant paradigm. Theory and Society, 6(2), 205-253.

[2] Katz, E. (1959). Mass communications research and the study of popular culture: An editorial note on a possible future for this journal. Studies in Public Communication, 2, 1-6.

[3] Gans, H.J. (1972). The famine in American mass-communications research: Comments on Hirsch, Tuchman, and Gecas. American Journal of Sociology, 77(4), 697-705.

[4] Pooley, J., & Katz, E. (2008). Further notes on Why American sociology abandoned mass communi- cation Research1. Journal of Communication, 58(4), 767-786.

本理论,卢曼关于大众传媒建构社会现实的系统理论,贝克的风险社会和反思现代性理论,斯图尔特·霍尔和伯明翰学派,以及卡斯特的网络社会三部曲等,从不同层面和角度将结构性力量带入传播媒体理论中,阐明传播和媒体实践如何助力权力的形成、运用和再生产。认识到这些贡献使我们能够运用米尔斯的"社会学想象力",在个体的烦恼与公共问题之间,将媒介社会学从个体层面上的媒体效果扩展到社区、社会,乃至国家和全球的影响。

把社会学的想象运用到自己的经历上,作为一个受过多学科训练的媒介社会学者,我也能理解遗弃论者的感受和期盼。我 1995 年获得对外经济贸易大学经济学学士学位,1998 年至 2000 年就读于德国慕尼黑大学社会学研究所,2001 年到 2007 年在加拿大多伦多大学先后获社会学硕士和博士学位,2007 年至 2009 年于美国杜克大学从事社会学博士后研究,2009 起在美国得克萨斯大学传播学院的广播电视电影系,新闻和媒体学院,及社会学系任教至今。得克萨斯大学传播学院在传播媒体的大屋顶下允许各种理论方法。我的数位同事如 Stephen Reese, Joe Straubhaar, Karin Wilkins 在新闻学和全球媒体领域分别有重要贡献,与他们交流让我受益匪浅,他们的赞许让我相信自己工作的价值,我先后获得美国社会学学会、美国管理学学会、国际传播学学会的多个奖项的肯定,包括 William F. Ogburn 中年学者成就奖和中国管理研究国际学会青年学者奖。学术移民最大的收获是跳出学科的小盒子。在坚持社会网络理论和方法的同时,有幸能够接触并运用多学科的理论、方法和实践。当然有"两间余一卒"顾此失彼"荷戟独彷徨"的时刻。比如在传播学科核心期刊上投稿被批太社会学。所幸这条路上,得到师长同仁甚至后辈的鼓励,方觉吾道不孤。我目前比较研究美国和中国新兴技术政策的发展和对创业及两国关系的影响,希望能够把自己对数字技术媒体创业和数字不平等的多年研究从个体层面过渡到国家、组织、网络的层面。

每个学科重视的东西并不一致。传播学和社会学有不同的知识优先级:前者对新鲜事物超常敏感,后者对结构、制度等持久力量的探索孜孜不倦。现代传播学得益于汲取了多学科理论和方法的精华,近年来更积极引入计算机科学、神经科学方法等。尽管社会学并没有放弃传播和媒体研究,但社会学很明显需要更多地关注传播和媒体过程。媒介社会学在学术界及其他领域的发展,尤其是机构性的发展,比如学科项目设立、本科生与研究生的培育、学术工作岗位、学术组织的设立与活动、学术杂志的增长,与传播和媒体在我们媒介化、网络化的社会世界中日益增长的中心地位尚不成比例。

瑞霞的书为媒介社会学再出发鼓与呼。在 AI 势不可当的当代,媒介社会学再出发正逢其时。媒介社会学的多样性和深度体现了传播学和社会学两个学科之间持续的充满活力的互动。我在一篇综述性文章讲媒介社会学的过去、今天和未来。[1] 主要观点就是把媒介或媒介社会学扩展为一个网络的跨界的场域,以问题为出发点和目的地。抛开学科的偏见,我们的研究问题更重要,而研究做下去,百川归海,其实大家关心的问题很相似,可能在用不同的术语,不同的理论,试图解释同样的东西。不管是从社会学、政治学、心理学、传播学还是其他学科出发,其实做到一定程度真的会发现很多点与面融会贯通的地方。从问题出发,思考我们的理论怎么样更有解释力,我们的方法怎么样更严谨。我建议将媒介社会学概念化为一个超越学科小盒子,由问题驱动的网络性、跨学科领域,而不是回到拉扎斯菲尔德的媒体效应范式。这将允许学者利用学科间的结构洞进行综合和创新。超越二元的乌托邦与反乌托邦的框架,媒介社会学需要考虑生产和使用模式、渠道和平台、内容、个人和网络属性,以及权力和身份的多重表达。媒介社会学必须关注资源的结构性不平等对媒体制作、发行、使用和消费的影响。探寻不平等的由来、表现、后果和改善是一个核心的社会学问题。更多社会学家需要重视技术与不平等之间的互为因果的复杂关系,特别是关于弱势群体边缘群体怎样参与数字社会的解决之道。数字技术媒体的社会影响下,我们现在的社会网络,不管是从个体角度还是从社区群体甚至到宏观的社会层面,相较过去都变得更加复杂、分裂、矛盾、流动、不确定。如果我们总是满足个体层面上的研究,其实没有发挥出媒介社会学在组织层面上、在工业层面、在社会和政策层面上理解这些问题的优势。

瑞霞的书专注于对西方,尤其是美国媒介社会学介绍。有心的读者自然会想到西方的理论,方法和文献对中国媒介社会的适用性问题,以及中文社会的媒介生产传播与使用,是否可以发展替代性的理论框架和研究方法。我们作为一个媒介社会学者是幸福也是痛苦的,幸福是绝对不缺少研究题目,甚至说我们被技术往前赶着走,很容易找到数据。痛苦在于我们很容易目不暇接以致迷失在众声喧哗中。身处技术变革媒体变化洪流中,作为研究者我们应后退一步保持批判的距离,取得

---

[1] Chen, W. (2018). Abandoned not: Media sociology as a networked transfield. Information, Communication & Society, 21(5), 647 – 660.

冷静的观察,慢下来我们才能够真正对理论能够作出一些贡献。

　　《媒介社会学》从学科溯源、理论框架、文献综述到方法简介。井然有序,层次分明。作者知难而上,精神可嘉。作为中文媒介社会学为数不多的著作,瑞霞多年工作结晶必将惠及对社会和媒体相互作用感兴趣的青年学子。坚持是对同行者和后来者的支持,功莫大焉。

　　是为序。

目　录

第一章

媒介社会学：概念、理论与方法

第一节　媒介社会学：概念与缘起 》》》

一、什么是媒介社会学

　　媒介社会学是指在行动与结构互动框架下,考察媒介在社会生活各个层面发挥作用机制与影响的一门交叉学科。其借用社会学关于行动与结构的经典研究论述和框架,聚焦媒介技术在当今社会变迁语境下嵌入社会生活的具体方式,力图超越媒介技术主义和文化研究范式,走出宏观研究与微观研究的割裂误区,将媒介真正植入社会与个体日常生活运作情境来呈现社会结构、媒介、人之间的复杂互动关系。相比于单纯的媒介研究,其更注重在社会结构和个体互动关系中来探究媒介的置入、使用及影响。而相比于单纯的社会学研究,则更注重回应 web3.0 以降媒介在社会结构分层与流动、冲突与变迁、组织运作、文化实践,以及日常生活中人们自我呈现和互动发生中的中介性作用,揭示具有未来展示意义的人类社会型构运作方式,提升社会学的当代解释力。

　　事实上,在很长一段时间,媒介社会学并没有确切的定义和概念外延。以多语意网络百科全书维基百科查询结果来看,"媒介社会学"尚无独立概念词条。[①] 而最先出现媒介社会学身影的关键词则与传统上被认为是新闻社会学代表人物的迈克尔·舒德森(Michael Schudson)有关。他的维基百科身份说明中,被明确界定为媒介社会学家。[②] 在"社会学"的词条中,其被明确界定为:一门关注社会、人类社会行为、社会关系模式、社会互动,以及与日常生活相关的文化方面的社会科学。社会学主要采用经验研究和批判分析方法,关注社会秩序和社会变迁,可以运用于社会政策和福祉策略,但主要目标是开展社会进程的理论和方法理解。进一步,在词条介绍的研究主题部分,包括从社会微观层面(如社会互动和行动者)到宏观层面(如社会系统和社会结构)的各类议题。[③] 可以说这一定义和范围描述代表了各

---

① https://en.wikipedia.org/wiki/Special: Search?search＝media＋sociology&go＝Go&ns0＝1,搜索时间 2023 - 12 - 2.
② https://en.wikipedia.org/wiki/Michael_Schudson,搜索时间 2023 - 12 - 2.
③ https://en.wikipedia.org/wiki/Sociology,搜索时间 2023 - 12 - 2.

界对社会学定义的共同部分,有安东尼·吉登斯(Anthony Giddens)等理论大家著述的身影。在此定义和研究范围下,传统社会学关注的社会分层、社会流动、宗教、世俗化、法律、性、性别和偏差全部囊括在个体行动者(individual agency)与社会结构(social structure)互动的整体谱系中。而从横截面来看,经济、教育、技术、公共卫生则都可以成为社会学分支方向展开的领域与研究对象。在此情境下,我们理解媒介社会学的定位就变得相对简单并有据可循。事实上,本书所主张的媒介社会学尽管与经济社会学、教育社会学等二级社会学方向有类似之处,即将媒介视为社会学开展的又一场所或对象,但是从传播学学科发展和媒介在社会结构中越来越强大的建构能力来看,我们更主张将"媒介"视为一种理解新的行动者和社会结构组织、运作、互动的新型场所,即认为媒介在全面重构社会学的所有话题场域。基于以上分析,借用马丁·海德格尔(Martin Heidegger)的"座架"(gestell)概念,我们认为媒介正在成为理解社会分层与流动、社会组织运作、个体自我呈现,以及性别、越轨等各类传统社会学话题的新型场景平台,倘若没有对媒介的理解,那么在web3.0以降手机等媒介成为人类捆绑延伸工具的客观情势下,就无法理解当前人类社会运作和自我形成的全部议题,尤其当以未来取向看待媒介或曰各类装置在人类社会中发挥作用的方式时,这种视角就显得尤为迫切和必要。

媒介社会学研究应该如何开展?近几年在欧美学术领域产生广泛影响的《媒介社会学再评论》[①]一书可以作为一种参照。在该书"导言"中,作者首先回顾了媒介社会学者在欧美学术场域的生存现状,指出大部分媒介社会学者已经脱离了与传统社会学系科的机构身份关联,而是在传播学系科中来进行自身研究。对于发生这种现象的原因,在作者借用杰夫·普利(Jeff Poole)和伊莱修·卡茨(Elihu Katz)等人的论述中提到,社会学之所以"抛弃"传播或曰媒介议题,是由于在20世纪70年代后漫长的媒介社会学发展中,媒介从被社会学关注的结构性议题中出走了,这种趋势在20世纪对社会变迁做出重要论述的查尔斯·蒂利(Chrales Tilly)、西达·斯考切波(Theda Skocpol)及迈克尔·曼(Michael Mann)等学者的著述中表现明显。整体的学术研究情态反映出当解释社会重要变迁时,困在功能主义、文化主义和实证主义范式中的公众舆论基本不能起到关键性解释作用,因而"媒介"

---

① Waisbord, S. (2014). Media sociology: A reappraisal. John Wiley & Sons. Introduction. pp. 1 - 8.

在社会学的视野中不被重视也就显得"顺理成章"。同时,在20世纪长期形成的研究氛围中,传播学本身向心理研究的转向在符合社会功能主义范式研究氛围的同时,也进一步加剧了媒介研究和社会学的割裂。尽管出现了迈克尔·舒德森及盖伊·塔奇曼(Gaye Tuchman)等人的一系列研究作品,但基本属于新闻生产的组织社会学研究,并没有将媒介作为结构性的变量放置在重要的研究视域进行分析。而20世纪末新媒介的发展尤其是以web2.0为代表的社交媒体在中东革命中所起的作用引起了学者对媒介作为一种社会变革"助推器"的重视,之后掀起了以吉尔·德·祖尼加(Gil de Zuniga)等人[1]为代表的对互联网及社交媒体在社会变迁中作用的一系列研究,而web3.0以降人工智能、元宇宙、ChatGPT等概念和实体工具的兴起,也进一步引领人们对媒介如何"中介化"社会这一议题迸发。各类研究著述也从科学技术研究(STS)取向向行动者网络研究(ANT)取向迈进,典型体现为以莫里斯·梅洛-庞蒂(Maurice Merleau-Ponty)为代表的法国社会学知觉具身研究谱系在媒介社会学领域的兴起。这种脉络梳理意味着当我们进行媒介社会学研究时或曰站在新的媒介社会型构历史起点时,需要将对媒介的观察视野全面嵌入社会学从宏观到微观、从结构到个体、从社会到个人的整体谱系中,也需要对以"赛博人"(cyborg)[2]为代表的人机结合体构成的"agent""actor"等社会学基本研究单位在未来的行动力和建构力上进行预测性的分析。唯有这样,才能焕发媒介社会学的研究潜力和活力,对社会学在当代及未来的解释力亦有提升。

二、媒介社会学的研究现状

媒介社会学的研究现状,正如詹姆斯·库兰(James Curran)等学者分析总结的,研究大多都隐没在新闻生产的政治经济学、社会组织网络和文化取向路径之中,[3]这也是其作为一种独立的研究视角难以在传播学经典研究范式中显现的原

[1] Gil de Zúñiga, H., Jung, N., & Valenzuela, S. (2012). Social media use for news and individuals' social capital, civic engagement and political participation. Journal of computer-mediated communication, 17(3), 319 – 336.

[2] Haraway, D. (1987). A manifesto for cyborgs: Science, technology, and socialist feminism in the 1980s. Australian Feminist Studies, 2(4), 1 – 42.

[3] Curran, J., Gurevitch, M., & Woollacott, J. (2005). The study of the media: Theoretical approaches. In Culture, society and the media (pp.15 – 34). Routledge.

因,在这种分析脉络中,"行动—结构"这一典型的社会学研究架构变得不可见,人们往往将各类具体研究归纳在传统的传播政治经济学、文化研究及行政研究范式中。可见的或最有显示度的研究即便到今日,学界耳熟能详的也仍然是迈克尔·舒德森、盖伊·塔奇曼、赫伯特·甘斯(Herbert Gans)和托德·吉特林(Todd Gitlin)等这些新闻生产社会学(sociology of news production)核心贡献者的著述。国内学者李红涛、黄顺铭在总结中国传播学者对欧美媒介社会学认知图像时,他们及其作品也成为认知图网的中心节点。① 其中托德·吉特林的《全世界都在看:新左派运动的媒介镜像》(*The whole world is watching*: *Mass media in the making and unmaking of the new left*,1980)②主要借《纽约时报》和美国哥伦比亚广播公司(CBS)对 20 世纪 60 年代美国的一场学生运动报道,揭示出媒介报道与社会运动之间的复杂关系,这种揭示机制超越了传统新闻媒体以"再现"为主要特征的社会事件描述方式。盖伊·塔奇曼的《做新闻》(*Making news*,1978)则揭示出新闻作为日常社会行动者活动的情境基础,同时所具有的作为资源和规则构建力量的意义,正是因为这些日复一日的"做新闻"活动,社会生活得以再生产并成为更大的社会结构的一部分,其中权力的运作模式和新闻作为权力设置的重要力量如影随形地在行动中延展。可以说,该书的每个章节标题都构成媒介社会学的经典话题,在其中,时空、日常生活构建、规则、知识形成这些社会学开展的基本架构话题都与新闻生产勾连了起来。而赫伯特·甘斯的《什么在决定新闻:对 CBS 晚间新闻、NBC 晚间新闻、新闻周刊和时代周刊的研究》(*Deciding What's News: A study of CBS evening news, NBC nightly news, Newsweek, and Time*,1979)③则更抽离地将新闻制造与社会图景构建结合起来,运用社区研究及民族志研究的方法,揭示出新闻生产实践场域之外更多角色力量的多元参与。迈克尔·舒德森的《发掘新闻:美国报业的社会史》(*Discovering the news*: *A social history of American newspapers*,1978)、《新闻的力量》(*The power of news*,1995)、《好公民》(*The good citizen*,1998)等多部论著更是构建了他作为"新闻生产社会学"代表人物的

---

① 李红涛、黄顺铭:《"驯化"媒介社会学:理论旅行,文化中间人与在地学术实践》,《国际新闻界》2020 年第 3 期,第 129 - 154 页。

② Gitlin, T. (2003). The whole world is watching: Mass media in the making and unmaking of the new left. University of California Press.

③ Gans, H. J. (2004). Deciding what's news: A study of CBS evening news, NBC nightly news, Newsweek, and Time. Northwestern University Press.

地位。尤其是 2003 年出版的《新闻社会学》(*The sociology of news*，2003)一书则真正将这一领域系统化、"合法化"。迈克尔·舒德森在论述中彻底将新闻作为一门职业"问题化"，进行了社会学式的考察，将其与历史、意识形态、权力管理等多个议题深度勾连起来，从纵深和宽度上为我们了解"新闻与什么有关"和"新闻如何镶嵌入社会"奠定了基础。而西尔维奥·韦斯伯也是把迈克尔·舒德森作为回答为何媒介社会学被精简认知为"新闻生产社会学"这一问题的代表人物例证来加以论述。也就是说 20 世纪 70 年代的社会政治现实和学术领域取向，共同促成了新闻生产社会学的发生，但是这一连接在促进社会学视角重新回归媒介议题的同时，并没有完全恢复从芝加哥学派开始的将媒介与社会关联的整体学术传统。同时对媒介在社会中作用的认识也仍然是一种"结构内"的解读，仍然体现出媒介力量自 20 世纪中期以来被社会体制"收编"的特色取向。因此，当我们在理解媒介社会学时，尽管将这些作品作为彪炳之作，重视 20 世纪 70 年代以后所产生的一系列新闻生产社会学研究作品，并对其在当代形成的以关注新闻工作者、平台劳工之类的研究"施以青眼"，但这些并不能构成媒介社会学的全部。

国内对媒介社会学的研究主要有两大谱系，一个是以黄旦、陆晔、潘忠党等传播领域经典研究者为代表，代表性成果包括《传者图像:新闻专业主义的建构与消解》[1]《成名的想象:中国社会转型过程中新闻从业者的专业主义话语建构》等，[2]这个研究谱系可以说是以迈克尔·舒德森代表的"新闻生产社会学"在我国的实践。与此同时，以胡翼青为代表的接受社会学训练的中青年学者在传播领域的耕耘也从另一角度强化了传播系科对社会学研究方式的重视。近年来随着媒介在社会领域嵌入影响的加深及对社会行动者角色改变现实促发力量的显现，一批青年学者开始在此领域有意识地进行理论耕耘。如前文提及的李红涛与黄顺铭合作开展的关于《"驯化"媒介社会学:理论旅行、文化中间人与在地学术实践》[3]的学术脉络勾勒，以及 2022 年发表的《何来"真正的媒介社会学"? ——兼论媒介社会学的"连续

[1]　黄旦:《传者图像:新闻专业主义的建构与消解》，上海:复旦大学出版社，2005 年。
[2]　陆晔、潘忠党:《成名的想象:中国社会转型过程中新闻从业者的专业主义话语建构》，《新闻学研究》2002 年第 4 期，第 17 - 59 页。
[3]　李红涛、黄顺铭:《"驯化"媒介社会学:理论旅行，文化中间人与在地学术实践》，《国际新闻界》2020 年第 3 期，第 129 - 154 页。

统"观念与诠释社群》①都是对媒介社会学学术领域何以展开的理论想象与勾勒。而白红义则从马克斯·韦伯(Max Weber)和罗伯特·帕克(Robert Park)的经典研究追溯了媒介社会学起源,并从新媒介 STS 转向、新理论及呼唤中层理论的想象力等多重角度对当前媒介社会学走向进行了阐发。② 戴宇辰则从 ANT 理论视角揭示出未来媒介社会学视角从物质性向社会性方向的转移趋向。③ 在具体的研究议题领域,还表现为以陈昌凤代表的新闻传播史研究,④李红涛、黄顺铭等人的媒介记忆研究、⑤潘祥辉的媒介组织历史研究⑥和李红艳的家庭研究⑦等。在学术协会建制尝试上,张杰牵头成立的"传播社会学"学会成为这几年非常活跃的社会学分支学会。而作为领域内重要权威刊物的中国人民大学《国际新闻界》也多次刊发媒介社会学相关论文,并在 2021 年组织召开了"结构与能动的辩证:数字时代的媒介社会学再出发"学术会议,可以说媒介社会学的研究正在蔚然兴起。事实上,从广义来说媒介社会学研究成果散落在我国传播学研究领域近四十年的耕耘发展中,如郭建斌一直以来深耕推动的媒介民族志研究就可以看作一种媒介社会学研究方法的实践,而大量年轻学者开展的"工分制"、平台打工人、青年亚文化研究其实都或多或少采用了社会学"行动与结构"互动分析的视角,正是广大新闻与传播研究领域工作者自觉自省的学术实践投入,才让媒介社会学的发展具备了坚实的基础。

国内媒介社会学研究的展开也有赖于以互联网(网络)社会学和技术社会学为代表的社会学二级学科的发展。事实上,就对媒介的社会嵌入影响研究来说,2000年初曼纽尔·卡斯特尔(Manuel Castells)的"网络社会三部曲"(《网络社会的崛起》《认同的力量》《千年的终结》)成为各个领域互联网社会科学研究关注者的必读

① 黄顺铭、李红涛:《何来"真正的媒介社会学"? ——兼论媒介社会学的"连续统"观念与诠释社群》,《国际新闻界》2022 年第 6 期,第 108 - 129 页。

② 白红义:《作为"理想型"的媒介社会学经典创立者:重访韦伯与帕克》,《现代传播》2020 年第 12 期,第 34 - 41 页。

③ 戴宇辰:《"旧相识"和"新重逢":行动者网络理论与媒介(化)研究的未来——一个理论史视角》,《国际新闻界》2019 年第 4 期,第 68 - 88 页。

④ 陈昌凤:《中国新闻传播史——媒介社会学的视角》,北京:北京大学出版社,2007 年。

⑤ 黄顺铭、李红涛:《记忆的纹理:媒介、创伤与南京大屠杀》,北京:中国人民大学出版社,2017 年。

⑥ 潘祥辉:《组织再造:媒介社会学的中国视角》,北京:人民出版社,2017 年。

⑦ 李红艳:《流动的边界:基于 100 个家庭的媒介社会学研究》,北京:中国人民大学出版社,2022 年。

之作初始也是在社会学中兴起。三部著作分别就互联网媒介技术发展在社会时空、经济政治组织运行方式、群体认同及自我形成方面的结构性影响进行了全面解读，而这一宏观兼具中观维度的分析影响了国内网络社会学研究者互联网影响机制挖掘的展开。而在微观层面，以雪莉·特克（Sherry Turkle）①为代表的最早对网络行动互动的关注与唐娜·哈拉维（Donna Haraway）的"赛博人"的分析阐释，也为网络社会学研究者从"行动者"角色微观切入分析网络社会运作奠定了很好的基础。可以说，正是在国外从宏观到微观的互联网社会影响全面观照的各类研究启发下，国内才形成了20年来蓬勃的网络社会学研究。目前，以何明升、黄荣贵、黄少华等为代表的学者已经形成了从关注宏观智慧社会形成到中观集体行动动员再到微观网络空间社会互动的完整研究谱系。而在技术社会学领域，则形成以邱泽奇为代表的探究技术的社会影响和社会嵌入的研究支脉，秉持对技术的持续关注，近几年大数据、云计算、人工智能的发展所带来的深刻变革正成为技术社会学关注的对象，相信随着该方向研究的拓展将产生一大批有重要的研究成果，共同推进媒介社会学的发展。

　　总结来说，正如媒介社会学在欧美学术界的发展经历了"连接—分离—重构"这一过程一样，国内的媒介社会学倡导和研究实施尽管目前主要表现在传播学领域，并正式以"媒介社会学"之名产生了丰硕的研究成果和表现出强劲的发展势头，但事实上无论是学者的学科素养构成还是整个领域的研究基础，都具有深度的社会学色彩。具有深耕基础的社会学相关二级方向研究成果正在成为媒介社会学继续向前发展的重要动力。这也是媒介社会学作为一个交叉方向必然具有的学术脉络基因。总体来说，媒介社会学要面临和解剖的时代学术议题是如何看待和分析web3.0以降媒介嵌入社会结构和人类行动的具体社会事实，并对未来发展趋势及脉络进行预测和评估，而这与西尔维奥·韦斯伯所提及的我们共同研究被"中介化"（mediated）、"媒介化"（mediation）的社会事实方向相一致。需要注意的是，从2017年尼克·库尔德利和安德烈亚斯·郝普的《现实的中介化建构》②出版，到2022年安德烈亚斯·郝普进一步思考结晶成果《行动者、社会关系与秩序：媒介社

①　Turkle S. (1994). Constructions and reconstructions of self in virtual reality: Playing in the MUDs. Mind, Culture, and Activity. 1(3):158-167.

②　尼克·库尔德利,安德烈亚斯·赫普:《现实的中介化建构》,刘泱育译,上海:复旦大学出版社,2023年。

会学的数字化转型》①一文的发表,在一定程度上意味着国外学界对媒介化社会的思考已经从 2014 年西尔维奥·韦斯伯《媒介社会学再评论》中的框架雏形实现了结构化转型,而国内学界也确实需要重新思考和回答"何为媒介社会学"及如何促进媒介社会学研究的问题。②

———————

① Hepp, A. (2022). Agency, social relations, and order: Media sociology's shift into the digital, Communications, 47(3):470-493.

② 韩瑞霞:《"行动-媒介-结构":一种媒介社会学分析路径的可能性》,《南京邮电大学学报(社会科学版)》2024 年第 1 期,第 21-31 页。

迪尔凯姆(Émile Durkheim)在《社会学方法的准则》[①]一书中阐明了社会学不同于其他学科的研究对象——社会事实。尽管他开创的这一路径与韦伯注重"社会行动"的研究路径相对立,但是这本方法论书籍更深厚的意义在于其阐明了社会科学领域学科建设的普适规则,即每一门学科都需要有明确的"问题域"或"问题意识"。虽然随着20世纪90年代后现代思潮的兴起,确定的问题域和研究方式受到普遍质疑,但是经过30多年来的反思和社会历史的变化,人们在问题的清晰界定基础上寻求不同研究方式和学科的对话成为更为现实并被倡导的路径。最终围绕一定的问题意识,以及特定的理论脉络和研究进路,共同形成社会科学丰富多彩的研究图谱,成为人类理解、解释和预测社会的共识性思维范式。就媒介社会学来说,当我们明确界定它的内涵、定义与方法时,从实践层面就是在对它的问题域、发问方法、基本理论的切入逻辑进行"理想类型"式的描绘。

针对研究架构,本书将从追溯媒介社会学的历史资源开始,主要以芝加哥学派为分析起点,渐次分析以吉登斯、皮埃尔·布尔迪厄(Pierre Bourdieu)为代表的宏观理论资源和以麦克·布洛维(Michael Burawoy)、马克·格兰诺维特(Mark Granovetter)、凯斯·桑斯坦(Cass Sunstein)代表的中观理论资源在媒介社会学议题上的应用,然后下沉到媒介社会学的具体理论议题,选取典型研究案例进行剖析,最后从纵向维度考察社会科学普遍研究方法及大数据兴起带来的媒介化研究方法的应用来完成整书的结构铺陈,基本遵循了媒介社会学议题、理论和方法脉络的次序构成。其中,在理论部分主要包括理论的历史溯源、宏观理论和中观(层)理论的应用;研究议题主要包括从宏观到微观的媒介、体制与政治,媒介工业与受众,媒介表征/再现,数字技术、自我和社会四个议题,这四个议题的划分借鉴了西尔维奥·韦斯伯的理论结构,优点在于囊括了媒介切入社会后,从社会结构与体制、社会组织与运作、文化实践再到行动者构建的全谱系,缺点则在于没有将当今媒介领域重点关注的如媒介与权力、媒介与性别等话题单独区分出来进行介绍。而在研

---

① E. 迪尔凯姆:《社会学方法的准则》,狄玉明译,北京:商务印书馆,1995年。

究方法部分,主要将体现"媒介社会学"的议题特色,剖析社会科学通用的研究方法(实验法、调查法、访谈法、大数据分析)在当前媒介议题上的应用和谱系,重点分析以大数据分析为代表的计算科学媒介式方法对未来社会科学基本研究方式的挑战。

一、媒介社会学历史溯源与理论资源框架

本书第一部分(第一章~第四章)首先关注媒介社会学的理论溯源,之后在回顾传播研究经典研究范式基础上指出媒介实践范式的可行性,并在此基础上指出以"结构"与"行动"为主要概念抓手的宏观社会学理论资源在媒介社会学普适议题上的适用性,最后在具体的中观(层)理论层面详细分析了布洛维、格兰诺维特和桑斯坦的研究成果及其可作为媒介社会学从宏观到微观,从结构到行动,从理论到政策的实践应用资源。通过三层递进梳理和铺陈,建立媒介社会学可资应用的理论框架和研究策略。

在第一章对媒介社会学概念、背景等进行相关介绍后。第二章首先解决媒介社会学学科史根源回溯问题,指出芝加哥学派从约翰·杜威(John Dewey)开始将传播与民主社会关联合并,以实用主义为哲学基础的经验研究路径共同构成了媒介社会学将媒介与社会关联研究的特色。而芝加哥学派最重要的特色是在社区研究实践中"做"社会学,由此形成以帕克、欧尼斯特·伯吉斯(Ernest Burgess)、赫尔伯特·布鲁默(Herbert Blumer)、欧文·戈夫曼(Erving Goffman)等人研究成果为代表的芝加哥学派对社区、社会,以及个体人际互动的研究。对于媒介社会学来说,帕克于1923至1941年间在《美国社会学杂志》上发表的七篇文章和一本关于移民的著作尤其值得重视。在这些文章中,帕克以芝加哥为模本,将报纸的流通直接与城市的运行、城市的现代化、城市的分层与流动等社会学关注的经典议题联系起来进行分析。在帕克的研究视野中,报纸等传媒结构不是后来帕森斯结构功能主义体系传统中社会运转的工具,而其本身即是社会维系的力量,这也是杜威民主社会运转研究脉络的经验研究实践,与此同时也间接实现了与传播学科中詹姆斯·凯瑞(James Carey)所倡导的传播的仪式观研究路径的会合。除此之外,威廉·托马斯(William Thomas)关于波兰移民与意第绪语报纸的关系研究、伯吉斯领导的研究中心所促成的学生群体对生活史和社区研究的积累,以及以符号互动论为代表的后芝加哥学派对"大众"与"公众"、"情境"与媒介模仿、"框架"与角色扮

演等议题的分析都成为后续媒介社会学研究的重要领域。而芝加哥学派所开创的以实用主义哲学为底色的经验研究路径也让媒介社会学具有了与文化研究、传播批判政治经济学不一样的路径特色。

第三章在梳理媒介经典研究范式的基础上,指出尼克·库尔德利(Nick Couldry)"将媒介理论化为实践"①为媒介作为一种方法提供了理论层面的论证。该部分首先以托马斯·库恩(Thomas Kuhn)"范式"理论介绍为起点,借用乔治·瑞泽尔(George Ritzer)"范式是存在于某一科学论域内关于研究对象的基本意向,它可以用来界定什么应该被研究,什么问题应该被提出,如何对问题进行质疑,以及在解释我们获得的答案时该遵循什么样的规则"②的论述,分析了迪尔凯姆和韦伯的实证主义和人文主义解释路径的关系。并在详细梳理国内外关于媒介与社会研究方法的各种区分基础上,以托德·吉特林(Todd Gitlin)《媒介社会学:主导范式》、③丹尼斯·麦奎尔(Denis Mcquail)《大众传播社会学》④两种文献为讨论模板,结合国内学者刘海龙的《大众传播理论:范式与流派》⑤对传播研究中主导的行政研究、文化研究、批判研究三种主流范式进行详细的脉络梳理。并在此基础上指出:库尔德利就"媒介作为一种实践"的倡导为三种范式的融合指明了方向。

第四章第一节从宏观维度指出社会学研究框架概念基石"行动"与"结构"在媒介社会学议题上的适用性,分别从媒介作为一种技术与行动和结构的关系,以"技术决定(社会结构)论""社会建构中的媒介",以及"媒介技术的社会形成论"与"驯化"为主题,展示了媒介在从社会学经典奠基人赫伯特·斯宾塞(Herbert Spencer)、奥古斯特·孔德(Auguste Comte)到帕森斯社会系统论的传统社会学研究理论架构中的位置。在此基础上,以马修·琼斯(Matthew Jones)和海伦娜·卡斯滕(Helena Karsten)在《管理信息系统季刊》(*MIS Quarterly*)上的文章《吉登斯

---

① Couldry, N. (2004). Theorising media as practice. Social semiotics, 14(2),115 - 132.

② Ritzer, G. (1975). Sociology: A multiple paradigm science. The American Sociologist, 156 - 167.

③ Gitlin, T. (1978). Media sociology: The dominant paradigm. Theory and society, 6(2), 205 - 253.

④ McQuail, D. (1985). Sociology of mass communication. Annual Review of Sociology, 11 (1),93 - 111.

⑤ 刘海龙:《大众传播理论:范式与流派》,北京:中国人民大学出版社,2008 年。

的结构化理论与信息系统研究》①和乔纳森·斯特恩(Jonathan Sterne)的《布尔迪厄、技艺与技术》②两篇文章为基础,详细解析了吉登斯和布尔迪厄理论作为融合结构与行动对立框架,在向"媒介作为一种实践"所敞开的理论分析基座的可能性。简单来说,吉登斯的结构二重性理论内生性地为媒介在再造结构和行动的过程解释中留置了空间,在此情境下,结构的动态化过程天然地融入了媒介"中介化"各类进程的可能性,在"意义""支配"和"合法化"三个结构维度上,媒介均可以介入解释,这种理论参与能力在当下 web3.0 技术的可供性情境下尤其显著。而20 世纪中期以来被困扰的关于媒介"权力"的解释也可以重新获得架构性位置,摆脱行政研究和心理学范式的掣肘。同时,布尔迪厄研究框架与法国莫里斯·梅洛-庞蒂哲学谱系的关联,也天然将技术决定论的理论异化色彩式微,其主张将技术看作习惯的子集,将技术的使用及角色与人的连接模式从社会历史沉淀产物的角度分析,为新的媒介参与融合的社会场域中,各类实体及代理人的行动研究,提供了新的学术空间,而在此媒介也真正体现出了作为理论与方法革新的实践角色特征。

第四章第二节从中观/层理论层面,以布洛维、格兰诺维特和桑斯坦理论解析为基础,从国家体制、市场运作与个人劳动过程结合,媒介在社会网络中的中介性,媒介如何介入社会政策制定与个人行为推动的三个层面,展示了媒介在社会分析中所具有的从宏观与微观、结构与组织运作、行动与社会网络建构、社会政策制定与个人认知情感调控普遍议题上的介入性分析能力。布洛维的《生产政治》③《制造同意》④等一系列著作的贡献就在于通过劳动过程将国家、市场和个人行动全面勾连(articulaiton)了起来,而对应于哈里·布雷弗曼(Harry Braverman)科学管理的三原则,布洛维认为工作现场工人的去技术化、概念与执行的分离,以及知识对劳动过程的控制,实际上合力实现了媒介高度发达的时代,社会劳动场景中国家、市场对工人的控制或者二者的反身性作用过程,也就是布洛维的理论及其实践为

---

① Jones, M. R., & Karsten, H. (2008). Giddens's structuration theory and information systems research. MIS quarterly, 127 – 157.

② Sterne, J. (2003). Bourdieu, technique and technology. Cultural studies, 17(3 – 4), 367 – 389.

③ Burawoy, M. (1990). The politics of production. London: Verso.

④ 麦克·布洛维:《制造同意——垄断资本主义劳动过程的变迁》,李荣荣译,北京:商务印书馆,2008 年。

我们理解媒介参与"异化"成为常在维度的社会劳动过程中个体行动实践提供了合适且有力的理论分析框架。格兰诺维特的研究框架则为我们考察媒介全面中介化的社会网络连接样态提供了直接的理论分析坐标。在媒介化社会场景空间中，规范的社会建构、群体沟通标准的形成、新的群体及行动形成的机制、团体行为和技术使用的惯例、新的关系建立阻力及障碍因素都需要被"再问题化"和深度思考。简单来说，原有的强弱关系分析成了当代媒介化社会网络分析的切入点，而最为重要的学术问题是重新梳理和揭示媒介化状态下社会网络构建的逻辑。桑斯坦和理查德·泰勒（Richard Thaler）的《助推》①研究，则为我们从媒介可供性视野下，探讨如何通过小的行为实践、规则设立在社会整体福利追求和个人认知—情感—行为框架下找到合适的中间可为路径提供了分析模板。这对于思考未来媒介化渗入程度更深的社会阶段中社会政策的推出具有现实意义，因为其从单纯的回答"是什么""为什么"的问题，跨越到了有实践改善能力的"怎么办"问题，从而为媒介化社会中社会政策的制定和推出提供了可为的思考路径。

二、从体制到自我：媒介社会学专题介绍框架

在对媒介社会学理论溯源、方法范式、理论资源及实践方式总结的基础上，本书第二部分（第五章）主要从社会学宏观体制到中观组织运作，再到具体文化现象与表征实践，最后落脚于自我构建实现对媒介社会学研究专题进行全面展示。可以发现这部分专题划分及谱系延展也与媒介社会学理论溯源鼻祖芝加哥学派到后芝加哥学派的过渡脉络相暗合，即如果说早期芝加哥学派注重以"社区"、城市为实践场域的宏观结构倾向研究，那么后芝加哥学派符号互动论的研究风格则归属于社会学微观取向路径。在这一部分分析介绍中，先选取了詹姆斯·库兰、②罗伯特·麦克切斯尼（Robert McChesney）③与乔纳森·贝克尔（Jonathan Becker）④三

---

① 理查德·泰勒、卡斯·桑斯坦：《助推》，刘宁译，北京：中信出版社，2015 年。
② Curran, J., Iyengar, S., Brink Lund, A., & Salovaara-Moring, I. (2009). Media system, public knowledge and democracy: A comparative study. European journal of communication, 24(1), 5 - 26.
③ McChesney, R. W. (2001). Global media, neoliberalism, and imperialism. Monthly Review-New York-, 52(10), 1 - 19.
④ Becker, J. (2004). Lessons from Russia: A neo-authoritarian media system. European journal of communication, 19(2), 139 - 163.

人关于西方媒介体制运作的主要代表性论文进行分析展示,之后以 web1.0 到 web3.0 三阶段划分为依据分别阐述了不同阶段媒介工业与受众的关系,而在媒介表征/再现部分,主要围绕媒介的"舆论"(结构)表征实践和"他者"(个体)表征实践展开分析。最后在媒介自我构建议题上,仍然以 web1.0 到 web3.0 的媒介变化趋势为线索,通过经典文章解读展示了媒介发展不同阶段自我构建的关键特征和主要问题。

第五章第一节主要围绕媒介体制、国家结构和社会制度三者关系展开,分别以詹姆斯·库兰对西方政治框架下媒介体制的三种模式分析、罗伯特·麦克切斯尼对西方媒介体制发展与帝国主义扩张间关系论述,以及乔纳森·贝克尔对普京上台前后俄罗斯新威权主义模式媒介体制运作特征分析为代表进行论证展示。首先在对媒介与政治体制研究基石《报刊的四种理论》进行简要介绍的基础上,点明媒介体制与国家政治结构可能的关系,并在此基础上引出丹尼尔·哈林(Daniel Hallin)与保罗·曼奇尼(Paolo Mancini)《比较媒体体制》①建立在经验研究基础上运用比较框架定位媒介体制的重要意义,之后以上述提及的三位学者论述为代表,指出无论是西方各国流行的公共服务模式、市场模式,还是二者融合路径的二元模式都是植根于自己特定社会政治文化历史脉络而形成,同时也各有欠缺。而麦克切斯尼在 21 世纪初对新自由主义模式向帝国主义模式过渡中市场机制和国家机器之间的互动协作关系所进行的展示也揭示出西方主导媒介体制模式的缺陷和危害。最后贝克尔以现代比较政治方法对普京上台后的俄罗斯媒介体制从媒体的所有权、与商业的关系和法律基础设施的状态三个方面的分析也具有重要的意义。

第五章第二节从中层媒介组织运作与受众形成关系视角,剖析了互联网发展不同阶段媒介工业的运作模式。首先以 web1.0 到 web3.0 媒介发展阶段为依据,指出公众与媒介的关系可能正从受众(audience)向用户(users)再到行动者(agency)进行角色变迁,在这其中交织着基于媒介可供性特征的互联网从以门户网站为代表到向社交媒体过度再到当前以物联网、万联网为代表的基础设施阶段时代到来。罗布·科弗(Rob Cover)的论文集中分析了 web1.0 阶段以计算机为

---

① 丹尼尔·哈林、保罗·曼奇尼:《比较媒介体制:媒介与政治的三种模式》,陈娟译,北京:中国人民大学出版社,2012 年。

中介的传播改变了传统的"作者—文本—受众"的关系，也解构了与一系列精确而复杂的法律与制度程序相关的公众与媒介之间的关系，形成新的领域争端。① 伊丽莎白·伯德(Elizabeth Bird)则以 web2.0 阶段受众作为内容提供者在数据供应层面的被动性点明媒介机构仍然保有的主导性权力。即表面上所具有的媒体饱和而使受众具有的选择度、足够的财力、时间和技术并不真正构成用户可获得的条件资源。② 约瑟夫·图罗(Joseph Turow)和诺拉·德雷珀(Nora Draper)则从社会建构论出发，指出 web3.0 阶段媒体生产者和消费者的协商关系处在不断的变动过程中，需要在新的权力视角下来反思平台—文本—用户之间的关系。③

第五章第三节从文本表征实践的层面，关注媒介发展过程中，媒介在再现或表征"他者"问题上的策略变迁，尤其关注 web2.0 阶段后媒介与舆论建构的关系。以 ANT 视角切入，说明媒介表征主体正在随着以互联网为代表的新媒体的发展而发生嬗变。埃尔弗雷德·弗尔西奇(Elfriede Fürsich)的研究表明传统的新闻报道和他者表征实践正在随媒介工业运作、全球媒体分布、公众需求取向而发生变化，在此过程中媒介文本构建的策略在新的权力关系下正在经历调整。④ 而web2.0 阶段最大特色的"舆论"表征实践则表现出社交媒体正在驱动新闻专业主义领域消费取向的舆论制作，同时这种"想象画像"正反过来影响舆论态势和政治文化实践。⑤ 格兰达·库珀(Glenda Cooper)等人⑥以难民报道为例，预示着罗伯特·恩特曼(Robert Entman)的"级联网络模型"正在全面渗入媒体空间对他者的再现中，因此应该看到表征实践中多方参与者的行动力量。在前述研究论文剖析基础上，指出从以"公众舆论"为代表的媒体表征分析来看，将其置入行动—结构框

① Cover, R. (2006). Audience inter/active: Interactive media, narrative control and reconceiving audience history. New media & society, 8(1), 139 - 158.

② Bird, S.E. (2011). Are we all produsers now? Convergence and media audience practices. Cultural studies, 25(4 - 5), 502 - 516.

③ Turow, J., & Draper, N. (2014). Industry conceptions of audience in the digital space: a research agenda. Cultural Studies, 28(4), 643 - 656.

④ Fürsich, E. (2002). How can global journalists represent the 'Other'? A critical assessment of the cultural studies concept for media practice. Journalism, 3(1), 57 - 84.

⑤ McGregor, S.C. (2019). Social media as public opinion: How journalists use social media to represent public opinion. Journalism, 20(8), 1070 - 1086.

⑥ Cooper, G., Blumell, L., & Bunce, M. (2021). Beyond the 'refugee crisis': How the UK news media represent asylum seekers across national boundaries. International Communication Gazette, 83(3), 195 - 216.

架并注重每一表征实践构筑的场域、规则和惯习就显得非常重要。

第五章第四节是媒介与自我构建关系的微观取向研究,依据互联网发展不同阶段,该节分析了媒介在线自我构建、社交媒体情境构建,以及"人—设备—数据"架构下的行动者构建发展脉络。首先剖析了后芝加哥学派符号互动论传统在线上自我构建探寻中的分析意义,即在"行动者—结构"谱系中的位置,然后依据web1.0、web2.0、web3.0三个阶段自我和媒介关联的程度差异,挖掘不同阶段自我构建的关键特征。首先以劳拉·鲁宾逊(Laura Robinson)[①]的文章为导引,在web1.0阶段主要以雪莉·特克线上自我构建分析为基础,指出互联网情境中与离线自我密切关联的协商式自我表达与线下人口结构及权力结构具有强关联性,这意味着第一阶段线上自我分析的"非乌托邦"属性。对 web2.0 阶段媒介与自我关系分析,则主要采用了埃琳·霍伦博(Erin Hollenbaugh)[②]的综述性文章框架,认为在社交媒体时代,自我构建分析的重点转移到对技术—他人—情境中的多元互动关系关注中,技术的可供性、想象自我构建的目标形成,以及防止情境崩溃的各种控制术成为这一阶段进行媒介化自我构建分析的重点。而 web3.0 阶段媒介与自我构建关系变化的最大特征在于人们对自我身体的关注开始与设备、数据密切联系起来。在这个发展阶段,类似于"赛博人"的人机关联智慧体才是分析当下及未来行动者"单元"的关键。至此,通过三篇代表性研究论文的展示完成对互联网时代自我构建的阶段性趋势分析,而这一分析脉络必定需要具备未来取向特征。

三、媒介社会学研究方法案例剖析

本书第三部分(第六章)是在对媒介社会学理论、议题梳理基础上,以具体研究中经典研究方法应用和互联网大数据背景下计算社会科学研究方法思维逻辑及发展趋势为介绍对象的媒介社会学方法谱系分析。实际上,尽管调查法和实验法都属于宏观社会科学领域实证研究方法的具体方式,但是如果从社会学分析传统和媒介社会学发展历程来看,二者实际上代表了方法论、集体主义和个人主义倾向在媒介社会议题中的渗透,而二者的分野也造成了 20 世纪 50 年代后以实验方法为

---

① Robinson, L. (2007). The cyberself: the self-ing project goes online, symbolic interaction in the digital age. New Media & Society, 9(1), 93 - 110.
② Hollenbaugh, E. E. (2021). Self-presentation in social media: Review and research opportunities. Review of Communication Research, 9, 80 - 98.

代表的媒介研究心理学取向和 20 世纪 70 年代后形成的新闻生产社会学调查研究传统的差异。访谈法及其当代发展形式——网络民族志实践则可看作芝加哥社区研究传统在当代网络中介化社会中的发展。以大数据为基础的计算社会科学方法,在被视为历史社会学研究视野在数字化时代展演的同时,也开启了"人—设备—数据"(human-device-data)关联模式在"行动者"研究中的更新与审视,也推动人们对媒介化社会"社会结构"演变机制及推动力量进行深一步的思考。在上述分析意图关涉下,第六章分四节就相关研究方法应用以研究论文为导引的方式进行谱系梳理和分析。

第一节首先对在 20 世纪下半叶强势发展的媒介心理研究进路中使用较多的实验法于媒介社会议题上的应用潜力进行了分析。在对实验法基本操作方法、历史沿革及优缺点分析基础上指出,从媒介社会学视野来看,其与杜威开始的实用主义哲学体系,以及芝加哥学派的整体研究脉络具有关联性,而在具体关联节点上,20 世纪三四十年代传播学经典奠基人卡尔·霍夫兰(Carl Hovland)和库尔特·勒温(Kurt Lewin)的研究可以视为圭臬。在当代研究中的应用特征则体现为不断地引进新的研究工具(如眼动仪、脑电设备等)来考察不同媒介内容和媒介方式对人们认知、态度、行为的影响,经典研究代表则是将内容分析与实验研究结合考察公众意见的形成。[①] 而随着社交媒体的发展,逐渐地把舆论形成的实验对象转向媒体空间的信息感染机制,在这一阶段计算机科学的一系列信息模型对诸如推特(Twitter)上意见形成中时间、刺激物、背景变量的分析成为主要模式,但还基本停留在信息感染"阈值"机制的揭示阶段。[②] 当下智能媒体及人工穿戴设备的发展,则逐渐地将行动者网络模型(agent-based model,ABM)嵌入实验设计思维,加强了实验方法回应现实议题的能力,也将该方法进一步推向大数据、全数据基础的计算社会科学方法领域。[③]

---

①　De Vreese, C. H., Boukes, M., Schuck, A., Vliegenthart, R., Bos, L., & Lelkes, Y. (2017). Linking survey and media content data: Opportunities, considerations, and pitfalls. Communication Methods and Measures, 11(4), 221-244.

②　Mønsted, B., Sapieżyński, P., Ferrara, E., & Lehmann, S. (2017). Evidence of complex contagion of information in social media: An experiment using Twitter bots. PloS one, 12(9), e0184148.

③　Lorig, F., Rodermund, S., Berndt, J. O., & Timm, I. J. (2018). Modeling and simulation of complex agents for analyzing communication behavior in social media. Intern. J. Advances in Internet Technology, 11, 11-20.

第二节集中剖析与社会学集体方法论、迪尔凯姆传统密切关联的调查法在媒介社会议题上的应用。不同于韦伯社会唯名论视域下注重对社会行动进行解释性理解的个人主义方法取向,"迪尔凯姆传统"注重把社会事实当作"物"来研究的方法进路,直接要求研究者在客观中立立场下对超越于单个个体行动的群体行为通过概率论的方式进行整体式研究,这促成了社会学作为研究"人"的学科与统计学发展的密切勾连,也是量化研究方式在 20 世纪后半期上升为方法"显学"的重要学科背景动因。在媒介社会研究谱系中以拉扎斯菲尔德这一支脉为代表。之后该节以三篇代表性论文为基础,指出调查研究方法广泛应用在诸如媒介中介的组织运作、媒介形式与内容分析,以及当前社交媒体相关的广泛议题上。尤其是后两种应用正在预示着未来调查研究方式在媒介社会议题上应用的发展潜力和方向。"关联研究"(linkage study)[1]将媒体内容研究和调查研究结合起来,将"曝光"(exposure)与"可见性"(visiblity)结合,突破了单纯调查研究媒体接触"空变量"(empty variable)属性造成的缺憾,而在拉入时间维度进行滚动式横截面媒介接触效果的研究应用中,也延展了传统调查研究的效力。事实上调查研究不仅可以与内容研究相结合还可以与实验研究等其他研究方式相结合,这成为该研究方式未来应用实践的方向。而社交媒体发展所带来的相关情感—意见测量工具,也是新的媒介可供性视域下调查研究方法向外扩张的显现。[2]

第三节就访谈法在媒介社会议题上的应用和未来发展进行了分析。首先指出访谈法是马克斯·韦伯解释社会学传统与文化研究和批判研究路径在当前社会科学研究方法领域的综合显现,在媒介社会议题上反映为早期受众研究的批判路径,即将个体从"大众"中解救出来。所分析的三篇文献分别聚焦访谈法在"予人发声"上的学术实践意义,[3]话语分析与访谈分析的差异[4],以及当代可穿戴录像分析手

① De Vreese, C. H., Boukes, M., Schuck, A., Vliegenthart, R., Bos, L., & Lelkes, Y. (2017). Linking survey and media content data: Opportunities, considerations, and pitfalls. Communication Methods and Measures, 11(4), 221 - 244.

② Verma, J. P., Agrawal, S., Patel, B., & Patel, A. (2016). Big data analytics: Challenges and applications for text, audio, video, and social media data. International Journal on Soft Computing, Artificial Intelligence and Applications (IJSCAI), 5(1), 41 - 51.

③ Livingstone, S. (2010). Giving people a voice: On the critical role of the interview in the history of audience research. Communication, culture & critique, 3(4), 566 - 571.

④ Talja, S. (1999). Analyzing qualitative interview data: The discourse analytic method. Library & information science research, 21(4), 459 - 477.

段引入对访谈法的挑战和推动。① 访谈法首先是将笼罩在传统媒介方法权力生态系统中的受众从强大的研究者视域中解放出来的一种方式,当综合考虑受众在语境、参与、解释、协商各方面的积极能动力量时,就可以揭示公众在重塑和矫正媒体形式,以及对媒介商品进行挪用时的日常微观策略,也因此脱离了僵化的被国家和媒体工业所征用的名词性"受众"概念,从而在"成为受众"(audiencing)的过程分析中增强媒介社会研究的真实解释力。② 而话语分析是以语篇为单位对如制度化的谈话或实践等"严重的言语行为"中的"变异性""断裂性"特征进行重点关注,从而揭示知识和社会系统构建中的条件性因素。这种分析范式或策略所蕴含的研究潜力早已超越访谈法背后所寄居的假设检验逻辑方法在揭示真实媒介社会构建运作上的能力。当代移动设备的广泛应用,扩展了"田野"范围,移动民族志展开的同时实际上观察对象也在经历重构,人与机器的密切连接,数据获得的广泛性和可得性,正在从跟踪"记录"层面全面升级访谈法未来可推及的深度和广度。

第四节主要关注当前已不被认为是独立研究方法的文献法与大数据分析方法的关联,从纵向维度关注"界面分析"作为未来人类与机器紧密关联时代媒介社会分析切入视角的可能性。首先从文学/文字作为一种媒介和知识社会学对文本内容的关注两种视角来梳理文献之于媒介社会学研究的意义,并进一步指出经验和理论研究取向的割裂是造成当前对文献的定位主要视为实证研究论文中背景资料的部分,以及在理论研究中又常被并入历史社会学等分支领域范畴的根本原因。近 30 年来图书和情报研究领域对文献向数据转化的推动促使将二者的连接拉入研究视野。就媒介社会学来讲,媒介发展带来的大量文本、音频、视频和社交媒体交往数据为以"5V"(volume、velocity、variety、variability、value)为代表的大数据为行为、结构及趋势预测研究提供了前提条件,③而在其中包含的关键议题,即数据与"代议民主"的关系,在"无人知晓"原则和"大数定律"统计规律背后是大量的

① Brown, B., McGregor, M., & Laurier, E. (2013). iPhone in vivo: video analysis of mobile device use. In Proceedings of the SIGCHI conference on Human Factors in computing systems (pp. 1031 – 1040).

② Livingstone, S. (2010). Giving people a voice: On the critical role of the interview in the history of audience research. Communication, culture & critique, 3(4), 566 – 571.

③ Verma, J. P., Agrawal, S., Patel, B., & Patel, A. (2016). Big data analytics: Challenges and applications for text, audio, video, and social media data. International Journal on Soft Computing, Artificial Intelligence and Applications (IJSCAI), 5(1), 41 – 51.

数据的外在构成实际上被各方力量或权力渗入,工具的私有背后可能隐藏对数据使用所带来的公共利益的破坏,因此需要从伦理、数据接入和规范等各方面来规训当前大数据分析所带来的数据霸权及风险。[①] 当前大数据研究领域中面临的最具挑战性问题在于随着各类智能设备的接入,拉图尔(布鲁诺·拉图尔,Bruno Latour)意义上的异构动态本体正在生成,其在更新社会行动者概念的同时,正在促成以"共现""联想轮廓"为基本特征的"界面"研究方法的实现,而这种方法很可能成为人机互联阶段人类进行社会研究的主流研究方式。[②]

---

① Harper, T. (2017). The big data public and its problems: Big data and the structural transformation of the public sphere. New Media & Society, 19(9), 1424 - 1439.

② Marres, N., & Gerlitz, C. (2016). Interface methods: Renegotiating relations between digital social research, STS and sociology. The Sociological Review, 64(1), 21 - 46.

本书尝试从议题、理论、方法三个层面对媒介社会学学术领域/研究方向进行路径和脉络的梳理,然而在搭设行动与结构互动视角下媒介与社会议题研究框架时,本身在研究视角的梳理、研究议题的覆盖和方法使用动向的掌握上均存在诸多不足。主要体现在行动—结构理论视角贯彻不彻底、研究议题谱系剩余范畴融入不足、方法使用的"挪用性"和"外部性",以下就以三个方向的不足为切入点对媒介社会学研究框架中可以纵深的部分进行分析。

一、"行动—结构"互动视角嵌入的适当性及所面临的挑战

本书在一开始就表明自身所呈现的媒介社会学进路是从"行动—结构"互动视角切入,对媒介在社会现实构建及社会行动展开中的中介作用进行全面分析,并在宏观层面认为对 web3.0 以降各类社会议题的研究应放置在"行动—媒介—结构"框架下进行考察,而在行动与行动之间、结构与结构之间同样认为媒介的中介作用机制照样发生。之所以形成上述判断来源于两个方面的认知:一是我们普遍观察到诸如手机等移动媒介终端与人体衔接的紧密性正在促使人类心灵空间、他人互动、群体形成与活动,以及社会组织运转和社会宏观架构形成正在经历媒介中介化的过程;二是从未来取向观之,以人工智能、物联网、大数据云端为引擎的新的媒介社会样态正在对行动者本身及社会学研究对象"社会事实"产生革命性冲击。尽管在现实层面,媒介在行动与结构全局谱系中的嵌入性作用在现阶段还主要表现为"进行中"或"未完成性",并没有完全显现出理论家分析所展示的紧迫性,这也是当前许多社会学工作者注意到智能技术代表的媒介在未来人类社会运转建构能力同时,并没有在当前的具体研究实践中将媒介因素视为主导构成性因素的原因。进一步分析这种状况会发现,一方面,技术发展的当前阶段限制了我们所言的媒介在行动与结构谱系中嵌入性中介性地位的凸显,另一方面,则是由于实际社会运作中规范措施的制约性,以民族国家为主体的治理实体正在对媒介影响能力进行全面调控,从而导致媒介介入社会形貌的能力展现适度推迟。在前一点上表现为 2010 年左右社交媒体在中东国家巨变中的作用促使人们重新注意到媒介在社会结构性

议题上的促发能力,从而将互联网和社交媒体的研究继卡斯特后重新纳入社会学研究的结构性视野。在后一点上则表现为近年来各个国家针对互联网发展所推出的各类实际调控政策,力图在护佑科技发展的同时将其控制在避免"异化"的伦理牢笼,在具体行为实践上表现为 2018 年马克·扎克伯格(Mark Zuckerberg)接受美国国会质询,以及近年来我国相继推出的针对平台"算法"利益驱动所带来的各类问题的解决或防控措施。总之,技术本身的延展性和在社会结构与行动脉络中的被调控性,共同促成当前将"行动—媒介—结构"视为主流视角的现实困难,但是这并不意味着未来这一思考模式的必然从属性。

另外,就"行动—结构"视角来看,本身也面临着各种挑战和冲击。从经典社会学脉络谱系看,"行动—结构"视角只是综合了韦伯和迪尔凯姆两个进路的研究框架,而经典社会学三大家之一的卡尔·马克思(Karl Marx)及其理论作为规范理论的鼻祖并没有被纳入其中,而正如前文所述及的近年来全球国际形势的变化所表现出的部分"逆全球化"局势背后是以民族国家为单位的内部调控能力的增强,这在一定程度上会影响或重新形塑"行动—媒介—结构"的展开样态,进而对这种研究视角在实际分析领域的展开形成许多壁障,简单体现为尽管布洛维理论为我们引入国家行动者在个体劳动过程和平台单位之间的互动关系提供了有益的分析框架,但是当某一方典型体现为国家"agent"的决策推动或调整能力巨大且快速时,实际上就会表现为学术解释难以跟上现实发展而表现出局促性的情况发生。这个问题的第二个层面是"行动—结构"视角作为穿越历史而来的经典框架,必然面临适合当代议题解释的所谓语境式经典框架的冲击,比如当下以梅洛—庞蒂、拉图尔为代表的法国社会研究传统中关于"知觉""具身"的研究视角,实际上弥合或超越了"行动—结构"这种解释性框架对行动者的区分,而它的具体展开在年轻学者中的激荡性无疑更具有魅力,毕竟这种研究取向似乎更加"未来"。与此同时,在社会学内部以马里恩·富尔卡德(Marion Fourcade)为代表的学者将"算法"作为分析引擎所展开的"阶序化"社会分析也对"行动—结构"脉络的分析提出更加迫切的融入和延展能力的要求。① 总之,无论从现实层面还是理论视角竞争层面,"行动—结构"视角都表现为传统社会学框架在媒介社会议题上所可能面临的冲击,但同时

---

① Fourcade M. (2021). Ordinal Citizenship. The British Journal of Sociology. 72(2):154 - 173.

也会在竞争中体现出其"经典性"。

二、议题、理论、方法的整体性及各自分类的剩余范畴

除理论视角切入的适当性,实际上,此框架下对媒介社会学议题、理论、方法的介绍都存在分类概括的完整性和体系一致性的问题。以理论视角介绍为例,在"行动与结构"的框架下,一般采用吉登斯和布尔迪厄的主要概念进行分析,如吉登斯理论中关于规则与资源的论述、布尔迪厄理论中场域与惯习等论述,都可以在媒介化(mediation)情境下产生媒介(mediated)式的理解。但实际上该领域还有众多的社会学家理论资源可资应用,如诺贝特·埃利亚斯(Nobert Elias)和马塞尔·莫斯(Marcel Mauss)关于身体技巧的论述就将人体、工具和技术巧妙地连接在一个框架中,并且将对身体的操纵与心灵的意识联系起来,这为理解现代社会媒介与人体的结合,并在一系列规则、惯习指引下产生行动者实践,促成 web3.0 时代"社会同意"的形成提供了有力的分析思路和框架。还比如以尼古拉斯·卢曼(Niklas Luhmann)代表的社会信任在媒介化社会的运转都是值得研究的理论议题,再比如卡斯特尔的理论著述,尽管其在理论和现象解释的关系上不同于社会学经典阐释架构,但其从时空到社会组织运转、从经济结构运行到群体文化构建再到自我形成的论述,实际上广泛涉及了媒介社会研究的主要议题,对他的著作进行理论学习并融入媒介社会学研究范式也是非常必要的。因此,在理论介绍方面,无论从宏观还是中观层面,都存在着大量的可见资源值得在媒介社会学框架下细读、研习和应用,它们是未来广阔的媒介社会议题研究的坚实依托。

在议题展示方面,正如前文述及,尽管该部分展示的四个议题力图包括从体制、结构到组织运作,从文化实践到自我形塑的社会学宏观到微观谱系的各个议题。但是正如西尔维奥所言,这种"主题式"的切入必然意味着另外一些主题不能在当下的框架中被反映,比如媒介和集体行动或社会运动、媒介和风险、媒介和仪式、媒介和监控、媒介和政治认同等,但我们知道这些议题对于当下媒介和社会发展实际观察来说都是极其重要的领域。正如早期帕森斯在对自身社会理论的总结中对"剩余范畴"的关注一样,①后世也由此指出帕森斯理论并非我们想象的那么

---

① 塔尔科特·帕森斯:《社会行动的结构》,张明德、夏翼南、彭刚译,南京:译林出版社,2003 年。

保守和缺乏兼容生长能力。① 就我们研究的媒介社会学相关主题来看,如果融合后续富尔卡德等人所言的"阶序化"社会和"机器间性"等问题,②那么这一谱系式的主题梳理可以预见的必然会扩大,也将容纳更多反映"冲突"和"变化"的议题。另外,在议题反映的"地理"性上,对欧美研究讲述比较多,对我国相关研究的介绍相对较少。

最后,在方法展示方面,所选取的案例体现出较大的"外生性",这种"外生"既是指许多关键导引文章来源于传播学和社会学学科视界之外,更是指许多方法展示文章无法体现我们在整书编辑中一直强调的"行动与结构"的互动性视角,毕竟它们之中有的研究确实只是针对具体议题的针对性方法展示。但为什么仍然将这些研究视为展示媒介社会学方法可能进路的标杆性或代表性文章?因为就媒介社会学发展本身而言,在急需面对诸如算法社会、平台经济与人工智能时代这样的前沿又紧迫的议题情势下,如果仅仅依靠传统的典型的学科规范下的研究论文解析将难以覆盖和获得实质性的助推动力。在这种情况下我们就需要借鉴最新的自然科学领域的研究技术或技巧成果来帮助我们挖掘展示社会结构的构建与行动者运行的逻辑。与此同时,这些看似外来的研究方式实际与社会科学传统研究方法有千丝万缕的联系,挖掘和呈现这种谱系我们才能更好地在新的媒介社会发展语境下将方法、理论视角与议题相对完美地结合,综合回答当下及未来"是什么""为什么"和"怎么办"的问题。总之,"问题意识"才是我们在媒介社会学框架下体系化理论、议题和方法的关键。

三、当前新发展动向的纳入和已有文本的梳理及其他框架的可能性

本书在综合西尔维奥·韦斯伯编著的《媒介社会学再评论》主题分类和"行动—结构"的社会学传统分析架构基础上,形成以理论、议题与方法的总体框架,并按图索骥通过一些具体研究论文的分析,提取与各部分主题相关的精髓构建媒介社会学分析脉络,形成面向高等学校高年级本科生和研究生了解该领域并学习研究的参考书目框架体系。书籍定位和目的决定了其与之前已有的媒介社会学书籍

① Mahlert, B. (2021). Addressing Parsons in sociological textbooks: Past conflicts, contemporary readers, and their future gains. The American Sociologist, 52(1), 88 - 106.
② Fourcade, M. (2021). Ordinal citizenship. The British Journal of Sociology, 72(2), 154 - 173.

不同的特色。如最早引入我国的 1989 年 1 月第一版的戴维·巴勒特著的《媒介社会学》,①该书主要介绍了媒介社会学的发展和探索、传播媒介的社会效果、媒介产生的社会环境、媒介研究,基本遵循了历史、研究对象、社会结构及研究案例的架构,但总体来说各部分的组成囿于当时整体社会科学的发展和对媒介社会学本身的认知,并没有清晰的框架,而其中所引用的许多案例在当前看来也已过时。但是这本书基本算是中文学术界所能寻找到的最早的《媒介社会学》教材版本。之后张宁所著《媒介社会学:信息化时代媒介现象的社会学解读》②也正如该书书名所示,侧重从社会学视角对媒介涉及的相关主题进行整体综合性的解读和分析,如媒介内容与媒介组织、媒介内容与政治权力、媒介内容与商业组织、媒介内容与受众、媒介内容与大众文化、意识形态等,但该书未就具体的研究专题和方法使用进行深入介绍。尽管近年来不同高校都推出了媒介社会学相关课程,但是从公开的课程大纲设置来看,基本表现出"方向导引—风格特色"的二维特征,即在媒介社会学整体学科方向指引下,体现各自课程导师的研究兴趣和风格。本书意欲提供最大公约数的共识讨论框架,以期以对话—讨论—争辩的方式共同促进本研究方向及领域的发展。

　　实际上对于什么是媒介社会学? 媒介社会学应该如何进入? 哪些研究属于媒介社会学在国内外学术界尚无定论。以西尔维奥·韦斯伯在《媒介社会学再评论》一书中的讨论为例,相较于从马尔库塞到戈夫曼等诸多大家所贡献的社会学宏观理论和微观理论中去寻找媒介议题的重要性,还不如充分发挥怀特·米尔斯(Wright Mills)所言的"社会学的想象力",对我们日常生活中媒介在社会行动和结构构成中的重要位置进行持续的反身性思考。只有这样才能促进媒介社会学作为一种路径和方法真正进入当前媒介化或正在中介化的日常生活、社会行动和结构再生的真实场域中。媒介社会学的目的不只是为了不断地提醒人们政治、经济、社会结构在媒介研究中的重要性,相反,它还有义务提醒传统的社会学研究中"媒介",以及"媒介化"的重要性。web3.0 以降互联网进一步嵌入社会并发展,所谓人—机关系、类人类、元宇宙概念的实现,我们所面临的迫切需求也许是将"媒介社会学"学科视野的"敏感性"嵌入到我们对从组织管理到政策助推措施提出,从人际

---

① 戴维·巴勒特:《媒介社会学》,赵伯英、孟春译,北京:社会科学文献出版社,1989 年。
② 张宁:《媒介社会学:信息化时代媒介现象的社会学解读》,广州:中山大学出版社,2010 年。

关系调适到自我形成引导的一系列环节的各类社会科学议题的思考中。与此同时,以民族国家为单位的对媒介嵌入社会结构、日常行动进程和方向的调控,也构成了我们分析媒介社会学"规范"议题的必然领域。也正是在这个意义上,我们更能理解为何法国社会学集大成者布尔迪厄的"场域—惯习"理论被注重社会语境研究的伯纳德·拉伊尔(Bernard Lahire)改造为"脉络—倾向"(contexts-dispositions)理论①的缘由,这种改换对于理解媒介嵌入社会议题的脉络及倾向与民族国家为单位的各个国家调控政策直接相关。唯有建基于各个讨论单位/单元语境,我们所有的议题讨论甚至趋势预测和建议提出才不至于落空,也更适合在全球维度上进行比较。

而从国内传播学界看来,对媒介社会学的认知和定位也有不同意见,如邵培仁、展宁在黄成炬对西方媒介社会学研究三种分类(独立学科分支、"关于大众传播的社会学原理"、"媒介与社会"泛化框架分析)的基础上,主张全面借鉴社会学和传播学理论资源,以"领域"为对象进行研究,在其中大众社会理论、媒介的社会功能理论、媒介与社会的规范理论、马克思主义原理等各种理论都被提及。② 胡翼青在谈及李红涛等人所主张的媒介社会学三重进路:大众传播研究、新闻生产社会学、新媒体社会学时,也主张对媒介社会学的核心概念进行必要的商榷和讨论。③ 潘忠党对媒介社会学议题则主张从"元"传播层面进行重新梳理,但整体主张更接近新媒体时代的新闻生产社会学。④ 但大部分国内已有的媒介社会学研究正如李红涛、黄顺铭在《驯化媒介社会学》中所分析的,主要止于新闻生产社会学,他们发表的《何来"真正的媒介社会学"? ——兼论媒介社会学的连续统观念与诠释社群》也是对这个问题的再次发问和重新厘清。但是也应注意到这一领域内一些交叉性质但体现出卓越潜质的著作,如从媒介与社会政治体制关联这一媒介社会学宏观结构层面议题切入的《媒介政治社会学分析》。⑤ 另外,在廓清媒介社会学定义范围

---

① Lahire, B. (2019). Sociological biography and socialisation process: A dispositionalist-contextualist conception. Contemporary social science, 14(3-4), 379-393.
② 邵培仁、展宁:《探索文明的进路——西方媒介社会学的历史、现状与趋势》,《广州大学学报(社会科学版)》2013年第5期,第57-71页。
③ 胡翼青:《媒介社会学是谁? 兼谈概念的多重维度》,中国社会科学院大学新闻传播学院传媒讲堂第一季"媒介的想象力"第三期线上讲座,2022年5月6日。
④ 潘忠党:我们如何在重构"元"的范畴? ——新媒体环境下媒介社会学的议题探索,第二届媒介社会学暑期研究班演讲,2019年7月31日。
⑤ 谢进川:《媒介政治社会学分析》,北京:中国传媒大学出版社,2017年。

的学术场域时,大量的研究者也注意到了库尔德利关于媒介作为一种实践的论述意义,①尤其是2023年其与安德烈亚斯·赫普(Andreas Hepp)的著作《现实的中介化建构》②的中文版出版,推进了国内学界对媒介中介化社会现实建构的理解。赫普在2022年9月发表《行动者、社会关系与秩序:媒介社会学的数字化转型》,从行动主体、关系建构和数字基础设施形成三个维度分析了当下媒介社会研究分析单位或对象的转变。③ 牛津大学出版社也出版了《数字媒介社会学牛津手册》。④ 国内社会学领域也对当下媒介社会学领域的最新发展做出了反应,如《社会学研究》于2023第2期发表了赵一璋、王明玉的《数字社会学:国际视野下的源起、发展与展望》。⑤ 可以预见的是,随着人们对媒介化社会现实理解的推进,未来的媒介社会学研究从研究对象认知到方法范式应用都将迎来全面变革和快速发展的新时期。而在此种情势下进行学术脉络梳理和研究领域廓清就显得非常必要。

总体来说,国内媒介社会学的发展呈现概念厘清、领域反思和前沿研究实践并行推进的状况。而反观国外,以德州大学奥斯汀分校斯蒂芬·里斯(Stephen Reese)2019春季媒介社会学课程大纲设置为例,基本体现了新闻生产社会学、媒介与社会分析、大数据、在线民族志等议题上的交叉特色。可以肯定的是国内外学界对媒介社会学研究和教学框架的摸索反思会在很长一段时间内持续进行,而越来越多具体议题研究者的加入和研究成果的涌现也将推动本领域的研究气象生成。而本书是以独立的学科交叉分支进路方式厘清媒介社会学理论、议题、方法,这是一种新的尝试。

本章导读文献:

Waisbord, S. (2014). Media sociology: A reappraisal. John Wiley & Sons. Introduction.

---

① 齐爱军,齐琳珲:《引"声音/发声"入媒介社会学——尼克·库尔德利"声音/发声"观及其理论意义》,《国际新闻界》2021年第8期,第164-176页。
② 尼克·库尔德利,安德烈亚斯·赫普:《现实的中介化建构》,刘泱育译,上海:复旦大学出版社,2023年。
③ Hepp, A. (2022). Agency, social relations, and order: Media sociology's shift into the digital, Communications, 47(3):470-493.
④ Rohlinger, D. A., & Sobieraj, S. (Eds.). (2022). The Oxford Handbook of Digital Media Sociology. Oxford University Press.
⑤ 赵一璋、王明玉:《数字社会学:国际视野下的源起、发展与展望》,《社会学研究》2023年第2期,第26-48页。

Pooley, J., & Katz, E. (2008). Further notes on Why American sociology abandoned mass communication Research1. Journal of Communication, 58(4), 767 – 786.

Hepp, A. (2022). Agency, social relations, and order: Media sociology's shift into the digital Communications, 47(3):470 – 493.

建议阅读文献：

Chen, W. (2018). Abandoned not: Media sociology as a networked transfield. Information, Communication & Society, 21(5), 647 – 660.

姚文苑、胡翼青：《再思媒介社会学的边界——兼与李红涛、黄顺铭商榷》,《国际新闻界》2022 年第 5 期,第 88 – 109 页。

Rohlinger, D.. A., & Sobieraj, S. (Eds.). (2022). The Oxford Handbook of Digital Media Sociology. Oxford University Press.

Marres, N. (2017). Digital sociology: The reinvention of social research. John Wiley & Sons.

狄波拉·勒普顿：《数字社会学》,王明玉译,上海：上海人民出版社,2022 年。

思考：

媒介社会学应该被视为研究领域还是学科方向？每种视角的具体研究应该如何展开？

第二章

媒介社会学的学派根基：
芝加哥学派源流梳理

第一节　芝加哥学派源流与经典代表人物：杜威、凯瑞与帕克

芝加哥学派在狭义上是指 19 世纪末 20 世纪初在美国围绕芝加哥大学社会学系形成的社会学学派，起源于美国社会经历的一系列移民与整合事件。[①]该学派以芝加哥大学社会学系为中心，继承格奥尔格·齐美尔（Georg Simmel）等人的思想，主导了美国早期社会学研究。芝加哥学派以芝加哥为据点，把城市移民和移民融入社会生活作为自己的主要研究对象，以改革和解决社会问题为己任，认为传播是人类关系的本质，并探讨传播对社会民主的作用。[②]其主要代表学者包括杜威、查尔斯·霍顿·库利（Charles Horton Cooley）、乔治·赫伯特·米德（George Herbert Mead）、帕克等人，他们关于民主社会运转与报纸媒体运行的关联性分析、自我形成与初级群体互动的论述都使其成为媒介社会学起源的代表性学派。本节将从芝加哥学派形成的社会背景、研究议题、发展源流、人物谱系及经典人物思想导读五个方面，梳理该学派对"媒介与社会关系"的认识。

一、社会背景

（一）工业革命浪潮

工业革命和城市化进程不仅促成了传播手段和传播对象的社会性结合，而且促使大众传播迅速发展，成为一种独立的社会系统，由此引发了现代社会信息传播在形态、内容、方式等方面的变化，从而明显地影响到社会结构、社会心理和创新模式的全面发展与变化。[③]

1870 年至 1920 年，美国经历工业革命浪潮之后，通过开拓农村边界度过经济危机，进而快速由农业社会转向工业社会，逐渐地从地方大国晋升为世界大国。据统计，1894 年美国 GDP 已跃居世界第一，从前作为民族大熔炉的松散集合体转变为具有统一意识的民族国家。随着快速的工业化和移民的聚集，纽约、芝加哥和费

---

① 郭庆光：《传播学教程》第 2 版，北京：中国人民大学出版社，2011 年，第 48 - 60 页。
② 郭庆光：《传播学教程》第 2 版，北京：中国人民大学出版社，2011 年，第 48 - 60 页。
③ 陈力丹：《传播学的形成》，《东南传播》2015 年第 5 期，第 43 - 46 页。

城等城市迅速壮大,其中,芝加哥的发展尤为突出。①

（二）人口涌动与文化冲突

经济结构的变化带来人口涌动和文化冲突。据统计,1833 年芝加哥仅是个具有数千居民的原木贸易站,到 19 世纪末却一跃成为百万人口的大都市,1930 年更是达到 350 万。同时,一半以上的人口由外国移民构成,这赋予芝加哥以鲜明的文化多样性。剧烈的人口涌动之下,越来越多的社会问题浮现出来,对城市的承载能力造成了严重的挑战,许多社会矛盾变得非常尖锐,较为突出的包括:市政建设紧张、贫富分化严重、社会腐败与道德沦丧,以及犯罪率的惊人增长。② 这些问题在当时成了阻碍美国社会发展的重要难题。1904 年,路过芝加哥的马克斯·韦伯在表达对这个工业城市面貌的震惊时,用了一个比喻:就像一个人被剥了皮并能看到他的肠子在蠕动。

移民的到来对美国社会产生巨大影响。作为廉价劳动力,他们对美国经济发展贡献良多。作为新的社会力量,他们所形成的社会与政治集团对美国政治与社会发展也起到了重要作用。但在逐渐适应美国的过程中,不少移民尤其是来自传统欧洲社会的第二代移民,对全新的美国社会文化表现出了极明显的不适应。③

（三）作为社会问题研究机构的大学

大量的社会问题涌现,需要强有力的社会研究机构开展对应性的思考,芝加哥大学恰恰为此提供了强有力的智识支撑。提及芝加哥社会学派,有必要先了解一下芝加哥大学。1890 年,在石油大亨约翰·洛克菲勒（John Rockefeller）的资助下,芝加哥大学成立,耶鲁大学教授希伯来语的年轻博士威廉·哈珀（William R. Harper）因其曾作为浸礼会牧师的宗教背景和对社会改良运动的热衷,而被聘为这所大学的校长。1892 年,芝加哥大学社会学系建立,阿尔比恩·斯莫尔（Albion Small）成为首任系主任。1913 年,帕克受邀成为芝加哥大学社会学系教师,并在社会学系开设了"报纸""群体与公众"等与传播学有关的课程。渐渐地,芝加哥社会学派慢慢发扬光大,斯莫尔、托马斯、帕克、米德、伯吉斯这些学者也

① 胡翼青:《再度发言:论社会学芝加哥学派传播思想》,北京:中国大百科全书出版社,2007 年,第 26 页。
② 胡翼青:《再度发言:论社会学芝加哥学派传播思想》,北京:中国大百科全书出版社,2007 年,第 24 页。
③ 胡翼青:《再度发言:论社会学芝加哥学派传播思想》,北京:中国大百科全书出版社,2007 年,第 26 页。

成为 19 世纪末 20 世纪初研究芝加哥城市问题并在全世界范围内产生广泛影响
的先驱。

二、研究旨趣与方法

芝加哥学派的理论关怀体现在对社会整合和构建社会秩序的思考和研究中,
传播的社会功能也正体现于此。"芝加哥学派将传播视为解决城市问题的潜在解
决办法,这是基于传播对于塑造公共舆论、道德秩序、社会认同上的正功能的假定,
尤其是对于以次级关系为基础的城市社会而言,更需要通过传播来弥补首属群体
关系消弭的后果"[1]。因此,学派的研究问题聚焦在以杜威学术思想为代表的如下
三个问题。

(一) 传播如何维系民主

在杜威关于民主的论述中,强调政治不应该将民众排除于外,强调人在传播过
程中对于构建社会的重要意义。芝加哥学派认为公众本身就存在于政治过程之
内,受众作为有人格、有理性的个体,能够发挥自己在社会传播中的作用,并对受众
参与政治过程中所能展示出的潜力持肯定态度。[2] 就其现实性而言,民主就是人
们的民主实践与民主生活,也即谚语所说的:"拯救民主弊病的良药就是变得更加
民主。"[3]在杜威看来,这些基本的条件包括:联结或联结行动、社会交流与传播、个
人与社会知识的积累、社会探究自由及探究结果的流通、知识界与新闻界的互
动等。[4]

(二) 传播如何解决城市化带来的社会问题

20 世纪初,芝加哥是美国新兴城市的代表,它不仅是美国的铁路枢纽和商业
中心,也一跃成为美国的第二大城市,城市化所带来的创新和活力、矛盾和冲突,都
在这座城市得到了集中体现。传播与城市并不是牵强的结合,著名城市学家刘易
斯·芒福德(Lewis Mumford)很早就指出城市和传播互为依存的关系:"大都市太

---

① 杨立青:《传播、媒介与社会关系的再思考——以芝加哥学派为基点》,《新闻记者》2018 年第
  2 期,第 95 - 96 页。
② 宋垣:《仪式观与芝加哥学派传播思想——詹姆斯·凯瑞的传播思想源流》,《西部学刊》2016
  年第 7 期,第 23 - 25 页。
③ 约翰·杜威:《公众及其问题》,赵协真译,上海:复旦大学出版社,2012 年。
④ 王颖吉:《客观或团结:美国大众传播知识社会学的两种类型》,《国际新闻界》2018 年第 7
  期,第 100 - 121 页。

巨大了,无法让重要庆典时聚集在街道上的人群产生直接的整体感,如果不通过听收音机或者参考报纸,没人能详细地看到或者知道城市里发生了什么。作为空间的城市,是信息生产、传播、交换的主要场域,为考察城市交往、市民互动、传播与城市发展提供了条件;城市本身也是一个巨大的媒介,城市的景观、建筑、空间布局等兼具了传播意义。"①

(三)传播与人的现代化

传播与现代化关系的研究,其主要分析框架、理论来源和研究方法多来自社会学,特别是社会学和发展研究交汇而成的发展社会学。② 施拉姆(Wilbur Schramm)在《大众传播媒介与社会发展》中提出,大众媒介可以开阔人们的视野,教育民众,传播新的知识和技能,将社会关注点集中到与发展相关的信息上,提高国民参与国家和社区事务的程度,提高人们对未来发展的期望值。因此,"任何社会变革的最重要的条件是人本身必须改变……这正是现代传播对于经济发展变得如此重要的原因所在"③。此外,卡尔·罗杰斯(Carl Rogers)的"创新扩散"指的是新的观念、经验、技术等的推广和实施,他同时也比较强调大众传播与人际传播和组织传播手段的结合使用。而芝加哥学派在传播学研究的早期阶段,都市中人的生活、人的现代化就在以帕克为代表的学者关于报纸发行与城市化生活融入中有所体现。

三、发展脉络:芝加哥学派与"后芝加哥学派"④

尽管社会结构变迁和社会问题涌现成为芝加哥学派形成自身研究议题的第一推动力,但是一个学术流派的发展也必将经历不断的嬗变。从其母体芝加哥大学发展来看,其自成立以来,便致力于成为全美国最优秀的研究型大学,先是哲学系、经济学系率先成为全美的学科中心,后来是社会学系和政治科学系陆续建立起在美国的学术声望。在1915年前后,芝加哥大学的社会学系就确立了在社会学界的

---

① 张丽平:《论社会向度的城市传播研究——基于芝加哥学派城市社会学研究的启示》,《郑州大学学报(哲学社会科学版)》2020年第2期,第121-125页。

② 李斯颐:《传播与人的现代化研究:源流、认识及评价》,《新闻与传播研究》2004年第1期,第71-80+96-97页。

③ 韦尔伯·施拉姆:《大众传播媒介与社会发展》,北京:华夏出版社,1990年。

④ 何雨:《社会学芝加哥学派 一个知识共同体的学科贡献》,北京:社会科学文献出版社,2016年,第195-208页。

领导地位。

　　芝加哥学派基本经历了两个发展时期。1915 年至 1920 年是资本主义不断胜利，人们对未来社会充满了憧憬和期待的理想主义时期，也是芝加哥学派的黄金时代。而 20 世纪 30 年代后，随着经济危机的打击和"二战"的阴影，芝加哥学派原有的地位遭受了巨大冲击。20 世纪 30 年代的美国社会学出现了一次重要的转型，大规模的量化研究和实证研究，成为方法论的重心。人们倾向于发现社会生活中客观的因果法则，想要借助大规模、结构化、模式化、可预测性和经验化的研究来揭示社会运作的普遍规律。到 1935 年左右，这种趋势对芝加哥学派研究传统形成了巨大的冲击。随着经济危机逐渐缓和，人们开始关注更多问题。在《美国社会学评论》上，各种范式争鸣，比如量化研究和反量化研究，结构功能主义视角等出现。尽管遭受挑战，但"二战"后，布鲁默、欧文·戈夫曼、霍华德·贝克尔等新一代大家还是将芝加哥学派的衣钵传承了下来，人们称之为"第二个芝加哥学派"，或"后芝加哥学派"。

四、芝加哥学派的代表人物和谱系[①]

　　根据胡翼青在《再度发言：论芝加哥学派传播思想》一书中梳理的思想总谱系图来看（见图 1），芝加哥学派的代表人物受加布里埃尔·塔尔德（Gabriel Tarde）、齐美尔和查尔斯·皮尔斯（Charles Peirce）三位思想家的影响而发源，在帕克、杜威、米德、伯吉斯、布鲁默等人处集成汇聚，再发展出技术中心主义、媒介生态学、结构功能主义和行为主义、文化研究四条支流。具体而言，第一条线是塔尔德→哈罗德·英尼斯（Harold Innis）→马歇尔·麦克卢汉（Marshall McLuhan）→约书亚·梅罗维茨（Joshua Meyrowitz）发展的技术主义范式；第二条线是齐美尔→斯莫尔→伯吉斯→英尼斯→……→技术主义范式，第三条是沿着帕克→伯吉斯→布鲁默→戈夫曼演变的媒介生态学；第四条是皮尔斯→凯瑞→杜威→库利→米德→拉斯韦尔（Harold Lasswell）的结构功能主义/行为主义范式；第五条也是杜威→库利承袭的技术主义范式；第六条线则是从皮尔斯→凯瑞→杜威延伸出的文化研究范式。

---

① 何雨：《社会学芝加哥学派　一个知识共同体的学科贡献》，北京：社会科学文献出版社，2016年，第 213 - 218 页。

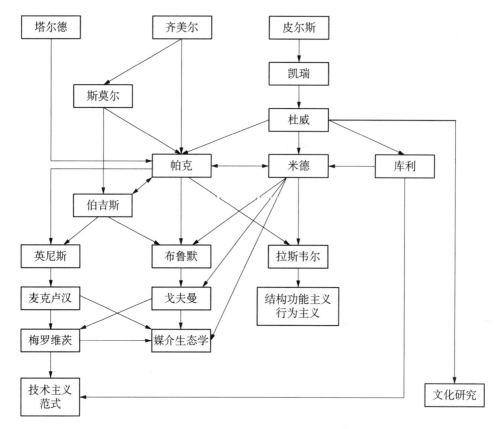

图 1 芝加哥学派传播思想总谱系图①

后来何雨在《社会芝加哥学派:一个知识共同体的学科贡献》中所梳理的芝加哥学派谱系图则补充了后芝加哥学派的代表人物与谱系(见图 2)。

五、经典人物思想

(一) 约翰·杜威

杜威是美国著名哲学家、教育家,以倡导实用主义哲学而著称,是芝加哥学派的代表人物之一。曾先后于美国密歇根大学、芝加哥大学、哥伦比亚大学任教,并

---

① 胡翼青:《再度发言:论社会学芝加哥学派传播思想》,北京:中国大百科全书出版社,2007年,第 393 页。

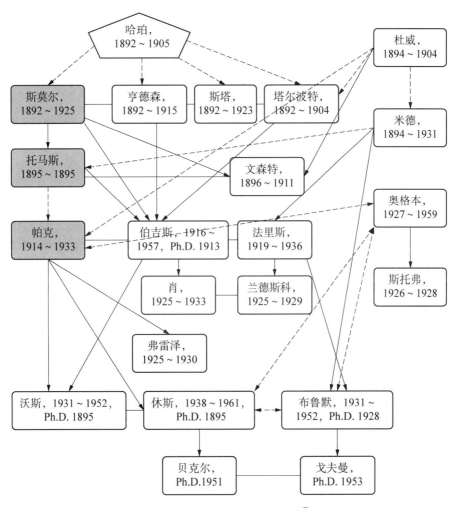

图 2　芝加哥学派代际谱系图①

在哥伦比亚大学退休。一生极力推崇民主制度，强调科学和民主的互补性，民主思想是他众多著作的主题，如《哲学之改造》《民主与教育》等。他的主要思想集中在关于民主与教育、实用主义与经验研究的论述中，其中"传播"成为其思想的重要概念。

---

① 何雨：《社会学芝加哥学派　一个知识共同体的学科贡献》，北京：社会科学文献出版社，2016年，第 216 页。

1. 传播社会观：民主、教育与传播

在关于民主的讨论中，杜威强调传播活动对于民主的重要意义。民主只存在于传播与交流中，依靠协商和同意。传播促成一个共同世界的形成，而社会也依赖传播达成共识。社会和民主由于传播而存在，并且他们就蕴含于传播中，传播使我们产生联系和共识，它就是民主本身。杜威教育大众对媒介内容，以及自己如何使用媒介内容进行批判性思考，媒介的职能就是"使公众对公众利益感兴趣"，报纸应该成为公共教育和公共辩论的工具，并针对重大问题组织一些讨论。杜威在《民主主义与教育》中明确表示"教育的目的是要使个人能够继续他的教育……不是要在教育历程以外，去寻觅别的目的，甚至把教育当作这个别的目的的附属物"①。事实上，他并不否定教育须有"良好的教育目的"，这些目的特性如下：①须建基于个人的固有活动与需要；②须能转化为与受教育的人的活动进行合作的方法；③教育家须警惕所谓一般的与终极的目的。事实上，当代教育的定位的确摇摆在两类教育目的之间：一是"使受教者成为定型的产品"，二是"最终要提高受教者的（创进）能力"②。教育本身就是一个巨大的传播活动，孔子说有教无类，社会也正是在教育中实现整合，而教育始终在维持人的多样性和达成社会一致目标之间徘徊，这便回到了欧洲传播思想的核心，即我们如何在存有个人自由意见的基础上，实现社会的良性运转。

2. 方法论：实用主义与经验研究

进步主义教育（the progressive education）是美国重要的教育思潮，对 20 世纪美国教育的变迁轨迹产生了深刻的影响。③ 而这种进步主义在具体的研究实践中则体现为杜威对实用主义的倡导，以及连带的从内省思考研究方式向经验调查研究方式的转变。杜威提倡的实用主义精神即"把所有的思想和判读都作为待定的结论，然后用经验的方法在实践中加以检验，根据结果是否符合我们的预测来判断其合理性，通过不断试错，人们总会找到关于一个问题的正确答案"④，摆脱了以内省思考为主的研究风格，转而用实际调查说话，用经验结果检验理论假设。杜威对

---

① 约翰·杜威：《民主主义与教育》，王承绪译，北京：人民教育出版社，2001 年，第 111 页。
② 约翰·杜威：《民主主义与教育》，王承绪译，北京：人民教育出版社，2001 年，第 119 - 121 页。
③ 张斌贤：《"世纪难题"：什么是进步主义教育》，《教育研究》2020 年第 1 期，第 61 - 74 页。
④ 约翰·杜威：《民主主义与教育》，王承绪译，北京：人民教育出版社，2001 年，第 158 - 121 页。

媒介技术发展在推动社会发展方向的作用表示乐观,相信现代技术使我们有机会增进相互理解,提高个人素质和政治参与意识,但回避了 19 世纪末以来大众报纸带来的低俗之风对社会的负面影响,有理想化色彩。

(二) 詹姆斯·凯瑞

詹姆斯·凯瑞与杜威谱系密切关联。[①] 他于 1934 年 9 月 7 日出生于美国罗德岛一个信仰天主教的爱尔兰移民的聚集地。在罗德岛大学获得商学本科学位,在伊利诺伊大学获得传播学博士学位,主攻传媒经济学,在传播研究中采取文化研究路径,提出了传播的"仪式观"。

1. 传播与社会:传播的传递观、仪式观

传播的传递观被认为是美国传播研究中的主流观念。在现代词典中,"传播"与"传授"(imparting)、"发送"(sending)、"传送"(transmitting)、"把信息传给他人"(giving information to others)这些词或短语密切关联。"传递观"源自地理和运输(transportation)方面的隐喻。[②] 两个世纪前,信息的移动被看作是与货物或人的位移相同的过程,传播的中心意思是为了控制的目的,把信号从一端传送到另一端。这一人类最古老的梦想是传播概念的源起。凯瑞还认为传播观源自宗教,具有宗教取向。[③]

传播的仪式观虽然在美国人的思想中相对淡薄,但它是一种更为古老的观点。从仪式的角度定义,"传播"一词与"分享""参与""联盟""团体"及"拥有共同信仰"这一类词或短语有关。"共性"(commonness)、"共有"(communion)、"共同体"(community)、"沟通"(communication,即传播)有着同一性和共同的词根。[④] 传播的仪式观并非直指信息在空中的扩散,而是指在时间上对社会的维系;不是指传达信息的行为,而是共享信仰的表征。如果说传递观中"传播"一词的原型是出于控制的目的而在地理空间扩展信息,那么在仪式观中"传播"一词的原型则是一种以团体或共同的身份把人们召集在一起的神圣典礼。可以发现,凯瑞无论是对传播传递观还是仪式观的论述都是将传播这一概念与社会的维系密切关联了起来,在

①　罗杰斯:《传播学史:一种传记式的方法》,殷晓蓉译,上海:上海译文出版社,2002 年。
②　詹姆斯·凯瑞:《作为文化的传播》,丁未译,北京:华夏出版社,2005 年。
③　詹姆斯·凯瑞:《作为文化的传播》,丁未译,北京:华夏出版社,2005 年。
④　詹姆斯·凯瑞:《作为文化的传播》,丁未译,北京:华夏出版社,2005 年。

这个意义上,我们可以称之为传播与社会的"同一观"①。

2. 对芝加哥学派的继承与批判

芝加哥学派为美国社会学的研究奠定了经验基础,赋予美国社会学一种应用和改良的传统,并开展了早期的传播效果研究。芝加哥学派的兴起使美国关于社会问题的研究有了强烈的经验主义倾向,学者们构成了以人类传播为中心的人格社会化理论体系,认为大众传播是美国民主社会面临城市社会问题而生存下去的一个手段,形成了后期以媒体效果为重点的大众传播研究模型,强调了传播技术在当代社会发展中的重要地位,对传播后果持乐观态度。

凯瑞提倡传播研究采取文化研究的路径,呼吁美国传播学接纳新的思想与研究路径,为传播研究注入了新的活力。将传播与文化研究结合起来,传播研究的目的就不再是效果的实现,而在于解读人的行为。②

(三) 作为经典案例的罗伯特·帕克

帕克是芝加哥学派的核心人物,尤其是他关于报纸发行与城市运转之间的关联研究成为我们从媒介与传播的视角观察和分析芝加哥学派对媒介社会学理论构建的重要角度。作为芝加哥学派的代表人物之一,帕克的代表作是其博士论文《群体与公众》,以及与人合著的《社会学科学导论》和《移民报刊及其控制》。帕克通过一系列的研究聚焦形成了四大议题,即大众传播、种族关系、人类生态学和集体行为。在研究方法和手段上,帕克主张要对社会进行经验性研究,研究者要深入现实,获得第一手资料;主张把新闻传播活动放到整个大的社会背景下加以考察,研究它们在整个社会和制度运行中所起的作用。他将传播定义为一个社会心理的过程,在这一过程中,个人能够假设他人的观点和态度,人们之间合理的和道德的秩序能够代替单纯心理的和本能的秩序。③ 帕克的传播学思想根植于芝加哥学派,将传播作为社会何以可能的基础,认为传播是人类关系的本质。

1. 传播是社会进步的力量

帕克在吸收了社会学经典奠基人斯宾塞的"区位秩序"与孔德的"道德秩序"学

① 韩瑞霞:《美国传播研究与文化研究的分野与融合》,北京:中国大百科全书出版社,2014 年,第 125 页。
② 冯梦瑶:《"传播"与"仪式"如何相遇:詹姆斯·凯瑞传播思想的宗教视角解读》,《新闻与传播研究》2022 年第 3 期,第 19 - 37 + 126 页。
③ 胡翼青:《再度发言:论社会学芝加哥学派传播思想》,北京:中国大百科全书出版社,2007 年。

说基础上,提出在从区位秩序到道德秩序之间,社会要经历四个过程:竞争(competition)、冲突(conflict)、适应(accommodation)、同化(assimilation)。他将这四过程理论应用于种族冲突、移民与城市结构的研究之中。① 帕克对这四个社会过程的总结具有较鲜明的进化论色彩,仿佛群体之间从冲突到整合是一个自然发生的过程。它是从无序向有序的迈进,从低级冲突到高级整合的进化。按照这一解释,城市的移民群体从不适应、冲突到最后融入美国社会,是一个必然的过程。②

帕克是杜威早期的狂热崇拜者,尤其推崇杜威的社会即沟通的观念。如果交往是建立在沟通的基础上的,而沟通包含了增强意识的可能性,那么群体生活就可以产生理解和共识。话语共同体的发展将意味着民主公众的发展,一个能够理性地指导其命运的公众。③

2. 城市化与报纸发行

(1) 城市＝自然世界,社会生态学　帕克想说明的一个观点是传媒通过控制舆论来维系现代社会,而社会机构则通过传媒来影响舆论。在帕克看来,传统的学校、教会和家庭都能够较好地维持社会秩序。然而,城市化的进程改变了这一切。在大城市的生活中,那种面对面的直接关系变得越来越不稳定。同一个家庭的不同成员可能散布在城市的各个角落谋生,与此同时,毗邻而居的人们却可能素不相识。面对面的社会控制因此失去了它应有的效果。④ 在不断的演化中,某些新的控制机制在生成,比如教堂、学校、家庭都在变化。学校拥有了家庭的部分功能,承担起对道德的培养,而邻里、社区等以区域为基础的自发组织也出现了。这些都是现代都市生活中人们维持社会控制所作的努力。⑤

(2) 报纸流通和城市交通的关系　一方面,报纸能够组织更大范围内的公共交往,咖啡馆的狭小空间已力有不逮;另一方面,报刊文章与咖啡馆中的讨论形成

---

① 叶肃科:《芝加哥学派》,台北:远流出版公司,1993 年,第 42 - 45 页。
② 刘海龙:《连续与断裂:帕克与传播研究芝加哥学派神话》,《学术研究》2015 年第 2 期,第 29 - 35 页。
③ Fisher, B. , & Strauss, A. "The Chicago Tradition and Social Change: Thomas, Park And Their Successors," Symbolic Interaction, vol. 5, no. 2, 1978, pp. 5 - 23.
④ 胡翼青:《再度发言:论社会学芝加哥学派传播思想》,北京:中国大百科全书出版社,2007 年,第 245 页。
⑤ 胡翼青:《再度发言:论社会学芝加哥学派传播思想》,北京:中国大百科全书出版社,2007 年,第 246 页。

一种互文的关系、一种"内在联系",报刊嵌入到实体场景中,是其中身体相触、声音相激的交往的一部分。但是,轻盈的报纸终将摆脱这一场景,成为它的"延伸"。帕克认为,报纸作为"城市范围内通信传递的重要手段",它所"提供的第一个功能,便是以前村庄里的街谈巷议所起的功能",即在报纸报道信息的基础上,形成具有控制与整合作用的舆论。① 同时,帕克通过追踪美国不同区域内日报发行范围和发行数量的变化,来图绘城市的地理边界在城市化过程中向周边地区推进的轨迹。②

3. 移民报刊问题

(1) 移民美国化 伴随着大量移民群体涌入美国,他们不适应异国他乡的生活,报纸实现了他们在母国用其他方式实现的社会功能,比如了解母国的新闻、通过母语获得熟悉感和文化身份、适应美国的生活等功能。③ 移民报刊对于移民群体有着非同一般的作用,一是这些移民在家乡时大多都是农民,而到了美国后他们基本上都是城市的产业工人,他们必须参与美国的城市生活。这种生活方式与其原有生活方式有着很大的不同,使之无所适从。移民们需要一系列的"信息"和"观点"来适应城市生活。此外,初到美国,他们对英语的掌握非常有限,而在美国只有移民报刊能够用他们的母语(而且是其母语中成功转化为书面表达的口语或俚语)提供信息,因此他们必然要阅读这些报纸。④

(2) 隔阂与冲突 帕克试图用移民报刊的例子说明,媒体正在塑造现代大型社会中各种新型的社区及与之相应的文化与道德规范。移民社区通过自己办的报纸,保持本民族文化并逐渐适应美国文化,以对抗、代替和弥补因初级群体瓦解而正在崩溃中的旧道德体系。这些移民报刊具有社会控制的功能,使得不能直接进入主流社会的群体有一个缓冲和准备的阶段,不至于因过分的心理震撼和文化冲击而走向极端。⑤

① 季凌霄:《祛除透明:一份报纸的感性实践与报刊史研究的"超视觉"》,《新闻记者》2018 年第 12 期,第 23 - 29＋44 页。
② 胡翼青、张婧妍:《作为媒介的城市:城市传播研究的第三种范式——基于物质性的视角》,《福建师范大学学报(哲学社会科学版)》2021 年第 6 期,第 144 - 157＋172 页,
③ 刘海龙:《重访灰色地带:传播研究史的书写与记忆》,北京:北京大学出版社,2015 年,第 68 页。
④ 胡翼青:《再度发言:论社会学芝加哥学派传播思想》,北京:中国大百科全书出版社,2007 年,第 251 页。
⑤ 胡翼青:《再度发言:论社会学芝加哥学派传播思想》,北京:中国大百科全书出版社,2007 年,第 250 页。

无论是在胡翼青还是何雨列出的谱系图中，罗伯特·帕克都是一个承上启下式的人物。他的研究领域非常广泛，涉及媒介生态学、社会异常与犯罪、控制研究等多个话题。

帕克的学术思想受以下四方面的影响较大。首先是美国本土思想家杜威的进步主义和实用主义，詹姆斯（William James）的自我理论，富兰克林·福特（Franklin Ford）对新闻报纸的看法，以及托马斯的移民与情境理论等。其次，受到齐美尔的城市社会学观念，斐迪南德·滕尼斯（Ferdinand Tonnies）、奥斯瓦尔德·斯宾格勒（Oswald Spengler）对都市文化的研究，威廉·文德尔班（Wilhelm Windelband）的社会科学方法论，威廉·冯特（Wilhelm Wundt）的实验心理学等的影响。查尔斯·达尔文（Charles Darwin）的生物进化论和斯宾塞的社会进化论也对帕克的学术思想产生过影响。除此之外，意大利思想家西皮奥·斯格海勒（Scipio Sighele）的犯罪学研究、法国思想家古斯塔夫·勒庞（Gustave Le Bon）和塔尔德的心理学等都对帕克的学术思想产生过影响。[1]

《用报纸发行量衡量城市化》这篇文章，是芝加哥学派将传播与城市化研究相结合的开端。[2] 为什么不使用原先衡量城市化的公式，而用报纸发行量来衡量城市化呢？原先衡量城市化的公式是"城市化程度＝城市人口数÷总人口数"，即以城市人口数作为衡量指标。但是从帕克收集的资料来看，城市人口的增长非常惊人，城市不断侵占农村土地的同时，农村人口也在向城市发展，即城市的扩张和权力下放，农村人口也向城市中心迁移。

这造就了衡量城市人口的一个新背景，也就是"权力下放"。权力下放分为卫星城的形成和工业与商业的下放两个方面。大城市统辖的郊区城市，成为大城市的卫星城。比如，芝加哥周围的城市和乡镇，他们的独立性逐渐被消化，功能逐渐变得单一，成为围绕芝加哥的一个大型的城市圈。芝加哥城内的重工业发展到一定程度，进而辐射到芝加哥的郊区，逐渐形成了一个个重工业城；芝加哥市内的住宅发展到一定的规模，也牵出了城外或附近的较小的城镇成为一个个住宅城；由此又形成了高尔夫球场城，大学城等。卫星城的形成伴随着大城市工业和商业的下

---

[1]　何雨：《社会学芝加哥学派——一个知识共同体的学科贡献》，北京：社会科学文献出版社，2016年，第159页。

[2]　Park, R. (1929). "Urbanization as Measured by Newspaper Circulation." The American Journal of Sociology, 35(1), pp.60-79.

放,但工商业生产机器向外围移动的管理权和资金控制仍保留在处于中心的大城市。比如一些大型的邮购公司,在这些周边的城市也建立了分支机构。这些分支机构在城镇直接与农民打交道,但是金融控制权仍然保留在芝加哥。城市工商业向外迁移和权力的下放也带动了其他行业在其周边城市的扩展。这样一来,城市和农村的人口大规模流动,农村不复存在,只剩下了城市及附属于城市的郊区,在这一情景下沿用原先以城市人口数来衡量城市化程度的公式也就不合理了。

既然原先的公式已经不适应当时城市发展情况,那城市化又该怎样来定义呢?帕克提出了一个观点:实际上正在发生的并不是一场单纯的人口进出城市的活动,而是工业、商业、个人和社会关系更广泛的延伸,这些都是与大城市一起成长起来的,并且都具有大城市的特点。专业化劳动分工,更精细的组织和更有效的指导和控制,这些现在在农业中占有重要地位,正如它以前发生在其他更有组织的产业中一样,这些变化包括它们所涉及的一切,也就是新的"城市化"的意义。

帕克把报纸发行量和城市化这两个概念联系了起来,用报纸发行量来测量城市化的程度。其理论支撑在于《农业共同体的社会解剖》的结论。这篇发表于1916年的文章,主要讲述了农村和城镇的关系,一个农民进城不仅是为了在这个城镇的市场销售他们的产品,还要依赖这些城镇获得他们需要的商品和服务,比如借钱,孩子接受教育和去教堂等。该文得出两个结论:第一,由社会交往交流和共同利益所决定的实际社区,往往不确切地符合甚至经常超越官方和行政所规定的社区,比如县和乡的界限——自然形成的社区区域不一定等同于行政划分的社区;第二,总的来说,由习俗和制度构成的个人关系网趋向于符合贸易关系和共同利益形成的领域。首先就是贸易,其次是政治和社会制度,也就是说人的社会关系往往由贸易关系所决定。

由于文化建立在交流及共同语言的基础上,因此或多或少是一种地域性的现象。而社区成为一种稳定的组织时,文化和政治的组织往往由经济基础也就是贸易关系所决定。因此文化生活的变化可以被认为是经济关系变化的一个指标,所以报纸发行量可以作为测量城市化的一个指标。

帕克认为汽车交通是城市化的催化剂,这个观点验证了城市化可以由报纸发行量测量这个观点。汽车交通压力加剧了,卫星城的现象促使了大城市的生活方式影响到小城市,城市的生活方式普及到农村。研究发现,小城市的人更喜欢读大城市的报纸,而非当地的报纸,但农民似乎仍然从他购买食品的市场获得消息,报纸发行量的分布体现了城市和农村社区利益的实际组织的真实分布。由于南达科他州有三四个城市同时是新闻和贸易中心，并且这些城市的贸易很好地贯彻权力下放和新城形成这一过程，所以他选择了南达科他州日报的发行量进行研究。

城市发展伴随着交通的发展经历了三个时代，报纸发行量也随之产生变化。最开始的交通以河流为基础，随后铁路占据主导地位，后来才是基于汽车的交通。随着可触达的路线越来越自由，"放射状"的形态也越来越完整。在河流交通时期，围绕密西西比河的圣路易斯、圣保罗和其他的沿河城镇统治着整个密西西比河流域的地区。而在铁路交通时期，芝加哥成为主要的商业中心，明尼阿波利斯市堪萨斯城和奥马哈的重要性上升，圣路易斯和圣保罗的地位下降。在汽车交通时期，汽车运输的影响已经加速了大都市中心的下沉，并且彻底改变了小城市的性质和功能，他把农民从孤立的状态中拉出来，更加密切地接触了城市生活。汽车让人们可以自由从各个方向向商贸区和城市腹地移动，呈现出更加紧凑对称和放射状的形态，城市中心及其所主导的区域的形态也更加完整。

除了城市社会学，帕克对传播的社会控制和效果的研究集中地体现在《移民报刊及其控制》这部专著中。帕克试图阐明，传播是维系现代社会的一个重要手段，通过传播可以很好地实现对现代社会控制并实现社会民主与理想。在城市化过程中，传播媒介（尤其是报刊），是维系社会秩序的重要手段。帕克承继了托马斯在《身处欧美的波兰农民》中的一部分思想，并且丰富了关于移民报刊社会功能的阐述。移民报刊具有将移民群体整合入美国的功能，因此，它在解决移民带来的社会问题时具有积极而重要的意义。其一，媒体在社会解体和再次重组的过程中保持着本民族的文化，并且试图逐渐融合美国的文化，从而代替和弥补因初级群体瓦解而正在崩溃的旧的道德体系。其二，传媒有助于群体的整合和维系，履行其社会组织的功能。其三，移民报刊从长远来讲，不会一直把民族主义情绪保持下去，其最终目标还是帮助移民美国化。因此传媒有促进受众和环境融为一体的功能。

帕克在《社会学引论》中把大众传播的主要机构分为三种：第一种是媒体及新闻事业，包括报纸、杂志、书籍等印刷媒体；第二种是一些调查研究机构，他们提供了一种新闻工作的高级形式（但他们大多变成了以牟利为目的的咨询公司，产出一些行政研究的成果，目的是维护统治阶级的利益）；第三种是一些社会宣传机构，或许由私人倡导，或许由社会团体或者媒体等机构所倡导，目的是教育民众，普及知识，并且把他们组织到改善社区生活的行动中来。帕克认为，在城市中，这三种传播机构社会控制功能比以往机构的控制功能更有影响力,并且更有效。[①] 在帕克笔下,媒介是社会发展变革忠实的反映者和记录员,同时是社会的维系者和民主的推动者。

---

① 胡翼青:《再度发言:论社会学芝加哥学派传播思想》,北京:中国大百科全书出版社,2007年,第 243 - 260 页。

第二节 媒介与社会关系视野的芝加哥学派其他代表人物思想解读

芝加哥学派从建立至今的百余年间，多位学术大家形成了不同的主题与研究领域。芝加哥学派的宏观传播思想典型代表便是传播的技术主义观点。在不同的时期，帕克、伯吉斯、英尼斯、麦克卢汉等人都对传播的技术主义范式作出过贡献。传播技术与社会变迁有着不可分割的关系，传播技术的发展在一定程度上推动着社会领域问题的解决与社会的演进，而社会的变迁不断为传播技术的创新创造着新的语境，二者相辅相成，相互扶持着不断向前发展。

符号互动论是芝加哥学派的另一个重要研究支脉。它以米德的社会心理观与传播观为基点，后又加入戈夫曼的"拟剧理论"，将传播场景分为前台和后台，后续在新媒介的影响下，梅罗维茨又将"中台"的概念引入了研究话题。

芝加哥学派还对传播进行了控制研究与效果研究。在帕克主导的社会控制研究中，传播与社会的关系发生了重组。美国化和移民研究为其提供了研究的土壤和样本。布鲁诺从电影的社会和心理效果入手丰富了效果研究。

此外，还有罗德里克·麦肯齐（Rodericke Mckenzie）、霍默·霍伊特（Homer Hoyt）等人围绕城市化与生态学，以及同样以帕克与伯吉斯为发端的，由安德森·莫尔（Addisom Moore）等人承继下来的对社会异常、犯罪、越轨等现象的研究。

一、托马斯[①]

在一定意义上，托马斯是现代社会学和芝加哥学派的拓荒者，他开创了现代经验社会学研究的范式，为芝加哥大学的社会学系学术机制和学术声望奠定了基础。托马斯的学术思想丰富，蕴含了人类学、社会心理学、生物学和精神病学等许多学科的精华。他的《身处欧美的波兰农民》是现代经验社会学研究的一面旗帜。

---

① 何雨：《社会学芝加哥学派 一个知识共同体的学科贡献》，北京：社会科学文献出版社，2016年，第110－149页。

　　1918 至 1921 年间,托马斯与弗洛里安·兹那涅茨基(Florian Siwicki)共同出版的 5 卷本《身处欧美的波兰农民》对芝加哥学派的发展产生了重要的影响,这是美国经验社会学第一部经典,也是社会心理学史上六部最有影响力的巨著之一。他提出的社会解体范式、区分援助群体的组织、社会解体和社会重组等理论至今仍有很大的影响,尤其是社会解体范式,1920 年至 1930 年初被芝加哥学派用以阐释一系列美国的城市社会问题,至今还在美国社会学界有关犯罪与暴力的研究中产生着广泛影响。

　　托马斯将社会解体范式置于历史情境中,探讨它的历史基础。通过资料分析,托马斯认为资本主义的发展和移民是导致波兰农民原初群体解体的主要因素。然而这种社会解体是一种过渡现象,更重要的是随之而来的个体被重新整合进一个新的社会秩序的过程——这个过程会产出新的行为模式和制度,从而更好地适应该群体新需求的、积极融入的过程。

　　结合托马斯与帕克、米勒合作的《旧大陆特质的移植》,我们看到,他们以美国当时最大的三个新移民群体——意大利人、波兰人和犹太人为例,分析移民进入美国都市后,文明转换过程的三个阶段。以意大利移民为代表的第一代移民持久地保留了以原初群体为组织的优点,这种生活纽带非常强大。而以波兰移民为代表的第二代移民则更偏向于疏懒丧志。以犹太移民为代表的第三代移民,则显示了第三个阶段重建秩序。犹太移民诉诸社会活动,以新的自觉生成的组织,弥补旧有的形式,并自发进行顺势再造。[1] 而这些都体现在当时移民所办报纸中。比如犹太社区依靠所办的意第绪语报纸,辅助进行自我规制和扩展,为参与和融入美国的生活作出努力。表明一个旧的社会组织一旦开始解体,便只能直面社会重组,从而使其生命得以延续。[2]

　　《身处欧美的波兰农民》对首属群体、社区,以及一些较大的实体等社会基本单位进行了细致的结构性分析。他把社会视为一个独特、合法的调查领域,并进行社会学的研究。此外,在《身处欧美的波兰农民》研究中,托马斯还原创性地征集了移民的信件作为一手资料,辅之以第三人称的文献资料,如新闻报纸、美国人的社会

---

[1] Park, Robert E., & Miller, Herbert W. (1921). Old World Traits Transplanted (New York: Harper).

[2] 何雨:《社会学芝加哥学派　一个知识共同体的学科贡献》,北京:社会科学文献出版社,2016年,第 140 - 141 页。

组织与教堂的记录、各种相关社会机构的文件和法庭的案卷等作为二手资料，共同作为社会学分析的依据。① 在托马斯的这项开创性研究中，媒介与社会紧密相关。意第绪语报纸——这一媒介，在社会解体和重组的过程中，无论是在社区内部进行自我规制，还是在社区的扩展与融入新社会的过程中，都扮演着前期号召者，中后期记录者、镜子的角色。

二、伯吉斯

　　伯吉斯是继斯莫尔、托马斯和帕克之后，芝加哥学派的第四位重要人物。他是芝加哥学派中第一个接受了正式的社会学训练的学者。伯吉斯的强项集中于从事经验研究的实地调查技术，以及实施这类调查的组织能力。在伯吉斯的组织下，帕尔默将芝加哥大学社会学师生的实地研究经历汇集起来，编制了一个集研究方法技巧和实务于一体的操作性手册。1928 年，帕尔默在伯吉斯的影响下又出版了一本社会学方法教科书《社会学实地研究学生手册》，这本教科书成为芝加哥大学城市研究项目的操作性法典，也是美国最早的社会学研究方法教科书之一，是实地研究方法的第二本教科书。帕尔默还规划了对芝加哥城市空间社会与物理环境进行的分区调查工程，详细地描绘了芝加哥 75 个城市社区的具体状况。1924 年至1930 年进行的这项调查对芝加哥城市区域进行了类别划分，描绘出一幅芝加哥的整体图景：一个复杂的大都市、工业化的郊区、移民区、商业贸易区、宾馆和公寓区等。这些不同的区域是芝加哥城市独特的空间单元——它们组成了一个有机的整体。在绘制了芝加哥城市 75 个自然区之后，伯吉斯又指导帕尔默绘制了社会基础地图，根据河流、高架、铁路、工厂、公园和林荫大道等景观及分界线，把芝加哥划分为若干个不同的独立物理空间，进而绘制芝加哥城市社区的分布图。除了城市社会学的研究，帕尔默还指导了犯罪学的研究。伯吉斯公开发表的第一篇文章，就跟青少年违法越轨行为有关。

　　伯吉斯对芝加哥学派的贡献主要集中在对学生的指导和组织实地调查方面。他使芝加哥大学的社会学系变成了一个研究中心，同学们被派遣去收集社区数据和生活的历史——这继承了托马斯把生活史作为社会学研究数据主要来源的观点。

① 查德·艾伦·戈德堡，於红梅：《〈身处欧美的波兰农民〉：一项市民融合及国族建设的研究》，《国际新闻界》2019 年第 6 期，第 104 - 121 页。

三、英尼斯

英尼斯是媒介技术主义的代表人物,他延续了杜威、库利将媒介概念泛化的传统。不仅狭义的报刊、杂志等可以被看作是媒介,用于交换的货币、交通工具等都可以是媒介。这也就决定了英尼斯的媒介研究是从媒介的形式而非内容入手,来分析媒介技术的介入对文明史、文化与社会可能产生的影响。在这个意义上,英尼斯媒介研究的主题与杜威、库利、帕克与波蒂斯的媒介技术研究一脉相承。在《帝国与传播》和《传播的偏向》中,英尼斯将媒介的起源、发展、演变特性和偏向形式问题作为主题。他认为媒介可以分为时间偏向和空间偏向。某些媒介可能更适合知识在时间上的纵向传播,而不适合知识在空间中的横向传播。笨重、耐久、非集中化的媒介偏向时间,如书籍;而轻便、难以保存、集中化的媒介,偏向空间,如电报、广播。除此之外,英尼斯对于媒介的类型还有一个划分的方式,即口头传统偏向与书写传统偏向。

英尼斯认为媒介对人类文明产生了决定性的作用,媒介的偏向可能直接影响文明的兴衰。不同偏向的媒介,导致政治组织形态不同,因为一个国家的治理在很大程度上依赖于有效的传播。英尼斯对传播技术的未来发展并不持乐观态度。他认为帝国很难平衡传播媒介的偏向,因此帝国的发展在不同的方面都可能面临危机。此外,他还悲观地认为传播技术的改进阻碍了沟通,而非促进了交流。

英尼斯的观点有一定的缺陷。其一,他从媒介入手考察人类文明和历史的发展,的确具有开创性,但是媒介毕竟只是人类历史发展中的一个因素而并非决定性或全部要素。其二,英尼斯直接将理想化的模型套入真实的历史中进行解释,必然会产生很多解释不通或前后矛盾的地方。

英尼斯之后的麦克卢汉是媒介技术主义范式的集大成者。他主张万物皆媒、媒介即信息。在媒介与人类的关系上,他认为媒介是人的延伸,媒介作为人的眼睛、耳朵和手的延伸,更加灵敏地触达了人类之前难以获取的信息。麦克卢汉开启了把媒介作为专门研究对象的传统,也是从他开始,传播学开始真正重视起媒介研究。而麦克卢汉开创的传播生态学概念[1],成为当下理解传媒社会建构力量的

---

① 胡翼青:《再度发言:论社会学芝加哥学派传播思想》,北京:中国大百科全书出版社,2007年,第157-186页。

显学。

四、布鲁默

布鲁默的控制研究比帕克和拉斯韦尔更加具体和经验化。在传播的理论层面,布鲁默最重要的贡献是于 1939 年提出了"大众"(mass)概念。布鲁默把大众与群体(group)、群集(crowd)和公众(public)这三个概念进行了对比。群体指的是社会关系,是生活在一定的社会和地理边界内,互相知晓、彼此互动且具有相似价值观的成员。群集是一个暂时的、极少重聚的群类,其成员可能拥有一致的身份认同和心态,但本质上并不稳定。公众则是现代社会民主政治制度的重要元素,他们经常自由参与公众议题的讨论,形成民意。大众则是一种典型的由分散匿名的个体所组成的庞大集合体,它没有稳定的结构规则和领导者,缺乏为实现自身目的而行动的意愿和手段,也没有固定的活动场所。布鲁默对这四个概念的区分很大程度上受到塔尔德、勒庞和帕克的影响。

除了对大众概念的清晰界定和区分,布鲁默对传播学的贡献还在于他在 1929 年至 1932 年间参与的佩恩基金研究。佩恩基金研究是美国传播史上一次重要的关于电影效果与大众传播的经验研究,目的是探寻电影对美国青少年和儿童是否有负面影响。布鲁默在其中负责两个子项目,一个是关于电影对儿童与青少年日常行为的影响。在这个研究中,他收集了 1 823 份受访者的个人日记,还做了 135 个为期半年的访谈,并对 1 200 位小学生进行了问卷调查。从资料构成来看是一项定量与定性相结合的研究,但是芝加哥学派偏向定性研究的传统也在该研究中充分体现,即研究者主要采用定性的资料,同时对效度的检验也主要集中在电信资料上。定量研究只是定性研究的辅助和说明。研究发现,电影确实对青少年的社会认知与心理产生明显的影响,电影在青少年社会化的进程中扮演了非常重要的角色,传播效果的直接、明显程度甚至超过了学校社区和家庭。促成青少年的角色认知,引导和诱发青少年的情绪,并对他们的观点和情感产生了重要的影响。由于电影的教育方式与学校和其他教育方式不同,因此在当时看来电影对青少年的教育产生了巨大挑战。

第二个是电影对儿童与青少年犯罪行为的影响体系。这项研究收集了个人日记、访谈的数据材料和问卷调查的统计结果,这些资料大多来源于监狱学校和少管所的问题青少年和嫌疑犯,还有少数资料来自一般的青少年。这项研究取得了和第一项研究相似的结论。两项研究都指出,电影对青少年的行为具有较为明显的影响,且负面影响较多,其中包括对犯罪行为的推动。布鲁默发现由电影产生的最明显的行为是模仿,并且模仿很容易成为电影与犯罪之间的桥梁。

青少年在模仿电影中的行为时,会发现电影中许多行为模式放在现实生活中并不一定适用,这时媒介塑造的虚拟环境就会失去光环,使一部分青少年的幻想破灭。他还观察到一千个读者眼中有一千个哈姆雷特的受众差异论现象。此外,布鲁默和合作者豪瑟还观察到了后来非常有影响力的"第三人效果"现象,即受众总认为自己不如别人受到传媒的影响大。在电影所造成的心理效果方面,布鲁默发现,"看电影做白日梦"的现象,在青少年中十分普遍。他还把情绪层面的效果与认知层面的效果区分开来,得出电影更容易对青少年产生情绪方面感染。而这些情绪影响可能会造成一些社会后果。从微观来看,青少年个体在受到高度情绪化感染时,理性思考会受到阻碍,从而接收电影所传达的观点。而从更为普遍的层面来看,电影很有可能会引发不当的情欲,对社会道德或法律产生冲击,甚至成为引发性犯罪的土壤。[①]

布鲁默的研究集中在媒介对社会产生的效果上。传媒技术和媒介内容的发展使媒介的效果研究越来越被重视,媒介对社会的影响也越来越强,越来越细微地渗入不同群体社会生活的方方面面。

五、戈夫曼

戈夫曼是后芝加哥学派的代表人物。他把结构的概念引入了符号互动的研究,并且剖析了社会机制如何在个体间的符号互动中发挥作用。

托马斯曾提出"情境"这一概念,他认为在人类的刺激与反应之间,应该插入一个主观定义的过程。在任何自觉的行为之前的审视和考虑的阶段,这个主观定义的过程就被称为情境。戈夫曼根据情境的定义提出了"框架"的概念。他把框架引入了社会互动之中。框架指的是一种情境的定义,它是根据支配事件至少是社会事件的组织原则,以及我们在其中的主观投入做出的。框架是一种结构性的因素,是对看似自由的互动的一种制约,但它并不等同于社会结构,而是个人在社会生活

---

① 胡翼青:《再度发言:论社会学芝加哥学派传播思想》,北京:中国大百科全书出版社,2007年,第 260-279 页。

的任意时刻所拥有的经验结构。托马斯认为情境并不是一种结构，并且主观性很强，但是戈夫曼却把框架看作一个结构性的概念，认为其中相当一部分的经验是被客观情况决定的。

大众传播与人际传播一样，都受到框架的控制。传播者需要选择新闻，传播给受众，受众也需要选择新闻进行认知，框架就是其中重要的媒介。记者和新闻组织会使用媒介框架来处理新闻，紧接着经过框架选择、修饰的新闻会传递给受众。受众又会根据自身的态度、观点和行为来接收解读这些特定的框架。进一步新闻机构会根据受众感知与反馈，强化或调整原有的新闻组织策略和框架。

框架通过角色表现出来。角色是框架的外化，是个体社会行为和信息传播的载体，个体通过角色来交流互动和传播信息与情感。角色与框架的概念相辅相成。戈夫曼在《日常生活中的自我呈现》中，把个体在框架中扮演角色的行动比作演员在剧场里演戏，并将角色的行为分为"角色内表演"和"角色外表演"两个部分——分别对应剧场的前台和后台。前台与后台分别传递着不同的信息，前台往往突出某些社会公认的原则，维护良好的形象——这意味着框架中制度性的因素在前台的表现是偏向显性的，也含有一定虚假和表演的成分。而后台则承载了较为随意的人际交往，框架中的制度性因素在后台的表现偏向隐性。①

在戈夫曼的视野中，媒介使社会生活分成了前台与后台两个部分，人们无论是否自知自愿，都要过挂上面具和摘下面具两种生活。

从托马斯到帕克、伯吉斯、布鲁默，再到戈夫曼，芝加哥学派主持不同研究、处于不同时期的学者们对媒介与社会的关系有着不同的思考。如今，伴随着媒介技术的发展，媒介制造的世界与真实世界的距离不断拉近，彼此间的边界越来越模糊。过滤泡使人们逐渐陷入各自的茧房，意见和事实看似越来越多样的同时，交流与对话的可能逐渐在缩小。这样的媒介发展情境中，思考媒介对社会结构和人类行为及意见形成的作用显得更为必要。

---

① 张梅：《从角色表演到角色外活动——对戈夫曼〈日常生活中的自我呈现〉的框架性分析》，《东南传播》2010 年第 7 期，第 70 - 72 页。

本节将通过导读雅各布斯(Ronald Jacobs)于 2009 年在《美国社会学家》(*The American Sociologist*)上发表的《文化、公共领域和媒介社会学：在罗伯特·帕克的作品中寻找古典创始人》①和费舍尔和斯特劳斯于 1978 年在《符号互动》(*Symbolic Interaction*)所发表的《芝加哥传统与社会变革：托马斯、帕克及其继任者》②两篇文章，从第三方视野观察与媒介社会学密切关联的芝加哥学派重要代表人物对当时媒介、社会及社会变革关系的思考。

一、雅各布斯：文化、公共领域与媒介社会学

(一) 20 世纪 30 年代前媒介与社会的同一性(报纸与媒体的力量)

1923～1941 年间，帕克在《美国社会学》发表了七篇关于报刊杂志的文章，同时出版了一本关于移民报纸的著作——《移民报刊及其控制》(The Immigrant press and its control)。在这些文献中，他主要表达了两方面的观点。

第一，关于媒体和公共领域中"新闻和报刊的力量"的论述。帕克认为现代报纸的诞生与城市发展密切关联。同时，城市的发展又进一步扩大了读者的规模，并为其提供了"对礼仪和生活的客观描述"③。"日常读报"是城市生活方式与农村生活方式区分显著的一个重要表现。④ 帕克在此基础上进一步发展了媒体和公共领域理论，将由政客、党派领袖和知识分子组成的精英公共领域与大众公共领域区分开来，并将这种区分与报纸的类型、板块栏目联系起来。⑤

① Jacobs, R. N. (2009). Culture, the public sphere, and media sociology: A search for a classical founder in the work of Robert Park. The American Sociologist, 40(3), 149 - 166.
② Fisher, B. , & Strauss, A. (1978). The Chicago Tradition and Social Change: Thomas, Park And Their Successors. Symbolic Interaction, 1(2), 5 - 23.
③ Park, R. E. (1923). Thenatural history of the newspaper. American Journal of Sociology, 29(3), 273 - 289.
④ Park, R. E. (1929). Urbanization asmeasured by newspaper circulation. American Journal of Sociology, 35(1), 60 - 79.
⑤ Park, R. E. (1941). News and the power of the press. American Journal of Sociology, 47 (1), 1 - 11.

第二，帕克认为"报纸话语的不同文化形式"塑造了报纸推动舆论形成的能力。报纸上刊登的很多内容，如各类故事集锦的主要目的是以文学作品激发公众的阅读想象力，而非激发公众讨论或推动公众行动。[①] 但当这些故事进入公共领域后，却会引发多元后果。与此同时，当文化新闻以故事的形式出现在报纸上，分期出版的方式也让读者有机会反思、推测连续每期的意义，新闻读者会根据记忆和他们熟悉的比如悲剧情节来解读这些事件和所有的细节，此时新闻不再单纯是新闻，而是具有了现实主义文学的意义，在此意义上，流行杂志上的'真实故事'与历史报纸中刊发的民谣一样，都产生了真实的"公共"意义。[②] 也就是说报纸上不同文化形式的内容传播尽管在启动公众思考和促进公众行动上具有不同的倾向和特征，但在实践上都加深了新闻作为一种公共商品的意义，共同促使公共讨论和公众社会形成。

(二) 20 世纪 50 至 60 年代：媒体效应（媒体与宣传的研究）

20 世纪四五十年代，社会学家持续关注媒体和公共领域。最初的研究重在关注宣传和大众说服的不同技术，以及媒体是有助于扩大宣传还是分散了宣传等问题。后来研究焦点逐渐转向对大众社会中孤立的、原子化的、缺乏社会联系的受众是否更容易受到大众传播或宣传的影响问题过渡。直到 50 年代中期，因为卡茨和拉扎斯菲尔《个人影响》等著作的出现才让研究者意识到对这两个问题的认识过于简单。[③] 在此之前，以帕克为代表的媒介社会学者是将媒体问题作为文化问题来看待。在他们看来，宣传是将事件联系在一起，围绕一个共同的、明确定义的单一真理的概念来组织的文本实践。宣传接近于社论页面上产生的那种知识，主要来源于背后强大的社会力量和义务感推动。[④] 而拒绝单一的真相，并且伴随着讨论和舆论形成的新闻势必会削弱宣传的影响力。其特点是分散注意力，加剧分歧，最终削弱宣传者的期望效果，因此与宣传常常伴随的就是相应的新闻审查手段。在雅各布斯看来，帕克的"宣传"理论也存在矛盾之处，即一方面他把宣传和审查联系

① Park, R. E. (1938). Reflections on communication and culture. American Journal of sociology, 44(2), 187 - 205.

② Park, R. E. (1941). Morale and the news. American Journal of Sociology, 47(3), 360 - 377.

③ Katz, E., & Lazarsfeld, P. (1955). Personal Influence The Free Press. Glencoe, IL.

④ Park, R. E. (1941). Morale and the news. American Journal of Sociology, 47(3), 360 - 377.

起来,将宣传视为一种特定的、有害的传播形式;另一方面,又认为宣传与报纸社论版之间存在相似之处,并认为宣传是一种更普遍的文化和传播形式,是大众社会公共生活的特征。现在看来,后一观念接近于宣传的古典特征。

雅各布斯进一步借用 1945 年李(Alfred Lee)的观念,强调公共领域传播的战略性质将对宣传的讨论一般化。即在李看来,宣传只是一些人试图通过这种手段将想法迅速传达给大众。[①] 在现代社会,宣传是一种促进销售和吸引选票的有效方法。而沃思(Louis Wirth)则进一步说明:只有在受众已经有了共同的文化框架的情况下,战略传播才有效。[②] 事实是大多数社会受众会分化为两种类型的群体,一边是那些隶属于各种不同组织和利益集团的个人,他们认为自身各种利益是由这些不同集团的领导人代表的;另一边是一群个人,他们"不附属于任何稳定的团体,在这个意义上构成了无组织的群众,从而把决策权留给那些有组织的、可以行使公司权力的人,导致人们很难把共识看作是社会所有成员对问题达成一致的过程"。

(三) 20 世纪 70 至 80 年代:新闻编辑室

伊莱休·卡茨曾总结过 1960 年代媒体(媒介)社会学议题从社会学旗舰期刊中消失的原因:①在哥伦比亚大学发展起来的"有限效果范式"表明,媒体并不像人们想象的那样强大,以至于社会学家不愿意继续研究一般的媒体;②对受众和社会网络的新关注需要时间来发展和积累出一些概念和方法论工具,而社会学家们却没有等待的耐心;③主流社会学似乎将媒体研究归入"集体行为"的一般类别,而这一范式在 20 世纪五六十年代正在失去影响力;④忽视了媒体提供一种独特的社会产出的能力,这种产出可能是影响、团结、公共性或者是公众意见,只关注介入媒体和社会之间的因素。

随着媒体越来越被视为一个社会问题,甘斯(Herbert Gans)认为社会学家会把注意力重新转向对报纸、电视和其他大众媒体组织的研究。1970 年代媒介社会学曾短暂复兴,但也只倾向于关注组织。甘斯对塔奇曼的编辑室民族志表现出浓厚兴趣,因此他也参与了相关研究,他于 1979 年出版的著作《什么在决定新闻》,

---

① Lee, A. M. (1945). Theanalysis of propaganda a clinicalsummary. *American Journal of Sociology*, 51(2), 126 - 135.

② Wirth, L. (1948). Consensus and mass communication. *American sociologicalreview*, 13 (1), 1 - 15.

1972 年至 1975 年撰写的五篇关于新闻工作组织的文章出现在社会学的旗舰期刊上，一般论点是新闻作为一项社会成就，是新闻工作者在努力解决工作中出现的组织问题的结果。新闻工作者对"客观事实"的定义使他们能够保护自己不受内部和外部批评的影响。[①] 以类似的方式，新闻工作者依赖类型化，以迫使"意外事件"进入正常的新闻程序，从而控制新闻工作的偶然性。[②] "硬新闻和软新闻的区分反映了时间安排的问题"，现场新闻和发展中新闻的区别在于资源的分配。新闻实践反映了新闻机构所面临的实际挑战。[③] 媒体意识形态可以解释为组织过程的反映。例如，联邦官员和商业发言人比环保主义者或地方官员更容易接触到新闻工作者。新闻编辑室的组织研究与舆论形成、公共领域或媒体的其他公共方面无关。[④] 也就是说，在这种降解过程中，新闻生产社会学研究越来越与帕克开始的对媒体与公共性关系的关注分离了。

在雅各布斯看来，新闻编辑室的研究对受众的假设使得他们很难将其与过去 50 年发展起来的媒体社会学传统联系起来。1970 年代，媒体研究再现了关于被动的、与社会隔离的受众的假设，这些假设曾被帕克、沃思、弗赖德森和卡茨彻底拒绝。1970 年代末，新闻编辑室的组织研究已经结束，媒体社会学短暂回归旗舰期刊的时代也结束。1980 年代，研究的主要参考点是关于媒体的心理学文献，以孤立的、原子化的个人形象为起点，他们以完全脱离社交网络或本地对话的方式消费媒体产品。这些文章可以发表在社会学的旗舰期刊上，但是它们对媒体和社会有着非社会学的理解，这证明了美国媒体（媒介）社会学的衰落。

雅各布斯进一步分析到，这些研究认为媒体呈现内容是由其他社会因素——社交网络、组织惯例等造成的，因此媒体只是其他社会过程运作的平台。因此，从与这个分析对立的角度来看，社会学的兴趣从媒体转向那些可能具有更多独立因果影响的社会结构和过程，如人口统计学、组织生态学、精英再生产等议题并不奇

① Tuchman, G. (1972). Objectivity as strategic ritual: An examination of newsmen's notions of objectivity. American Journal of sociology, 77(4), 660 – 679.
② Tuchman, G. (1973). Making news by doing work Routinizing the unexpected. American journal of Sociology, 79(1), 110 – 131.
③ Sigelman, L. (1973). Reporting the news An organizational analysis. American Journal of Sociology, 79(1), 132 – 151.
④ Molotch, H., & Lester, M. (1974). News as purposive behavior On the strategic use of routineevents, accidents, and scandals. American sociological review, 39(1), 101 – 112.

怪。但要真正复兴媒介社会学的研究,还需与帕克代表的芝加哥学派的早期工作建立关联。

（四）20世纪90年代左右:媒体、文化和公共领域之间的关系

1990年后,雅各布斯认为一种不一样的媒介社会学开始出现迹象,它关注媒体的公共性,关注媒体、文化和公共领域之间的关系。并认为这些发展可以追溯到社会学内部的三个广泛的知识分子运动:①关注社会运动研究中的框架过程;②将公共领域的概念引入主流社会学领域;③文化社会学的兴起。

在社会运动研究中,20世纪80年代见证了从资源动员范式转向关注政治机会结构和文化框架过程的转变。这两种分析的转变都强调公众对运动目标的开放程度是可变的,取决于运动如何能够回应公共议程,并将其议题有效地插入公共辩论。政治机会结构的概念是指社会运动需要关注政治发展和公众舆论的变化,并准备在公共/政治环境使其成功机会最大化时动员集体行动。① 在其中将文化工作概念化为一个框架,提出了一个社会问题的公共定义,这个定义依赖于核心的组织理念"框架",它以一种与公众情绪产生共鸣的方式来定义这个问题。② 而这就与大众媒体密切相关。

这些社会运动研究范式重新强调了大众媒体,这有助于运动监控政治环境,同时也为他们提供了一个舞台,在时机成熟时,他们可以尝试进行成功的框架调整。但是雅各布斯也指出媒体话语有其自身的文化逻辑,它并没有完全反映政治联盟或公众舆论。③ 媒体更多是承担组织一个公共问题或者公共问题呈现舞台的功能。④ 究其原因是新闻报刊都是通过多个互为辩证的解释性内容来呈现的,媒体本身没有产生公众舆论,但个人可以利用它们(经验和讨论)来构建自己对这个问

---

① McAdam, D. (1996). Introduction Opportunities, mobilizing structures, and framing processes-toward a synthetic, comparative perspective on social movements. Comparative perspectives on social movements, 1 - 20. In D. McAdam, J. McCarthy & M. Zald (Eds.), Comparative Perspectives on Social Movements Political Opportunities, Mobilizing Structures, And Cultural Framings. Cambridge University Press.
② Snow, D. , & Benfrod, R. D. (1988). Ideology, Frame Resonance, and Participant Mobilization, International Social Movement Research, 1, 197 - 217.
③ Gamson, W. A. , & Modigliani, A. (1989). Media discourse and public opinion on nuclear power A constructionist approach. American journal of sociology, 95(1), 1 - 37.
④ Hilgartner, S. , & Bosk, C. L. (1988). The rise and fall of socialproblems A public arenasmodel. American journal of Sociology, 94(1), 53 - 78.

题的理解。

在 1994 年至 2009 年，报刊愈发有影响力。但是主要限定在意义结构领域，各类二进制代码、叙事或脚本都有自己的意义结构和逻辑。雅各布斯在 1996 年的论文中就比较过非裔美国人和"主流"报纸对 1991 年罗德尼·金(Rodney King)殴打的报道，他发现公共领域几乎不能成为理性或共识的舞台。更为典型的情况是它们在作为美学政治和象征性竞争的舞台运作。① 如《洛杉矶时报》主要将这场危机报道为关于警察暴行和政治分裂的故事，而《洛杉矶哨兵报》则写了关于警察暴行、白人不诚实，以及赋予非裔美国人权力的必要性的故事。《洛杉矶时报》将殴打作为新的危机叙事中的第一个事件进行了报道，该事件以克里斯托弗委员会的报告结束，讲述了政治统一和有效性的故事。而《洛杉矶哨兵报》报道了罗德尼·金的殴打作为一部分关于公民权利和警察暴行的持续历史叙述，并没有随着委员会报告的发布而结束，而只是延续了警察暴行和白人不诚实的令人不安的模式。

最后在上述梳理基础上，雅各布斯指出如果媒体社会学家想提高他们在主流期刊(如《美国社会学杂志》)中的知名度，就需要将自身学术与芝加哥学派的传统联系起来，尤其是与罗伯特·帕克的工作联系起来。而在他看来帕克的媒体社会学强调了三点：①媒体是一种特殊而独特的文化或知识形式；②媒体是一种公共商品，可以引发讨论和舆论形成；③媒体与其他类型的文化产品有着文本间的关系。

二、费舍尔和斯特劳斯：芝加哥的传统和社会变革

在《芝加哥传统与社会变革：托马斯、帕克及其继任者》这篇文章中，费舍尔和斯特劳斯分析到，托马斯和帕克在许多方面拥有相似背景，都出生于南北战争时期，都有小镇背景，都是通过人文学科进入社会学领域，同时都去德国学习过，并都成长为早期的社会学家。两者交集之处在于托马斯于 19 世纪 90 年代进入社会学，并于 1914 年将帕克带到芝加哥。尽管帕克是从调查记者转为学者，而托马斯则因政治与道德原因被学术界开除并在私人赞助下展开工作，但是他们的职业差异并没有那么大。作为专业的社会科学家，他们都不同程度地参与了私人和政府

---

① Jacobs, R. N. (1996). Civil society and crisis Culture, discourse, and the Rodney King beating. American Journal of Sociology, 101(5), 1238－1272.

的改革,并认为自身社会思想与行动世界密切相关。

(一) 从进步的视角看社会变革

托马斯和帕克的共同点来源于他们对进化论的认可,但他们关于社会进步的观点存在差异。对托马斯来说,进步是社会群体攀登阶梯的历史,尽管这一过程的速度有快有慢,也可能由于反对群体或其他群体的互动作用出现促进或阻碍,但总体过程是进步的。但对帕克来说,进步本身就是个问题。人们只能确定不断地变化(如群体之间的冲突和适应),群体也可能在精神上变得更加民主,在方向上变得更加理性,在组织上变得更加实用,但是否"进步"帕克是存疑的。

进一步地,在托马斯看来,国家是处于不断"建设"过程中的,在这个世界里,流动群体(无论是波兰农民还是亚美尼亚移民)的无序、重组和融合构成了主要问题。而托马斯将国家的发展对应于当时人类学和心理学的辩论,从平行智力问题入手,讨论国家之间是否有平行或共同进步的可能。在托马斯看来,假设存在一种普遍的人类本性,那么群体就可以预期以相同的速度前进,就像儿童经历相似的阶段一样。但很明显,不同群体的发展速度不同,有些根本没有变化。因此,造成这些差异的原因在托马斯看来必须从社会因素去寻找。托马斯注意到,落后群体的进步是基于武力。但是历史也表明,群体在经历各种危机和重组过程后,发展出了超越武力的技能:经济解放为人们提供了另一种生存工具。教育也具有此种功能,即一个群体在进化斗争中取得的成功越大,它就越容易从强制性手段转变为说服性手段。托马斯对这一基本模式的认识标志着他与其他"改革派达尔文主义者"的相似性。但托马斯的叙述不仅特别强调了社会变革日益理性的方向,而且强调了源于更大安全的人类互助互利的协作可能性。

帕克的进化观与托马斯的进化观有共同之处的同时,内在存在着深刻的矛盾,这与他们接受的德国和美国哲学的不同理论流派的影响有关。比如帕克深受威廉·格雷厄姆·萨姆纳(William G. Sumner)进化论的影响,后者强调群体冲突导致社会秩序不断地变化但是人们面对这种冲突的应对能力有限。而帕克后来的生态著作就扩展了这种思维模式,即认为对空间的争夺导致了群体之间无休止的冲突和调和。但是这一进程也具有一定的进步可能性:生态竞争导致了经济竞争及社会关系的政治和道德秩序。至此,"秩序"和"进步"的矛盾显现。在帕克看来,新的秩序形式只有在反映出更大的合理性时才会变得更加进步,而这种合理性具有很强的功能性。对应芝加哥当时的社会矛盾,一方面由于生存空间紧张,种族和民族群体之间的敌对情绪加剧,另一方面,这些基本群体的瓦解,为此社会的形成提供了条件。

(二) 知识的由来与用途

作为他们所接受社会进化论观点的一部分,托马斯和帕克都强调知识的发展及对社会行为的理性控制。社会学知识有助于提供这样的方向,但这种知识的性质是什么,以及如何获得,每个思想家见解不同。对托马斯来说,社会学的本质与受过教育的精英密切相关,这门科学应该为推动他们进行慈善活动提供学识基础。这意味着要建立社会学,而不是政治、经济学、人类学等,作为社会行动最普遍有用和最正确的基础,并表明受过知识教育的精英已经拥有的知识种类对于制定有益的社会政策来说是足够的。托马斯认为社会学在寻求建立科学的社会规律方面是独一无二的,针对波兰农民的研究也证明社会变化本身就是通过这些规律发生的。[1]

托马斯对当代社会工程的批判与他认为社会心理学的发展是社会学的主要任务这一观点密切相关。[2] 在他看来,这项工作不能由其他学科来完成,因为社会心理学关注个人对所有机构生活的创造性反应:研究人类的"态度"或人们对他们所遇到的世界的反应。在这方面,社会心理学以"情境定义"为概念集结超越了个人心理学的限制。在托马斯看来,通过社会学的生活记录,可以准确地揭示人们对环境的反应和行为。而这个"定义情境"的过程,暗示了在特定的社会条件下,个体知识的限度和潜力。

帕克的社会学形象没有那么乌托邦。它也不太适合于科学合法性的论证,这很大程度是由于帕克成为芝加哥学派的核心人物后,社会场景发生了变化。到 20 世纪 20 年代中期,对私人慈善事业和公民改革组织的支持已成为社会学研究的一个理所当然的问题。不再需要让受过教育的精英们相信社会学是有价值的。此外,专业社会学家的研究性学习模式已经确立:人们在接受培训后被送到社会服务和专业工作岗位。社会学的问题不再是"社会学在什么领域是科学的?",而是"社会学该怎么做?"

---

[1] Thomas, W. I. (1966). WI Thomason social organization and social personality Selected papers(Vol. 242). Chicago University of Chicago Press.

[2] Thomas W. I. (1905). The province of social psychology. American Journal of Sociology 10 (4),445 - 455.

帕克本人几乎没有写过关于社会学的科学性质或研究方法的文章。然而,他的著作和该系的历史都暗示了社会学培训和活动的隐含模式。这种活动遵循了帕克自己的论点中的劳动分工。社会学的工作领域包括需要对世界有广泛的了解,熟悉各种社会学和其他相关理论,并有安静的时间把这些东西放在一起进行总体分析。同时它还包括发布新闻,找出世界上正在发生的事情,并将其传达给其他人即当时新兴的民主公众的任务。最后,社会学还涉及对真理的更个人化的智力追求,并试图理解"人性"和"人类进程"。

(三)社会精英与领导力

托马斯和帕克的社会学形象论述不仅导向了社会学知识如何应用的问题,还导向了谁来应用的问题。托马斯的回答相对明确:受过教育的精英。这种领导与政党政治甚至立法改革的表面努力有着密切的区别。真正的社会变革涉及价值观(机构的特征)和态度的转变。进步的社会领导源于社会进化过程本身。在人类社会发展的早期阶段,当群体生活只关注生存时,需要强有力的领导者。当仅仅是生存的负担被解除时,受过更多教育的领导人就有助于提供更高水平的道德凝聚力。随着社会的进步,其领导人可以发挥更公开的进步作用。最终,在最高级阶段,领导不再是必要的。社会机构和教育将使一个自我指导、合作的人类社会聚合体成为可能。

托马斯的社会进化论暗示,只有真正的互动,领导才能成功。领导者或领导小组需要了解他们所领导的人所面临的外部和内部约束,以及他们所面临的现实,他们对回应、安全等的基本愿望,这些愿望成为他们重视家庭或社区生活的主要原因。有效的领导还取决于领导者自身对内部和外部需求的反应程度。人们如果无法在这些限制和要求之间找到可行的创造性平衡,就无法发挥真正领导所需的创造性和理性作用。无论是来自精英群体的领导者,还是在较不发达群体中成长的领导者,都是如此。

帕克的领导力理论与他主张社会变革的一般论点存在分歧。在关于移民媒体的书中,他表现出一种相对强硬的改革主义,暗示了一个与托马斯不一样的仁慈的精英阶层。最常见的是,他对领导的处理有一种狡猾的品质。他的知识分子万神殿中很少有政治领袖,他没有建议他所崇拜的科学家、作家和诗人直接发挥社会作用。事实上,他倾向于把改革派知识分子(报纸上的编辑专栏)视为道貌岸然和徒劳无益的人。他认为人们通过生活,而不是通过说教来发现社会问题的解决方案。

如果领导人发挥了作用，那也是通过他们对社会情绪的关注，而不是告诉人们该怎么做。因此，权力和统治的模式来自下面，而不是上面，来自群体竞争的压力，这反过来要求群体维持一定程度的内部秩序。① 秩序对于生活是至关重要的。这种秩序能有多民主，取决于所满足的社会条件的难度，以及人们能在多大程度上变得有自我意识。在民主领导的理念中没有任何矛盾之处，相反，它的可能性自然而然地来自于一个相伴而生的理念，即任何领导都不会成功，除非它与人民的需求和条件相呼应。

(四) 社会变迁的模式：舞台与机制

托马斯和帕克的社会改革的形象暗示了社会变革发生的时间、地点和方式。"何时"取决于群体冲突和遭遇，也取决于冲突群体的发展水平（他们的实力、教育、制度发展、领导能力）。"在哪里"取决于同样的冲突和遭遇。由于早期的联合形式仅仅是基于群体生存，所以最早的变革领域是局限于简单的领域。随着联盟的形式变得更加复杂，领土统治导致了民族国家的建立。

托马斯认为，发展中国家社会变革的"方式"主要集中在两种机制上：教育和制度建设。现代社会学家和进步主义领导人面临的问题是，研究群体斗争是如何导致既定制度的瓦解的，以及在这种混乱中，在新出现的模式中，在哪里可以促进教育和培养更多的合作关系。许多实际的社会改革者的问题是，他们试图进行教育，却没有注意到人们的态度是如何被更大的背景所塑造的，或者他们试图凭空建立制度，没有关注人们的生活斗争、立法改革的后果对于人们生活的影响。

帕克对有目的的变化机制的理解受到了他城市研究的影响。在他看来城市是变化的特殊舞台，是集体聚居和个人机会的场所。在这个背景下，制度不断地被建立和重建，并在不同方向被有意识地改变。帕克很少关注机构如何建立，尽管他注意到自愿组织或者工会的崛起，但他倾向于外在压力对组织冲突的框架主导作用，而非这些机构的实际行动的过程和意义。对帕克来说，最优秀的改革机构——报纸也是如此，对这份报纸的基本测试是它是否发布了与人们生活有关的新闻。如果是这样的话——就像《犹太前进》(Jewish Forward)的情况一样，它通过将社会主义承诺与移民现实相调和，成功地留住了它的移民观众——它将生存并繁荣。

---

① Park, Robert E. "Dominance," in R. McKenzie(ed.), Readings in Human Ecology(Ann Arbor, Michigan George Wahr), 381 - 85; also CPREP, Vol. 11, 1934, pp.159 - 64.

尽管帕克不认为这些机构改革是社会变迁的根本动力,但是却非常重视它们在信息沟通传播中的作用。即在帕克看来衡量一个机构改革有效性的标准是它发布新闻的能力。它以学校为例,证明只有当它有能力把知识带给整个社会时它才是有意义和进步的。而城市中的报纸就担此重任。从这个角度来说,帕克的社会变迁观切实将城市及报纸作为了舞台和发生场所,而非简单的归因于精英或社会组织。

费舍尔和斯特劳斯这一以帕克和托马斯思想为分析对象的对芝加哥学派及后续继任者的梳理文章发表于 1978 年,当时新一轮的以"多元现代性"为代表的社会变革还未兴起,因此对芝加哥学派关于秩序与社会变革的梳理仍然体现出经典现代主义的分析色彩,但是当在经历 40 年后全球快速变革后的今天,从费舍尔和斯特劳斯的坐标回看芝加哥学派关于社会变迁和秩序的论述时,仍然具有深刻启发意义。

本章导读文献:

Park, R. E. (1929). Urbanization asmeasured by newspaper circulation. American Journa of Sociology, 35(1), 60 - 79.

Jacobs, R. N. (2009). Culture, the public sphere, and media sociology A search for a classicalfounderin thework of Robert Park. The American Sociologist, 40(3), 149 - 166.

Fisher, B., & Strauss, A. (1978). The Chicago tradition and social change Thomas, Park and theirsuccessors. Symbolic Interaction, 1(2), 5 - 23.

建议阅读文献:

胡翼青:《再度发言:论社会学芝加哥学派传播思想》,北京:中国大百科全书出版社,2007 年。

罗杰斯:《传播学史———一种传记史的方法》,殷晓蓉译,上海:上海译文出版社,2002 年。

思考:

从芝加哥理论传统来看,媒介与社会的关联形式在当代发生了怎样的变化? 试着给出系统化的分析。

第三章

媒介社会学的经典研究范式介绍

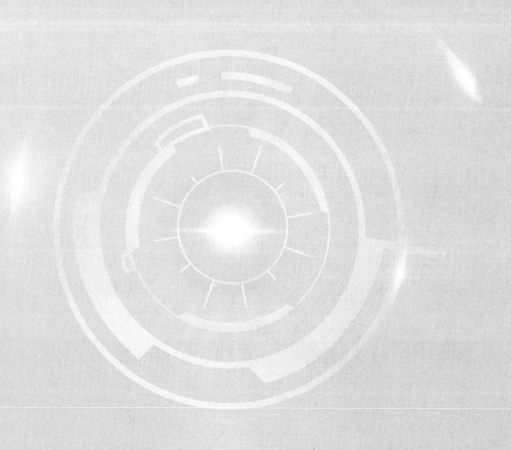

一、范式理论

任何科学研究在本体论和方法论方面都有某些特定的前提和假设,这决定着我们研究什么、不研究什么,以及如何开展研究。长久以来,无数学者形成了观点各异、假设相左的研究范例,托马斯·库恩(Thomas Kuhn)把不同的学者之间所持有的这种通约的研究范例称作范式(paradigm),"它指的是一个共同体成员所共享的信仰、价值、技术等的集合"①。

库恩的范式理论产生于对自然科学史的研究,但同样对社会科学产生了影响。一些社会学家对其进行借用和改进,使之更加符合社会科学的研究现实。乔治·瑞泽尔(George Ritzer)认为,范式是存在于某一科学论域内关于研究对象的基本意向,它可以用来界定什么应该被研究,什么问题应该被提出,如何对问题进行质疑,以及在解释我们获得的答案时该遵循什么样的规则。范式是某一科学领域内获得最广泛共识的单位,它能够将存在于某一科学中的不同范例、理论、方法和工具加以归纳、定义并相互联系起来,我们可以用它来区分不同的科学家共同体或亚共同体。② 基于这个前提,本书对媒介社会学的经典研究范式进行梳理。

二、媒介社会学的研究范式

整个西方传播研究的历史正是媒介社会学发展的历史,因此,我们梳理媒介社会学的研究范式,某种程度上也是在梳理传播学的研究范式,不过,媒介社会学更加强调从社会学的视角进入,关注社会学源流,关注 20 世纪传播学的整体发展与社会时代和知识脉络的深刻勾连关系。

媒介社会学在范式界定上存在多种划分标准。有的学者采用社会学研究传统

① Kuhn, Thomas, S. (1970). The Structure of Scientific Reoluion, Second Edition, Chicago: Chicago University Press, 175.

② Ritzer, G. (1975). Sociology: A Multiple Paradigm Science, Boston: Allyn and Bacon, 10 (3)156 – 167.

为取向标准,例如,尤尔根·哈贝马斯(Jürgen Habermas)认为人类社会的生活世界有三种基本的构成要素,即劳动、互动(沟通)和权力(支配),与此对应形成技术的、实践的和解放的三种基本旨趣;进一步再发展出三种知识类型:"经验—分析知识""历史—解释性知识"和"批判的知识";① 玛格丽特·波洛玛(Margaret Poloma)参照韦伯"理想类型"方法和吉登斯"实证主义社会学"和"解释主义社会学"的二分观点,提出了"实证主义"与"人文主义"两类范式。②

刘海龙以认识论为取向标准,划分为客观经验主义范式、诠释经验主义范式和批判理论范式。③ 何道宽以学派为取向标准,划分为"经验—实证学派、法兰克福学派、英国文化研究学派、政治经济学学派、技术学派"等若干范式派别。④ 陈卫星以方法论为取向标准分别划分为"经验—功能""控制论""结构主义";⑤ 罗森格林(Karl Rosengren)也曾从方法的角度用"激进客观主义""激进主观主义""主观功能主义""客观功能主义"四类范式来区分社会科学研究。⑥ 胡翼青以"价值观"的深层结构作为范式取向标准,根据其与权力的关系,划分为"与权力合谋""与权力同构主张改良""与权力异构主张颠覆"三种范式。⑦ 克雷格(Robert Craig)以如何理解传播为取向标准,区分了传播研究中的七种传统:修辞学传统、符号学传统、现象学传统、控制论传统、社会心理学传统、社会文化传统、批判传统。⑧

不论如何划分,究其学术脉络根源,可以追溯到自古以来科学传统和人文传统的对峙。科学传统尊崇的是科学—进步—发展这一现实取向,人文传统则追求精神—价值—意义这一永恒主题。自古希腊苏格拉底时期,西方古代哲学已经出现了哲学在科学精神和人文精神之间的分野。近代以来,科学主义和人文主义的对

① Habemas, Jurgen (1968). Knowledge and Human Interests, Boston: Beacon Press, p.58.
② Poloma, Margaret M. (1979). Contemporary Sociological Theory, New York: Macmillan Publishing Co, p.102.
③ 刘海龙:《大众传播理论:范式与流派》,北京:中国人民大学出版社,2008年,第80-81页。
④ 何道宽:《异军突起的第三学派—媒介环境学评论之一》,《深圳大学学报(人文社会科学版)》2006年第6期,第104-108页。
⑤ 陈卫星:《传播的观念》,北京:人民出版社,2004年,第47页。
⑥ Rosengren, K.E. (1983). Communication research: one paradigm, or four?. Journal of communication, 33(3),185-207.
⑦ 胡翼青:《论传播研究范式的表层结构与深层结构——兼论中国传播学30年来的得失》,《新闻与传播研究》2007年第4期,第36-41页。
⑧ Craig, R.T. (1999). Communication theory as a field. Communication theory, 9(2),119-161.

立则成为一种学界的固有论争。康德的《纯粹理性批判》和《实践理性批判》,以及韦伯对工具理性和价值理性的划分,都显示出了二者之间的根本差异。

在传播学学科百年的历史中,以科学主义为内核的行政研究首先占据了大众传播研究的主流。此后,批判研究关注到以行政和市场的取向从内部研究问题的缺陷,主张以更宏观的视角分析问题,并逐渐进入主流视野;而文化研究在 20 世纪后半叶的发展历程正反映了批判研究的现实演进路径。本章第二节将从吉特林《媒介社会学:主导范式》、①麦奎尔《大众传播社会学》②和尼克·库尔德利(Nick Couldry)《将媒介理论化为实践》③三篇导读文献出发,对行政研究、批判研究和文化研究三种研究范式进行介绍,并对其后续发展演进状况进行梳理。

三、媒介社会学研究范式的未来趋势

(一) 三种范式后续发展

回顾传播与社会研究发展历程,《大众传播效果研究的里程碑》④一书总结了14 个实证研究的里程碑,它们构成了美国 20 世纪 90 年代之前大众传播实证研究的主要脉络。分别是佩恩基金研究(电影对儿童的影响)、对《世界之战》广播剧造成的恐慌研究、人民的选择研究(选举中的传播效果研究)、日间广播剧研究(大众传播的使用与满足研究)、杂交玉米扩散研究(创新与扩散研究)、电影说服效果的实验研究、传播与说服、人际影响(两级传播研究)、里维尔项目(传单效果研究)、儿童与电视研究、议程设置研究、电视与暴力研究、卫生局局长报告、20 世纪 80 年代的电视与社会行为研究。

在经过约 50 年的发展后,行为主义出现式微的趋向。近 20 年来,心理学领域出现了在神经科学基础之上发展出的认知神经科学研究范式,其以心理学、计算机科学、哲学的交界面为基础,力图揭示人们认知过程中的神经机制运作过程,特别

① Gitlin, T. (1978). Media sociology: The dominant paradigm. Theory and society, 6(2), 205 – 253.

② McQuail, D. (1985). Sociology of mass communication. Annual Review of Sociology, 11 (1),93 – 111.

③ Couldry, N. (2004). Theorising media as practice. Social semiotics, 14(2),115 – 132.

④ 希伦. A. 洛厄里、梅尔文·L. 德弗勒:《大众传播效果研究的里程碑》,刘海龙译,北京:中国人民大学出版社,2009 年。

是脑机制运作过程。① 国内许多学者也已经开始了使用这类方法来测试人们的认知、态度、情绪，从而更精确地把握传播效果。例如，牟怡等人将眼动实验方法与传统信息行为理论中的精细加工可能性模式相结合，探讨了沉默在理性诉求视频广告中的认知心理机制。② 此外，计算传播也成为近年来备受关注的研究领域。通过对海量数据的爬取和分析，研究者可以获得更加真实、生动的用户数据，这为传播研究的向前发展提供了广阔蓝海。

在批判研究和文化研究领域，克里斯坦·富克斯（Christan Fuchs）与文特森·莫斯可（Vicent Mosco）展示了马克思主义理论及发展对当今批判研究的重要性，呼吁马克思主义的回归。③ 在媒介化生存的社会背景下，传统的科学技术社会研究（STS）转向行动者网络理论（ANT），人们更加关注媒介的时间、空间、物质性等议题。此外，在国内社会文化背景下，新闻领域"专业主义"的离场和"商业主义"的统合受到关注，也有部分学者对圈层文化、粉丝社群和流行文化产生了持续的兴趣。

在行政研究、批判研究和文化研究范式之外，也有学者提出新的方式。如库尔德利提出了一种更开放、更包容的媒介研究范式：将媒介理论化为实践，而不是文本或生产过程。④ 它解决的问题不再是关于媒介本身，甚至不再是关于媒介的直接消费，而是关于媒介实践与社会实践缠绕共生的问题，打开了新的研究思路。

（二）范式融合

从心理学双加工系统的角度来讲，我们似乎容易陷入用僵化的二分法或韦伯的"理想类型"进行本质主义的类型学概括的误区，从而难以真正理解复杂事物的全貌。虽然批判理论和实证主义是对立的概念框架，但批判研究和实证研究本身却并不是水火不容的。因此在实践中，可以将它们结合起来，而不是支持其中一个，反对另一个。

---

① 何苗：《认知神经科学对传播研究的影响路径：回顾与展望》，《新闻与传播研究》2019 年第 1 期，第 5 页。

② 吴宇恒、饶广祥、牟怡：《"沉默"在理性诉求视频广告中的认知心理研究——基于 ELM 的眼动实验证据》，《中国网络传播研究》2017 年第 2 期，第 28－46 页。

③ Fuchs, C., & Mosco, V. (2012). Introduction: Marx is back-the importance of Marxist theory and research for critical communication studies today. tripleC: Communication, Capitalism & Critique. Open Access Journal for a Global Sustainable Information Society, 10(2), 127－140.

④ Couldry, N. (2004). Theorising media as practice. Social semiotics, 14(2), 115－132.

　　实际上,从传播研究历史来看,实证研究和批判研究代表性学者如拉扎斯菲尔德和阿多诺也从未排斥二者的融合。尽管拉扎斯菲尔德的研究助推了行政研究发展为与批判研究相对立的研究路径,但实际上,早在20世纪40年代,他的研究中就呈现了实证与批判方法论互融的特点。他认为,批判研究能够帮助解决研究活动和社会意义之间的断裂这个困扰许多行政研究者的问题。他本人在大众传媒效果研究的过程中,也始终没有放弃对大众媒介社会功能的思考。阿多诺(Theoder Adorno)也在一定程度上对实证研究范式表现出了开放的态度。他反对实证主义,但并非全盘拒斥实证方法。1944年,阿多诺在《权威人格》中成功与经验主义学者合作,该研究虽然不是类似于"广播研究"那样的行政研究,但确实是经验性研究,且主要采用了定量方法。

　　目前,范式融合已成为媒介社会学研究的主流趋势。斯拉夫科·斯普利夏尔(Slavko Splichal)和鲍里斯·曼斯(Boris Mance)对七十年间在八家著名传播学期刊上发表的作为相互关联的概念集群的文章进行了网络分析,发现批判研究和实证社会调查共存是可行的。虽然批判性方法仍然是传播研究的外围孤岛,但七十年来发表的大多数批判性文章都包括实证研究。[1] 菲利普·那波利(Philip Napoli)和刘易斯·弗里德兰(Lewis Friedland)也论证了多年来用来区分行政研究和批评研究的许多指征,在20世纪70年代传播政策研究作为传播研究的一个独特子领域出现时,并不适用,且在随后的传播政策研究历史中,行政和批评观点的融合程度越来越高。[2] 正如孙少晶所说,如今,在大数据推动下的学科交叉互动,多元学科知识、元科学工具和方法相互碰撞、交流和融合,为未来的社会科学研究提供了更广阔的空间。而学术创作也需要合纵连横、兼容并蓄,以开放和严谨的态度吸收和创造更多人类文明的成果。[3]

---

[1] Splichal, S., & Mance, B. (2018). Paradigm (s) lost? Islands of critical media research in communication journals. Journal of Communication, 68(2), 399 - 414.

[2] Napoli, P. M., & Friedland, L. (2016). US communications policy research and the integration of the administrative and critical communication research traditions. Journal of Information Policy, 6(1), 41 - 65.

[3] 高申杨、孙少晶:《数据科学推动传播学研究的范式融合》,《新闻论坛》2019年第4期,第24 - 26页。

一、行政研究

(一) 背景

随着近代科学的发展,科学主义逐渐占据上风。早在 19 世纪,欧洲的部分心理学和社会学研究者已经开始采纳自然科学的思维,使用定量的方法对人和社会进行研究。统计学的发展与成熟为这种尝试提供了重要的工具基础。进入 20 世纪以后,社会科学逐渐大规模转向定量研究,特别是经济学、心理学、管理学、社会学、政治学等学科。在 20 世纪上半叶的美国社会科学研究中,实用主义到后来功能主义的知识传统占据主流,对实证主义的追求已成为一种前沿的潮流和风尚。这股风潮很快就刮进了传播研究的领域,并对现代传播学作为一门独立学科的形成产生了巨大的影响。①

第一次世界大战后,美国社会在政治上形成的社会民主主义共识与蓬勃发展的消费主义产生了微妙的结合,共同构成了社会科学研究主导范式的意识形态框架。② 20 世纪 30 年代,席卷西方的经济危机爆发,资本主义自由企业制度遇到挑战。美国实行了罗斯福新政,政府从立法、监管、社会服务等各方面积极介入社会管理。更积极的政府角色,也就意味着需要更多的专家、学者和专业人员来为政府提供建议和咨询。③ 在大众传播领域,宣传、传媒的社会影响、媒介效果和受众等现实课题,成为政府和商业机构等大型组织迫切需要掌握的内容。在政府、公司和基金会的支持和赞助下,各类社会调查机构和研究所快速出现,吸引了众多致力于发展社会调查方法与社会心理研究的学者。

20 世纪 40 年代,第二次世界大战客观上为美国大众传播研究创造了良好的

---

① 梅琼林:《方法论:传播学批判学派与经验学派的比较分析》,《中国社会科学院研究生院学报》2007 年第 3 期,第 134 - 140 页。
② Gitlin, T. (1978). Media sociology: The dominant paradigm. Theory and society, 6(2), 205 - 253.
③ 吴靖:《大众传播行政研究的兴起及其典范化的思想史考察》,《北大新闻与传播评论》2013 年第 1 期,第 3 - 16 页。

环境、充沛的研究经费和重要学术人员交流平台。同时，美国消费品制造业的集中趋势愈发明显，期刊、广播取得快速发展，公关广告业迅速兴起，充当着全国市场上生产者与消费者的中介。拉斯韦尔、拉扎斯菲尔德、卢因、霍夫兰、施拉姆等著名学者的经典研究纷纷涌现，他们研究的重心由"一战"时期宏观的宣传研究转向了微观的说服研究，关注态度、认知、行为等更偏向行为主义路径的概念。逐渐开创了以行政研究为基本取向、以媒介效果为重点关注议题的现代大众传播学。①

1941 年，传播学四大奠基人之一拉扎斯菲尔德，在与批判学者阿多诺在普林斯顿的广播研究项目合作期间，在法兰克福学派的刊物《哲学与社会科学研究》上发表了文章《传播的行政研究与批判研究》，界定了行政研究的概念和框架。20 世纪 50 年代，美国各个大学开始建立传播研究相关专业，行政研究由此作为一种机构性的力量出现，与之相适应的就是对传播学历史的一元化叙述，施拉姆将传播研究的历史描述为一个发现研究对象、发展研究方法、推广学术标准、培育学术共同体的线性的、边界明确的学科化过程，传播学学科建制化也基本完成。

（二）特征与源流

拉扎斯菲尔德将行政研究界定为特定的公共或私人机构的目标服务的研究，研究问题集中于受众特征与媒介偏好、不同宣传方法的效果、不同传播者的特征、传播内容的社会影响等，这些问题多以发现事实、寻找规律和预测趋势为目的，对传媒现象所发生的社会环境不做评价。② 行政研究主要是在行为主义范式之下提出问题、组织研究的，它将注意力从大众媒体生产的更大的社会意义上转移开，关注的是政治机构、家庭机构、学校体育机构与广播系统的反身互动。研究的对象是态度与行为，关注短期的变化和面对面的影响，寻找数据而不是寻找制度性和结构性问题。

统领行为主义的哲学框架是实证主义（positivism）。所谓实证主义，是指 19 世纪到 20 世纪初社会科学形成初期占统治地位的科学哲学，它的代表人物是孔德和迪尔凯姆。孔德将知识的历史分为三个阶段：神学或虚构阶段、形而上学或抽象阶段、科学或实证阶段，每一个阶段都比上一个阶段进步。他提出，实证主义得以成立的三个前提分别是：现实存在于人的能动性之外，有可能找到准确再现现实的

①　张晓静：《二战期间美国大众传播学的发展》，《当代传播》2008 年第 4 期，第 25 - 26 页。
②　Lazarsfeld, P. (1972). Administrative and critical communication research. Qualitative Analysis. Historical and Critical Essays. Boston: Allyn and Bacon, Inc.

工具,以及对现实的观察与描述与价值无涉。①

迪尔凯姆对孔德的理论进行了调整和完善,为20世纪的社会学奠定了基础。关于迪尔凯姆实证思想的内涵,王林平曾做过论述:第一,迪尔凯姆意义上的"实证"是指一种看待研究对象的态度或精神,即研究者对研究对象必须持一种完全不知的态度;第二,实证意味着社会学家应当像自然科学家一样使用观察、实验等研究方法;第三,实证是一种与形而上学思辨相对立的思维方式或研究方法;第四,实证方法的目的在于揭示事物之间的因果联系;第五,实证研究要求价值判断必须以事实判断为基础;第六,实证研究最本质的特征在于客观性。② 迪尔凯姆经典的自杀研究就是依照实证主义思路,采用定量统计的方法,用客观的数据对现实做出描述,寻找社会的规律。

在社会科学中,实验心理学的研究思路秉承行为主义的原则,将研究对象和研究问题严格限定在可感知、可观察、可记录的范围内,是最接近实证主义原则的一个学科。心理学家伯尔赫斯·斯金纳(Burrhus Skinner)对行为主义原则的界定是,心理学只需要关注对于行为有正面或负面影响的刺激源,至于在刺激源和行为之间发生了什么事情——比如人的主观意识和心理活动——由于无法测量,就属于无关信息。③ 从本质上来看,行为主义自身所具有的实用主义特质与追求操纵和控制的受众和效果研究的精神不谋而合。许多学者在研究的过程中大都选择借鉴行为主义心理学的研究范式,科学实验的方式逐渐成为研究受众的基本形式。

除了实验法以外,行为主义研究方法的范畴还包括电视媒体调查用户态度惯常使用的问卷调查、仪器调查等其他定量研究方法,以及以焦点小组、深度访谈为代表的定性研究方法。简洁、高效、成本适宜的优点使该方法体系在受众研究中久居高位。长久以来,它一直是大众媒体了解用户喜好的有效工具,对内容生产进行调整的重要依据,也是政府管理部门对传媒产业进行监管和调控的重要参考。

吉特林对行政研究进行了批判。他以拉扎斯菲尔德的"人际影响理论"为范例,对其在研究取向、研究方法、研究假设、适用范围等方面表现出的矛盾和不足进行了分析,总结出媒介效果研究中普遍存在的问题和缺陷:研究者有意忽视大众传

① 沃野:《论实证主义及其方法论的变化和发展》,《学术研究》1998年第7期,第31-36页。
② 王林平:《迪尔凯姆实证思想的内涵》,《学术交流》2009年第7期,第142-144页。
③ 费梅苹:《行为主义理论及其研究范式》,《华东理工大学学报(社会科学版)》2000年第4期,第60-65页。

媒根植于社会制度结构性、历史性的特征,将大众媒介视为单一的变量因素来看待,并在研究中加以控制。不能从根本上发现体制问题,不能积极反思媒介及其体系对社会结构和文化、对日常生活带来的深远影响,将意识形态反思关在门外,使主流媒介效果研究"单一地适用于实践用途",甚至导致"过去 30 年",该领域的"系统研究鲜有新理论提出,且缺乏前后一致的研究成果",①难以拓展理论的高度和深度。②

二、批判研究

(一) 背景

一般认为,传播学批判研究可以追溯到以马克斯·霍克海默(Max Horkheimer)、阿多诺为代表的欧洲法兰克福学派。1923 年,以马克思主义经济学、历史学为研究取向的社会研究所在德国法兰克福大学成立。1930 年霍克海默担任所长后,研究所的重点转向了哲学和社会学,更加重视以弗洛伊德精神分析论为代表的心理学分析,以及文化与意识形态研究。后来,社会研究所和《社会研究杂志》汇聚了一批学术旨趣相近的学者,包括霍克海默、阿多诺、赫尔伯特·马尔库塞(Herbert Marcuse)、沃尔特·本雅明(Walter Benjamin)等,他们开展了横跨哲学、社会学、美学、文学、心理学等多个学科的综合性研究。

1933 年,社会研究所被德国纳粹政府关闭,主要成员流亡到日内瓦、巴黎,最后辗转到美国。次年,通过拉扎斯菲尔德等人的帮助,社会研究所隶属于了哥伦比亚大学。研究所成员们面对陌生的美国商业化环境,陷入了一种边缘和抽离的状态,他们开始从反思德国法西斯为什么能掌权,转向批判整个欧美资本主义制度甚至启蒙运动。他们在美国的文化工业中看到了极权主义和德国纳粹的影子,开创了大众文化批判的传统。③ 1937 年,霍克海默在《传统理论与批判理论》一文中首次使用"批判理论"这一概念,并自称为"批判的理论家"。

40 年代初,研究所的几个学者分散到华盛顿地区,参加"战时新闻局""保密情

① Gitlin, T. (1978). Media sociology: The dominant paradigm. Theory and society, 6(2), 205 - 253.
② 禹夏、曹洵:《对传播学研究主导范式的反思与批判——托德·吉特林〈媒介社会学:主导范式〉解读》,《国际新闻界》2014 年第 36 期,第 103 - 115 页。
③ 刘海龙:《大众传播理论:范式与流派》,北京:中国人民大学出版社,2008 年,第 299 页。

报局"及其他联邦机构从事战时工作。1941 年,研究所随霍克海默和阿多诺转移到洛杉矶。1949 年,应联邦德国政府的邀请,霍克海默、阿多诺等人回到德国。① 后来,社会研究所得以重建。事实上,直到 50 年代,用以表征"正统马克思主义与自由民主主义的批判者"②形象的"法兰克福学派"这一名称才正式出现。

50 年代开始,大众媒介成了庞大的资讯机构,民众日常生活对媒体的依赖性越来越强。60 年代,社会抗议、暴动、种族冲突、劳资纠纷、反战示威、政治丑闻等社会问题在欧美多国出现,在这种动荡年代,媒体"与政治合谋"的角色引起许多争议。在激烈的社会冲突与媒介角色的争议中,传播学者渐渐难以保持价值中立的实证主义形象,越来越多的学者开始意识到仅从短期的行为角度验证传播的效果是学者们的圈地自限。

70 年代,传播学者重新反思行为主义模式,尝试不同的研究路径,大量的学者转向已在英、法、德等国兴起的批判传播研究,以不同的理论视角和方法来探讨当代大众传播与社会之间的关系。彼时,作为学术共同体的法兰克福学派已逐渐"衰落",取而代之的是其他以具体取向为分野的研究路数,例如政治经济学、媒介帝国主义、媒介技术等。总之,在 20 世纪 70 年代,批判研究得以与行政研究分庭抗礼,并在随后的 80 年代和 90 年代,明显占据了媒介社会学研究的主导地位。③

(二) 特征与源流

吉特林认为媒介社会学"需要具有政治结构意识",具有整体的、历史的、结构性的学术视野,关注"媒介在人们生活中的结构",致力于展示动态的、具有确定性的媒介生产过程,阐释与政治文化的密切关系。④ 如果说行政研究是从体制内部进入,生产一种肯定和顺从的理论,批判研究则是从体制外部进入,生产一种否定和质疑的理论。

批判研究的认识论基础是反思研究的概念、理论和方法基础的能力,它的本体论假设是阶级社会中社会关系的矛盾和冲突性质。虽然对当下持批评态度,但却采用一种面向未来的研究视角,即产生知识,预测"假设"对旨在人类解放和社会转

---

① 罗杰斯:《传播学史——一种传记史的方法》,殷晓蓉译,上海:上海译文出版社,2002 年,第 116 页
② 欧力同、张伟:《法兰克福学派研究》,重庆:重庆出版社,1990 年,第 10 页。
③ 石义彬、叶晓滨:《批判视野中的传播理论发展》,《国际新闻界》1996 年第 5 期,第 36 - 42 页。
④ Gitlin, T. (1978). Media sociology: The dominant paradigm. Theory and society, 6(2), 205 - 253.

型的潜在行动的后果。通过质疑假设，研究传播现象是关于什么的，它可能对社会产生什么后果，以及它服务于什么或谁的目的，[①]批判性探究拒绝了价值或行动中立性，它旨在理解、解释和改造"为被压迫的人类服务"的非人化和压迫性的现实。[②] 从科学史的角度来看，自我批判也是任何科学发展的内在因素，在对早期的概念化和先前的发现进行批判性评估之后，才会取得更多科学进展。

批判研究不能被简化为"对占主导地位的社会科学的批判"，并不是为了反对行政研究而支持批判理论，因为这意味着"如果进步的社会科学占主导地位，那么为了多元主义，人们应该支持保守和反动的方法"[③]。批判研究也不能简单地等同于法兰克福学派。法兰克福学派是一个以"研究马克思主义为宗旨的左派知识分子联合机构"[④]，它以焕发马克思主义的激进意识和批判潜能为起点，整合精神分析、存在主义哲学等现代思想，开创了批判地研究传播现象的传统。但后来的批判研究并非都师承法兰克福学派，甚至有很多学者反对他们的观点。只不过，在反对科学主义、关注传播中的权力和不平等问题的核心精神上，后续的批判研究是对法兰克福学派的一脉相承或不谋而合。[⑤]

批判是贯穿于西方哲学思想史的一项重要事业，它构成一种可以称之为"批判的态度"的理论传统，并"可以通过许多方式来构造这种批判态度的历史"[⑥]。批判研究的起源可以追溯到启蒙思想和康德对人类实现解放的潜力和责任的看法。[⑦] 早期的批判研究者从康德的理性主义伦理学、韦伯的官僚主义理论、对西方理性和道德哲学的批判，以及马克思对资本主义的批判中获得了灵感，其中，韦伯作为现代社会学奠基人提供了社会学取向的思想源流。

韦伯认为，现代社会是以"理性化"的理性为基础的科层制社会，他将合理性分

---

① Adorno, T. W. (1945). A social critique of radio music. The Kenyon Review, 7(2), 208 - 217.
② 霍克海默：《批判理论》，李小兵泽，重庆：重庆出版社，1989年，第221页。
③ Fuchs, C. (2009). A contribution to theoretical foundations of critical media and communication studies. Javnost-The Public, 16(2), 5 - 24.
④ 霍克海默：《批判理论》，李小兵泽，重庆：重庆出版社，1989年，第229页。
⑤ 刘海龙：《大众传播理论：范式与流派》，北京：中国人民大学出版社，2008年，第300页。
⑥ 宋伟：《批判与解构：从马克思到后现代的思想谱系》，北京：人民出版社，2014年，第55页。
⑦ Brocklesby, J., & Cummings, S. (1996). Foucault plays Habermas: An alternative philosophical underpinning for critical systems thinking. Journal of the Operational Research Society, 47(6), 741 - 754.

为工具理性和价值理性,前者强调手段的合适性和有效性而不管目的恰当与否,后者则强调目的、意识和价值。从韦伯的理论出发,法兰克福学派认为,和"理性"结合而成的工具理性是理性观念演变的最新产物;在当代,工具理性已变成社会的组织原则,它渗透到社会的整体结构和社会生活的各个方面,造就了异化、物化或单面的社会和单面的思维方式及思想文化,成为社会对人进行全面统治、控制和操作的深层基础。① 在法兰克福学派之后,米歇尔·福柯(Michel Foucault)从批判的视域出发,对西方思想传统进行了历史性梳理,强调了批判的精神实质是对权力统治的抵抗。

当我们把视野拓展到六七十年代及以后,许多从事批判研究的学者都在迥异的研究方向中颇有建树:曾开展"公共领域"研究的哈贝马斯作为法兰克福学派的第二代成员,他的一些观点已和霍克海默等人产生明显不同,从而更多地被视为一个独立的学者。其他学者如米尔斯(Wright Mills)、罗森伯格通过批判性地考察传播效果,阐述了媒介如何发生作用及如何影响受众。麦克卢汉从媒介技术和文化角度,关注广播电视等大众媒介工具本身对人的认识及人类社会的作用。赫尔伯特·席勒(Herbert Schiller)提出了媒介帝国主义理论,出版了《大众传播和美国帝国》一书。甘斯最早地从事了新闻生产社会学研究,写出了经典著作《什么在决定新闻》。

在方法论上,批判研究并不与特定的研究方法所绑定。它考察媒介与社会经济意识形态的关系,会从结构主义语言学、精神分析学、文化学等学科中引进方法,从解释主义范式中挪用方法,但并不局限于某种方法。不过,也有学者做出总结批判研究方法论的尝试,例如,塞切兹-凯马诺维奇(Dubravka Cecez-Kecmanovic)提出了一个批判研究方法框架,包括四个有所区分但相互交织的维度:①批判性理解和深入研究,②批判性解释和比较概括,③开放话语和变革性重新定义或行动,④反身性辩证论证。②

三、文化研究

(一) 背景

早在 20 世纪初的美国芝加哥学派传统中,米德、帕克等社会学家就开始了从

---

① 陈振明:《工具理性批判——从韦伯、卢卡奇到法兰克福学派》,《求是学刊》1996 年第 4 期,第 4 - 9 页。
② Cecez-Kecmanovic, D. (2011). Doing critical information systems research-arguments for a critical research methodology. European Journal of Information Systems, 20(4),440 - 455.

文化的角度来理解社会,他们关注象征符号对个人和社会的影响,认为自我和社会共识都形成于符号互动中,这一立场成了后来美国本土学者的重要理论资源。不过,一般认为,文化研究最初的重镇在英国。

20世纪50年代,商业电视逐渐普及,大众文化在英国迅速崛起。针对这一现象,文学批评家弗兰克·利维斯(Frank Leavis)提出,大众文化给人们提供的快感让阅读带来的"生命感"遭到了威胁。西蒙·杜林(Simon During)认为,从文学批评的传统来看,文化研究正是从"利维斯主义"阵营中发展出来的一种研究。① 文化研究的诞生也与英国的社会政治紧密相关。1956年,面对英国社会"二战"之后出现的新问题,逐渐崛起的"新左派"首次展开了有关文化的辩论,提出社会主义要与社会潮流及大众意识相结合等观点,为文化研究注入了强烈的社会政治关怀。

匈牙利"十月事件"使左派知识分子重新思考马克思主义,对经济决定论和欧洲中心主义进行了反思,并对文化进行了重新定义,探索语言、象征符号、文化、意识形态、霸权等马克思并未深入研究的对象。1964年,英国伯明翰大学英语系成立了当代文化研究中心,文化研究正式得到教育体制的认可。中心主任理查德·霍加特(Richard Hoggart)的《识字的用途》,连同雷蒙德·威廉斯(Raymond Williams)的《文化与社会》、汤普森(Edward Thompson)的《英国工人阶级的形成》等著作,塑造了早期文化研究的特色,后来被霍尔命名为"文化主义"范式。

进入20世纪70年代之后,文化研究中文化主义的线索受到了结构主义的影响。结构主义马克思主义者阿尔都塞(Louis Althusser)的意识形态理论进入英国,改变了威廉斯等人强调人的经验和主观能动性的文化主义研究范式,使文化学者意识到主体是被意识形态建构出来的,以更复杂的目光对待文化现象。不过,阿尔都塞过分强调意识形态的决定作用,忽视了个人的能动性。后来,葛兰西对文化领导权和大众文化领域的关注,使文化研究超越了文化主义和结构主义的局限,获得了新思路。阿尔都塞的意识形态领域在葛兰西这里变成了一个谈判、协商、对话和斗争的场所,②文化研究的"葛兰西转向"由此发生。

从20世纪70年代末起,文化研究的重点又发生了转移。保守的新右派逐渐

---

① Simon Durin (1993). Introduction to The Cultural Studies Reader" in Simon During ed, The Cultural Studies Reader. London and New York: Routledge, p.2.

② 赵勇:《关于文化研究的历史考察及其反思》,《中国社会科学》2005年第2期,第168—176页。

兴起,强调市场可以解决一切问题,认为国家内部的种族、性别等差异是对国家团结统一的威胁。在英国主要表现为撒切尔主义,在美国表现为里根主义。同时,随着经济全球化的加剧,文化产品的生产、分配和消费也被卷入到全球化的过程中。国家内部差异增大、工厂向第三世界转移、生态等问题接连出现,这些复杂的现象亟待更为细致地研究和探讨。于是,20 世纪 80 年代以后,传统的宏观权力开始退居到次要位置,文化研究越来越重视对话语中微观权力的研究,种族、性别等问题成为中心。

20 世纪 80 年代初期,文化研究开始蔓延到澳大利亚、加拿大和美国,文化研究逐渐成为一种世界性的学术思潮,也在理论地域化的过程中被不同程度地改写,焕发了新的生机。

(二) 特征

如麦奎尔所言,文化研究强调对植根于对社会权力的行使、社会关系的中介、社会和文化的再生产,以及社会经验的组织进行剖析的社会学思维模式的运用。在分析方法上,强调将注意力转向新闻内容为什么是这样的问题,而不是给出关于目的和效果的明确答案。在受众方面,主要关注媒体选择的目的,将其与社会环境联系起来,然后转向媒体选择,媒体体验的评估,以及其他可能的影响,它被提倡作为一种研究文化的实证方法和一种研究面向受众的媒体效应的方法。在媒介影响方面,可以关注文化指标方面的工作,它关注的是存在于媒体内容、社会变化和观点变化之间的长期关系。[1]

刘海龙在《大众传播理论:范式与流派》中将文化研究的特征归纳为五点:①强调文化对社会的重要性。强调现代社会中,我们对现实的想象及共享的意义决定着我们的实践。应把文化理解为"社会的"文化,关注通俗文化与大众媒体。②重视文本分析和受众分析。重视文本背后的意识形态和受众的意义解码。③文化研究是拒绝学科化的接合知识。提倡多元主义,在"他者"的声音中寻找反抗主流常识的可能性;拒绝将自身学科化、体制化,强调经验而非抽象的理论,强调历史语境而非普遍的结构。④提倡跨学科研究,包括语言学、符号学、人类学、社会学、哲学、精神分析和文学批评等多种学科的分析,以及马克思主义、结构主义、后结构主义、

---

[1] McQuail, D. (1985). Sociology of mass communication. Annual Review of Sociology, 93 - 111.

后现代主义、女性主义、后殖民主义等多种理论。⑤反科学主义的人文主义取向。不宣称自己能得出唯一的真理，而是对"真理"本身保持怀疑，重点在于摆脱固定单一的思维框架，发现"常识"的局限。①

在方法论上，文化研究使用语言学中话语分析和文本分析方法，来说明文本的意义生产、理解、记忆的过程和规律，并将其看作是与一个更广泛的社会意义系统相联系的过程，对一切合法性问题进行考察。此外，使用符号学方法来对图片、视频等视觉形式的文本进行分析，为研究现代意义生产提供了传统语言学分支无法提供的综合性方案。② 霍尔将符号学方法引入了文化研究。通过对电视节目制作者和受众之间的信息传播内容的分析，霍尔指出编码与解码之间没有必然的一致性，因为传播交流不能做到"完全清晰的传播"。在实际的传播过程中，编码者与解码者各有一个"意义结构"，两者不存在"直接的同一性"。③

由此，传播效果不再是根据行为主义的刺激—反应模式发生，而是依赖于受众的解读过程。此外，根据符号学原理，任何信息都是多义的，都能生产超过一个意义与诠释，我们无法化约出一个"最终的"意义。④ 这样一来，霍尔强调了文本的开放性，提出"统治—霸权""协商"和"对抗"三种受众解读立场和相应的"优先解读""协商解读""对抗解读"三种信息解读模式，开启了文化研究中对受众主动性的研究路径。

英国文化研究传统进入美国后，在美国传播学研究中形成了两条不同的路径。一方面，劳伦斯·格罗斯伯格（Lawrence Grossberg）将传播与西方马克思主义，尤其是葛兰西、阿尔都塞的文化理论相勾连，从而形成了传统的英式研究路线，将"传播"视作敌对社会群体符号斗争的场所；另一方面，凯瑞融合了杜威将传播视作关系和社区的传播观念，并结合威廉斯的文化理论，从而形成了美式文化研究的道

---

① 刘海龙：《大众传播理论：范式与流派》，北京：中国人民大学出版社，2008年，第352-353页。
② John Corner（1998）. Studying Media: Problems of Theory and Method, Edinburgh: Edinburgh University Press, p.14.
③ Pertit Alauan（1993）. Retinking The Media Audience, The New Agenda, Sage Pbiatins, p. 27.
④ 大卫·莫利：《电视，观众与文化研究》，冯建三译，台湾：远流出版事业有限公司，2001年，第131、211、184页。

路,把"传播"视为日常生活实践的一部分。① 尽管这两条路径在一些具体的取向方面存在水火不容,无法达到"虚幻的同一",但由于具有共同的核心精神、面临共同的处境,二者同作为文化研究路径而与行为功能主义主流传播范式相抗衡。②

本章导读文献:

Gitlin, T. (1978). Media sociology: The dominant paradigm. Theory and society, 6(2), 205 – 253.

McQuail, D. (1985). Sociology of mass communication. Annual Review of Sociology, 11(1), 93 – 111.

Couldry, N. (2004). Theorising media as practice. Social semiotics, 14(2), 115 – 132.

建议阅读文献:

刘海龙:《大众传播理论:范式与流派》,北京:中国人民大学出版社,2008 年。

Klaehn, J., & Mullen, A. (2010). The propaganda model and sociology: Understanding the media and society. Synaesthesia: Communication Across Cultures, 1(1), 10 – 23.

思考:

当前媒介领域发展变化对上述三种研究范式开展造成了什么样的挑战? 可以借鉴的部分在哪里?

---

① Alan O'Connor (1996). The problem of American Cultural Studies, Richard Johnson (eds), Oxford: Oxford University Press, p.189.

② 韩瑞霞:《美国传播研究与文化研究的分野与融合》,北京:中国大百科全书出版社,2014 年,第 125 – 144 页。

第四章

媒介社会学经典理论家
基本理论框架介绍

一、社会学中的结构与行动

(一) 社会结构与功能

"社会结构"是社会学研究中的基础概念。社会结构在先驱者的早期表述中使用了诸如社会系统、社会制度、社会整合等词语来进行表征。而在后来丰富的研究中,学者们也对社会结构的阐释表现出不同的倾向,即包括了结构主义、结构功能主义和后结构功能主义的观点。①

结构功能主义的产生和发展深受生物学理论的影响。19 世纪,以达尔文进化论为代表的生物学理论迅速发展,指出生物的进化是优胜劣汰、社会选择的过程及结果。生物学知识和理论的极大丰富使得该学科成为 19 世纪的主导性学科之一,获得了极高的声望,同时也影响了众多学科的发展。社会学家孔德就从生物学中汲取了灵感,他认为社会和生物有机体有很高的相似性,它是一个由各种要素共同组成的整体。例如他认为家庭是"社会的细胞"、社区是"社会的器官",体现出看待社会的一种结构性视角。②

斯宾塞和迪尔凯姆也因袭了社会是一个有机整体的思想。斯宾塞提出了支持、分配和调节的三大社会系统,③他认为社会正是由这三者组成并运转的,从而使得社会有机体的概念更加具有操作性。同时,他认为社会组织正是因其发挥了"功能"的作用而存在。除了功能,斯宾塞还提出了同质性和一致性、分化等概念范畴,这些核心概念也深刻影响了此后帕森斯和罗伯特·默顿(Robert Merton)等人的理论发展。④ 迪尔凯姆在斯宾塞的基础上进一步发展了"结构"的观点,尤其是

---

① 周怡:《社会结构:由"形构"到"解构"——结构功能主义、结构主义和后结构主义理论之走向》,《社会学研究》2000 年第 3 期,第 55 页。

② Auguste Comte (1975). System of Positive Pofity, London: Longmans Green, p. 241.

③ Herbert Spencer (1925). The Principle of Sociology, New York: D. Appleton.

④ 王翔林:《结构功能主义的历史追溯》,《四川大学学报(哲学社会科学版)》1993 年第 1 期,第 38 页。

他关于"社会事实"的描述更是勾画出"结构"的轮廓,社会事实是先在的、不取决于任何人,并且会作用于人的存在。他强调社会的整体性和秩序性,人受到社会的制约,且人的行为会反映这种社会结构的约束。①

20世纪40年代,帕森斯正式建立起了结构功能主义的理论体系。帕森斯认为社会结构是由四种不同的功能所整合成的"总体社会系统",这四个功能分别是:①适应(adaptation),即适应环境、获取资源并在系统内进行资源的合理分配;②达成目的(goal attainment),即在系统内部确立秩序,并调动资源达成目的;③整合(integration),即让各部分的关系均衡协调,具有整体性;④潜在模式维持(latent pattern maintenance),即AGIL模式。这四个功能又包含了四个子系统,包括经济系统、政治系统、社会系统和文化系统,分别执行AGIL这四个功能。这个系统通过各个子系统之间的交换关系而维持整个社会系统的动态平衡,具有结构化的特征。②

通过帕森斯的阐释,社会结构的概念已经相对成熟,尤其是对于社会系统结构剖析。但帕森斯的结构功能主义根本上属于社会决定论,其对于社会事实的强调凸显了社会结构作为规范的存在,也说明了人作为行动者无法脱离社会结构的制约,忽略了行动者的能动性。③ 另外,他也过于强调社会系统的稳定性,认为系统内部是可以互相协调从而达到动态平衡的,忽略了各功能要素间可能产生的冲突与矛盾。④

默顿则把帕森斯的结构功能主义发展为经验功能主义,他反驳了功能的"一致性"假设,提出了潜功能、显功能、负功能的概念。他认为社会系统内也会存在冲突,且有功能并非时时刻刻都是正向的,例如宗教仪式可能发挥正向的社会凝聚作用,但也可能对某些群体没有发挥功能,甚至会发挥"负功能",引起反感或者分裂。总体来看,帕森斯以降的结构主义及结构功能主义都或多或少把重心放在了对社会结构的系统性分析上,并将社会结构置于理论最核心的位置,社会整体具有至高

① Durkheim, E. (2016). The rules of sociological method. In Social Theory Re-Wired. Routledge. p10 - 15.
② 杨方:《论帕森斯的结构功能主义》,《经济与社会发展》2010年第10期,第117页。
③ 周怡:《社会结构:由"形构"到"解构"——结构功能主义、结构主义和后结构主义理论之走向》,《社会学研究》2000年第3期,第58页。
④ 王翔林:《结构功能主义的历史追溯》,《四川大学学报(哲学社会科学版)》1993年第1期,第40页。

的地位,相对忽略了行动者及社会行动的力量。

（二）社会行动

社会行动是社会学研究的另一个核心概念,早期社会学家们关于社会行动的不同看法也影响了后来者的研究路径。韦伯首先明确地提出了社会学就是关于社会行动的科学,并采取解释社会学的视角,认为社会学就是以"解释的方式来理解社会行动,并据此通过社会行动的过程及结果对社会行动做因果解释"的科学。[①] 韦伯并不认同直接越过个人谈社会整体,而是应该重视个体的作用,社会系统不能离开社会行动者而独立存在。他将社会行动划分为四类:目的/工具的理性行动、价值合理行动、情感式的行动和传统式或威权主义式的行动。他对于社会行动的强调使得其社会学研究不同于结构功能主义的路径,他更加重视个体的行为对社会产生的影响,而不是将社会视为一个超越个人的整体。

帕森斯虽然是结构功能主义的提出者,但是在其 AGIL 模式中也能够看到行动的目的性,即社会行动是有目标导向的,系统会调动和分配资源以达成目标。从本质上说,这是一种唯意志论行动理论。因为在结构功能主义中,他并没有将个人的主观性和能动性放在一个足够显眼的位置,那么社会行动是从社会结构中产生的,还是从个人行动者对社会的反应中产生的,就形成了一种判断的困境。

二、技术社会学:技术、社会结构和行动者

（一）技术作为社会学的研究对象与分支领域

技术作为社会运转的重要角色,为人类生活提供了巨大便利,对社会发展产生了重要的影响。实际上,早期的社会学家对技术就已经表现出浓厚的兴趣,结合社会运作来对技术进行关注,例如塔尔德和迪尔凯姆。尽管两人对社会学有着不同的理解,但是他们都是"工业社会"理论的继承者,都对技术有高度的关注。塔尔德将技术的发明研究看作社会学的两大研究问题之一;[②]迪尔凯姆是社会学的重要奠基人之一,他在《社会学年鉴》第四卷(1901)上人开辟"技术学"专栏,明确提出了"技术学是社会学的一个分支"的观点。

---

① 刘中起、风笑天:《整体的"社会事实"与个体的"社会行动"——关于迪尔凯姆与韦伯社会学方法论的逻辑基点比较》,《社会科学辑刊》2002 年第 2 期,第 46 页。

② G. Tarde (1903). The Law Of Imitation. New York: Henry Holt and Company.

马塞尔·莫斯(Marcel Mauss)是迪尔凯姆的侄子,他沿袭迪尔凯姆的思想道路不断迈进,并做出了自己成就。他继承了迪尔凯姆"技术是社会学的一个分支"的观点,重视将技术社会学作为一门专门的"科学"来研究。莫斯对技术进行了明确的定义:"一整套动作或行为,它们通常大部分是体力的。这些动作或行为是有组织的和传统的,它们共同工作以实现一个物理、化学或有机的目标。"技术社会学逐渐成为一个相对独立的领域。而从总体来看,技术社会学的发展大致呈现出以下几种不同的发展路径,也大致围绕着结构/行动者、技术/社会的关系展开,体现了结构和行动的不同取向。

技术决定论(technological determinism)。技术决定论的支持者常将技术本身视为一种人类难以抗衡的、决定性的社会变革力量。尤其是当一种新技术刚刚问世的时候,人们会对新技术感到陌生和恐惧,关于新技术的讨论和判断常常表现出决定论的观点。这种观点总是将技术视作因果关系中的"因",认为它具有与生俱来的支配性。从历史的角度看,它出现在 20 世纪 20 年代至 50 年代,重在谈论技术对社会发展所产生的决定性作用。随着学界对社会背景和社会语境的重视,60 年代以后的技术决定论遭遇了技术的社会建构论等多种观点的反驳和批判,使得该论点影响力不断削弱。

技术的社会建构论(social construction of technology, SCOT)。特雷弗·平奇(Trevor Pinch)和韦博·比克(Wiebe Bijker)二人于 1984 年提出了"技术的社会建构"路径,他们反对将技术放在决定性的位置。技术的社会建构论核心论点在于社会力量如何影响新技术的发明。[1] 这种观点认为,人类和社会的需求对于技术的发明创造具有决定性作用,人是技术和社会变化的主要推动者,人的意愿和行为会改变技术的使用方向。

行动者网络理论(actor network theory, ANT)。行动者网络理论是由布鲁诺·拉图尔等人提出的理论,该理论用一种更新的、充满能动性的视角来看待媒介技术。类似于韦伯等人对社会行动的重视,他们引入了"行动者"的抽象概念,而非此前技术决定论和技术的社会建构论中对技术、社会、政治等进行的具体划分。他们认为,技术是通过行动者网络而形成的产品,除了人类是行动者的一部

① Pinch, T.J., & Bijker, W.E. (1984). The social construction of facts and artefacts: Or how the sociology of science and the sociology of technology might benefit each other. Social studies of science, 14(3),399-441.

分，非人的"物"也同属于行动者，例如电池、电子等都在该理论的"行动者"范畴内。

（二）作为技术的媒介

对于任何一种媒介技术的出现，人们总是会产生各种各样的希望、忧虑甚至恐惧。要理解新媒体及其潜在影响，就需要考虑媒介的技术特征，以及这些特征所唤起的我们对于个体、文化、历史的假设和价值观。媒介作为技术存在，其相关研究自然也沿用了技术决定论、社会建构论等传统路径来分析媒介。

1. 技术决定论中的媒介

媒介的技术决定论通常有两种视角。第一种视角通常与英尼斯、麦克卢汉、尼尔·波茨曼（Neil Postman）、梅罗维茨、保罗·莱文森等人的理论相关。他们同属于媒介环境学派（media ecology）。

例如，英尼斯认为媒介是有时间和空间偏向的，并通过这种偏向来影响社会结构，技术可能会瓦解文明；[1]麦克卢汉认为，"人是媒介的延伸"，认为媒介都是人类感官的延伸；尼尔·波兹曼认为技术渗入人们的日常生活中会破坏已经建构的文化，而文化会向技术投降、被技术统治。克劳德·费舍尔则提出技术的"冲击—影响"模式，即认为技术能够将其特征转移给用户，植入人的内心并体现在行动中。[2] 这种视角被视为是一种更为"硬"性的媒介决定论，强调技术对社会和人的直接作用。

第二种视角是一种更为温和的视角，这种更"软"的决定论将技术的力量与其他社会和文化因素联系起来。[3] 持这种视角的学者承认技术带来的强大力量，但也认为人能够根据目标来选择相契合的技术加以使用。例如约翰·迪米克（John Dimmick）结合生物学的概念，提出了利基理论（niche theory），不同的媒体允许不同的资源交换，都有其突出的某个功能，这是它们得以在竞争中生存的重要原因。[4] 这两种决定论视角的区别在于硬决定论将技术作为社会变革的充分或必要

[1] Innis, H. A. (1994). The bias of communication. Toronto: University of Toronto Press.

[2] Fischer, C. S. (1992). America calling: A social history of the telephone to 1940. University of California Press.

[3] Soderberg J. (2013). Determining social change: the role of technological determinism in the collective action framing of hackers. New Media & Society, 15(8), pp. 1277-1293.

[4] Dimmick, J., Feaster, J. C., & Ramirez Jr, A. (2011). The niches of interpersonal media: Relationships in time and space. New Media & Society, 13(8), 1265-1282.

条件,而软决定论则将技术理解为可能促进变革的关键因素。① 但总的来说,技术决定论过于重视媒介本身,忽略了人在发明技术、运用技术等方面的能动性,导致了"人"与"技术"的分离。

2. 社会建构论中的媒介

在技术的社会建构论中,人类和社会的需求对于媒介技术的发明创造具有决定性作用,人的意愿和行为会改变媒介技术的使用方向。互联网是其中一个典型例子,互联网的前身阿帕网一开始是为了服务于美国军方的系统,但它后来逐步走向商用、走向大众,发展出万维网,使全世界的人们能够通过网络相连。电报、广播等媒介技术也有着与互联网相似的发展历程,人们偏离技术开发时最初的目的使用,反而形成了它们日后最重要的功能。②

在南希·拜厄姆(Nancy Baym)的著作《交往在云端:数字时代的人际关系》一书中,她尤其提到了成年人对于儿童使用新媒体时产生的道德恐慌。他们认为互联网让儿童更容易接触到色情信息、遭遇性侵犯,认为青少年在网络更容易遭受霸凌。在拜厄姆看来,成年人的反应都和现实语境密切相关,因为霸凌和性侵犯都是社会中青少年容易遭遇的突出问题。人们在理解一种新的文化趋势时,因为只聚焦于无法控制的社会力量而感到焦虑,认为会引发常见的社会问题,青少年使用互联网这一技术被限制,这实际是一种社会语境对技术使用产生的影响。③

3. 媒介技术的社会形成论与"驯化"

与前两者不同,社会形成论(socialshaping perspective)则认为技术和社会在不断彼此影响,这一观点的立场介于技术决定论和技术的社会建构论两者中间。持这种观点的学者认为,技术和社会在不断对彼此产生影响,技术的后果来自一种混合的、复杂的"可供性"(affordances);技术虽然有其"逻辑"和"机器精神"(apparatgeists)也就是某种"力量",它们会影响使用,但并不起决定作用。还有的研究认为,随着时间的推移,人们不再将技术视为某种改变社会的决定性力量,而是会通过"驯化"(domestication)将它们化为日常生活中的某一部分,技术完全融

① Gunkel, D. J. (2003). Second thoughts: toward a critique of the digital divide. New media & society, 5(4),499-522.

② Nye, D.E. (1997). Narratives and Spaces: Technology and the construction of American culture. Columbia University Press.

③ 南希·拜厄姆:《交往在云端:数字时代的人际关系》,董晨宇、王悦哲译,北京:中国人民大学出版社,2020年,第49-55页。

入人们的生活。

而接下来要提到的吉登斯和布尔迪厄两人对于媒介技术和社会关系的分析，则在结构与行动之间开辟了一条融合的道路。吉登斯的结构化理论和布尔迪厄的实践理论都搭建了主观和客观、技术与社会之间交互的桥梁，分析这些理论所涉及的社会情境对于媒介技术如何产生结构性影响、分析行动者具体行动（即实践）如何在技术中介中形塑和形构社会对于理解媒介社会学理论展开脉络至关重要。

三、媒介研究的实践转向：结构与行动的非二元对立

当人们想要分析一个媒介的特征和产生的影响时，有时候会从媒介本身作为一种为人所使用的"技术物"的角度出发，有时候则会从影响社会结构的决定性视角出发。但是两种研究路径都过于偏向行动或是技术决定的取向，导致了"人"与"技术"、"技术"与"社会"的分离。而在21世纪初，西方社会学迎来了新的"实践转向"，拉图尔等一批学者的出现推动了媒介实践范式在组织研究、消费社会学等各个领域的使用，[①]用实践范式来避免过于偏向行动或是偏向技术决定的路径。

尼克·库尔德利（Nick Couldry）认为，应该将对媒介的研究转向一种关于实践理论（a theory of practice）的社会学考察，上述两种静态的范式并不能形成对于媒介的充分理解和认识。[②] 布劳彻勒（Birgit Bruchler）和波斯迪尔（John Postill）也非常重视媒介与实践之间的理论建构，提出了媒介与日常生活、媒介与身体、媒介生产三个主题，这三个主题共同构成了媒介实践的研究。[③]

中国传播研究者也十分重视媒介实践范式的运用。黄旦在分析中国新报刊史书写路径时提出，无论是"现代史"还是"革命史"的书写路径，都只将媒介视作一种工具或是载体，因而他认为需要一个新的范式将媒介本身视为核心，并以媒介实践为叙述进路，从而实现范式的变更。[④] 王斌认为，应该将人们的传播活动与其所嵌入或生产的特定空间和情境结合起来，关注传播媒介是如何融入人们日常生活并

① 顾洁：《媒介研究的实践范式：框架、路径与启示》，《新闻与传播研究》2018年第6期，第13-32＋126页。

② Couldry, N. (2004). Theorising media as practice. Social semiotics, 14(2), 115-132.

③ Postill, J., & Bräuchler, B. (2010). Theorising media and practice, New York: Berghahn Books, pp.1-32.

④ 黄旦：《新报刊（媒介）史书写：范式的变更》，《新闻与传播研究》2015年第12期，第5-19＋126页。

产生潜移默化的影响,这种视角能够帮助研究者实现从技术逻辑到实践逻辑的转变。① 戴宇辰通过对理论史的回顾,以威廉斯为起点谈到西尔弗斯通,再到欧陆媒介化研究的兴起,从而梳理出行动者网络理论与媒介理论的邂逅和"再相遇"。② 胡翼青也同样认为,传播研究只有理解传播及其技术是如何嵌入人的生活,重新去解读人和社会、技术物之间的关系,才能实现对媒介的新反思。③

吉登斯和布尔迪厄作为传统实践理论的两大代表性人物,也得到了后来的学者们的"再重视"。吉登斯是一名英国社会学家,他曾在赫尔大学、伦敦政治经济学院及剑桥大学学习,后任剑桥大学教授。他以结构化理论(theory of structuration)与对当代社会的整体论(holistic view)分析而闻名,还与布莱尔共同提出了"第三条道路"(third way)政策,对英国社会发展产生了重要影响。

布尔迪厄是法国重要的社会学家、哲学家,曾任巴黎高等研究学校教授,法兰西学院院士。他涉猎广泛,著作跨人类学、社会学、教育学、哲学、美学和文学等众多领域。他认为古典社会学存在主体与客体、结构与行为、文化与社会的二元对立,因此他倡导用反思社会学(reflective sociology)的视角来跨越这种对立,用一种更加综合的、社会性的视角来看待问题。

下文将选取两篇文章,以深入探讨媒介社会学的经典主义理论家及其后继者是如何运用相关的理论及理论改造来解释技术与社会关系的。

(一) 吉登斯的结构化理论

马修·琼斯和海伦娜·卡斯滕(Helena Karsten)在《管理信息系统季刊》(*MIS Quarterly*)上的文章《吉登斯的结构化理论与信息系统研究》(Giddens's Structuration Theory and Information Systems Research)系统梳理了各种应用于信息系统(IS)的理论,并指出吉登斯的结构化理论是其中最有影响力的理论。④ 作者回顾了结构化理论在 IS 领域研究的不同使用方式,探究了社会理论应

---

① 王斌:《从技术逻辑到实践逻辑:媒介演化的空间历程与媒介研究的空间转向》,《新闻与传播研究》2011 年第 3 期,第 58 - 67+112 页。

② 戴宇辰:《"旧相识"和"新重逢":行动者网络理论与媒介(化)研究的未来——一个理论史视角》,《国际新闻界》2019 年第 4 期,第 68 - 88 页。

③ 胡翼青:《重塑传播研究范式:何以可能与何以可为》,《现代传播(中国传媒大学学报)》2016 年第 1 期,第 51 - 56 页。

④ Jones, M. R., & Karsten, H. (2008). Giddens's structuration theory and information systems research. MIS quarterly, 127 - 157.

用于 IS 领域的路径,并用一种批判性的眼光来分析结构化理论的长处与短处。

自 20 世纪 70 年代初以来,吉登斯发表了 30 多部社会学作品,琼斯和卡斯滕认为所有这些作品都是单一的、持续的"知识"。吉登斯的"结构化理论"认为,社会现象并非结构或行动者的单独产物,而由两者共同构成。社会结构和行动者不能独立于彼此存在。人类行动者在行动中利用社会结构,这些行动也将生产和再生产社会结构。这体现出一种"结构二重性"(duality)。

何为结构? 吉登斯认为,结构是循环反复地卷入社会系统再生产的各种规则与资源。而资源又进一步包含了配置性资源和权威性资源;配置性资源指的是权力生成过程中所需的物质资源,包括自然环境与人工物质产品,来源于人对自然的支配。

同时,吉登斯的结构化理论还提及社会行动者的强能动作用。他认为,人类行动者总是有可能"不这么行事",他们可能按照自己的意愿做出一些偏离原意的行动。而且社会行动者是"知识渊博"的,凭借其对社会的参与,能够获得许多关于社会如何运行的知识。但这种"知识渊博"的特征并不意味着他们总能控制自己的行动及其后果。

随后,作者对发表时间在 1983 至 2004 年间的 331 篇 IS 研究的英文文献进行了筛选,留下包括运用吉登斯的结构化理论、运用调适性结构理论(adaptive structuration theory, AST)及运用技术二重性(duality of technology, DOT)理论的文章进行进一步的分析,以查看结构化理论的变体是如何适用于 IS 领域研究的,在其中尤以旺达·奥里科夫斯基(Wanda Orlikowski)和马歇尔·珀尔(Marshall Poole)等人对于结构化理论的解读和运用最为突出。

奥里科夫斯基提出吉登斯结构化理论调节了传统的"结构—行动"准则的二元对立,结构化理论将"结构"概念化为动态的互动过程,[①]技术由人类行动产生和改变,但也被人类使用以完成一些行动,技术是人造物质(多种硬件和软件的立体基阵),但它并非只纯物理客体,它是人类行动协调产生的结果,继承了其社会性。因此她基于吉登斯的理论提出了"技术二重性"。这一发展使结构化理论更加关注深度的质化研究来分析结构化过程。

---

① Orlikowski, W. J. (1992). The duality of technology: Rethinking the concept of technology in organizations. Organization science, 3(3), 398-427.

珀尔等人还认为该理论也重视结构及其在时间序列中被使用和调整的过程。[①] 珀尔等人在多篇文章中都致力于修改吉登斯的结构化理论以探讨技术和社会进程的相互影响关系。他们认为技术的结构化特征提供意义和控制,相当于吉登斯提出的表意和支配结构;这个特征奠定的精神与价值和目标相关,相当于吉登斯提出的合法化结构;而即时可见的行为,能显现出深层的结构化过程,相当于吉登斯提出的结构化形态。这一理论变体在 IS 研究中有重要的影响力,搭建起了结构化理论和主流 IS 研究之间的关系。

同时,作者也指出,吉登斯的结构化理论过于宏大,在 IS 领域吉登斯所定义的"结构"不能被嵌入或者嵌入技术,因为这样做会使得"结构"获得分离于行动者及其行动的存在,进而违背了结构二重性。而从长远来看,1992 年以后的结构化理论在 IS 研究领域获得了更多的认可,陆续有文章运用了结构化理论;AST 理论有显著的影响力,甚至许多文章仅仅引用 AST 而不提及吉登斯;也有少量文章使用了吉登斯后期研究中的概念。整体而言,吉登斯的结构化理论被不断丰富、发展和再阐释,越来越多的结构化 IS 研究论文使用了二手理论文献或者是运用了该理论的变体,而非吉登斯的原作。

吉登斯的结构化理论为媒介和社会的发展引入了结构—行动者互构的视角,启发后续的研究继续重视行动者的具体实践和社会结构的交互作用。琼斯和卡斯滕的这篇文章更启示读者,行动者是具有反身性(reflexive)的,有很多可为之处,不能忽略其能动性与结构的互动。因此,研究者们需要重视反身性的 IS 研究实践,需要保有一种批判的眼光,亦要与社会理论保持密切联系,从而实现一种"双重诠释"(double hermeneutic)。

(二) 布尔迪厄,技术与技术学

乔纳森·斯特恩(Jonathan Sterne)通过《布尔迪厄、技艺与技术》(Bourdieu, Technique and Technology)[②]一文进一步阐释了布尔迪厄的经典理论,帮助人们从布尔迪厄的社会实践、场域、资本等关键概念,来看待技术尤其是媒介技术与社

---

① Poole, M. S., & DeSanctis, G. (1990). Understanding the use of Group Decision Support Systems: The Theory of Adaptive Structuration. Organizations and communication technology, 173.

② Sterne, J. (2003). Bourdieu, technique and technology. Cultural studies, 17(3 - 4), 367 - 389.

会的关系。这篇论文发表在 2003 年的《文化研究》(*Cultural Studies*)上,是该期刊当年 issue3 - 4 布尔迪厄特刊中的一篇。

斯特恩认为,随着过去几十年科技的发展,20 世纪 90 年代和 21 世纪的研究出现了一种"技术转向"。在"技术"这一主题下,大学和学院资助了与技术相关的教师队伍(尤其是致力于传播、商业和教育研究的部门)、新的教学计划和新的研究方向。而技术研究也常常受到商业、政治等的影响。与此同时,当研究者在提及技术的时候,常常会将"数字"(digital)或者"新"(new)作为技术的修饰词,出现"数字技术""新技术"的说法,但实际上很多研究中所谓的"新技术"已经出现了几十年,对于技术的研究并不够深入。

斯特恩发现,在学术研究中提及的概念,比如技术学者们对很受欢迎"线上社区"的社会影响进行探讨,亚马逊、eBay 等很快就将这个概念用来推销他们的网站。目前的技术研究似乎是由广告的价值体系决定的,技术研究者在选择技术的研究对象时,就已经受到某些社会力量的"鼓励",缺乏学术研究的相对独立性。他认为,这种情况需要重新考虑技术的概念,而布尔迪厄的反思社会学可以帮助完成这项任务,因此,他将布尔迪厄的理论引入对技术的探讨中。

布尔迪厄的态度看似很少与技术正面交锋,但实际上许多论述都体现了他对于技术的态度和观点,尤其是他涉及了特定媒介的讨论中均有所体现。斯特恩回顾了布尔迪厄的两本关于媒介的著作。相较其他作品来说,这两本书涉及更多的媒介技术,其中提及的具体例子能够看到技术和社会之间的联系,并体现出布尔迪厄所认为的"技术对象是值得社会学去研究的"观点。

第一本《摄影:一种中等趣味的艺术》[①]是关于摄影技术实践的分析。该书阐释了布尔迪厄的摄影艺术观。在布尔迪厄看来,摄影是一种超越主客观之分的最好方式,因为图片相较绘画艺术最为真实地记录了客观事物,而图片的选择又是由主观决定的。那么人为什么会对摄影技术感兴趣? 又是哪些人对此感兴趣? 布尔迪厄在书中做出了他的回答。

摄影机首先是一个技术产物,这要求操作摄影机的人拥有特定的技术。法国的摄影爱好者们大多是中产阶级,在日常从事相对体面的工作。他们强调自己对

---

① Bourdieu, Pierre with Boltanski, Luc, Castel, Robert, Chamboredon, Jean-Claude and Schnapper, Dominique (1990). Photography: A Middle-Brow Art. Trans. Shaun Whiteside. Stanford: Stanford University Press.

普通摄影机这种简单机器的热情,其实一方面是因为他们存在购买更高级机器的经济障碍;另一方面,普通摄影机的使用能够让他们更多地"自己动手",展现他们本身是有"技能"的,并创造一种玩普通摄影机比高级摄影机更有挑战性的优越感。因此,在布尔迪厄看来,社会文化和阶级背景沉淀在个人身上,这使得中产阶级的人更加热衷于摄影技术的实践。这种视角更多地体现出了社会文化背景对于个人实践的影响,呈现出与"惯习"相似的理念。

布尔迪厄的合作者让·克劳德·钱伯雷登则持有另外一种视角:"摄影技术的状态迫使摄影师进行事先存在其意图的特定操作,因此,不能将摄影动作视为由他们的创造性意图自由产生并模仿这些意图的姿势。"这种视角则涉及技术实践的结构性条件对于人的影响。在斯特恩看来,这两种视角都是技术融入"惯习"中的具体体现。

布尔迪厄涉及技术的另一本著作是《关于电视》,[1]在这本书中能够继续看到布尔迪厄惯习、场域、资本等关键概念的交融。这本书是基于布尔迪厄 1996 年在法国巴黎一台进行的两次电视讲座及其他相关文献整理汇编而成的,这本书一经问世就引发了广泛的争论。他在该书中结合"电视"这一媒介技术,将他原有的"场域"理论进一步延伸到"新闻场域",开启了场域分析模式在媒介研究中的使用。

"场域"是由附着于某种权力(或资本)基础之上的各种位置的一系列客观历史关系所构成,利益、资本、社会位置都是场域的构成要素。布尔迪厄结合电视上侃侃而谈的知识分子的例子,来呈现这些要素之间的互动过程。在电视营造的新闻场域中,"快思手"们在电视上的表现是受到场域和资本制约的,他们在平时生活中不断地写点什么以保证曝光度,获得电视台的邀请,这其实是一种双向选择的过程。他们有时甚至并不知道上电视需要谈论什么就接受邀请,或者是已经被安排好讲什么了,这种默认的"安排"背后便是资本和利益在发挥作用。

布尔迪厄对电视的评论更多地涉及"新闻领域"的惯习和实践,以及它与法国知识分子和公共话语状态的关系,而不是任何类似于电视仅仅作为一种媒介技术的理论。作者认为,像尼尔·波茨曼等持技术决定论的学者更多将这种快速思维

---

① Bourdieu, Pierre (1996). On Television. Trans. Priscilla Parkhurst Ferguson. New York: The New Press.

实践归因于电视媒体本身的技术特征,而布尔迪厄则采取了更为社会学的观点。

基于布尔迪厄的看法,斯特恩总结了两个关于技术的反思。第一个反思是坚决拒绝将"技术"范畴实体化。从布尔迪厄的摄影描述中可以看到,技术不仅仅是一种"填充"预定社会目的的"东西"。技术并非产生了之后就能够独立存在,不能单就这个技术本身来谈论技术,技术的意义、功能、领域和用途都受到社会的影响。

第二个反思是应该对技术定义有认识论上的突破。某一项具体的技术在实际社会实践中的意义、用途都和私人领域或者公共领域的环境相关联,实际上无法确定一个物体何时成为一种技术。正如前文提到的互联网是由军事目的开始,但最终它走向了民用。在具体事实发生之前,无法对技术进行先验定义,那么这就意味着某物是否是"技术的"纯粹是一个感知问题,即"实践理性"而非是"理论理性"。

对布尔迪厄来说,实践遵循自己的逻辑而非学术界的学术逻辑,是日常活动中沉淀下来的历史的具体逻辑。因此,要理解一项技术如何通过社会实践(而不是通过逻辑推理)成为一项技术,我们需要转向对"惯习"的深入理解。

"惯习"由沉积于个人身体内的一系列历史关系所构成,是客观而共同的社会规则、团体价值的内化,它以下意识而持久的方式体现在个体行动者身上,体现为具有文化特色的思维、知觉和行动。从社会角度理解,技术是惯习的"结晶",是"惯习"的子集。

要理解"惯习",斯特恩认为还需要回到诺伯特·埃利亚斯(Norbert Elias)和马塞尔·莫斯的论述中,看他们对于惯习的论述是如何影响布尔迪厄的。因此斯特恩还在文章中回溯了埃利亚斯和莫斯关于技术与惯习之间关系。

埃利亚斯首先使用了"惯习"的概念,在《文明的进程》一书中广泛使用惯习的概念,人们对情绪的表现受到后天的教导影响,成为惯习的一部分,建构着人们的行为。莫斯则进一步发展了"惯习"的具体身体维度,在人体、工具性和技术之间建立了明确的联系。他强调身体的重要性,消除了埃利亚斯观点中弗洛伊德式的"自我控制"和情感压抑的色彩,取而代之的是对身体运动的分析,即从根本上说身体运动是技术的、非正式的和历史的。

回到布尔迪厄的惯习上,他继承了部分埃利亚斯和莫斯的观点,认为惯习有某种身体性和社会记忆,而且身体性先于心理性。结合互联网这一媒介技术来说,总有一个人坐在键盘前打字、盯着屏幕,这种观点反击了新媒体的"非实体化"特征。这种具身的元素往往会被人们遗忘或者忽略,但这种遗忘其实就是惯习本身的一部分。从布尔迪厄对电视场域的解读中可以看到，媒介环境中的惯习被场内的权力、资本，以及社会的整体结构所深深塑造。

通过对三人"惯习"思想史的追溯和剖析，作者得出了一个重要结论，即埃利亚斯、莫斯和布尔迪厄的观点都最终指向了"实践"——无论是埃利亚斯提到的情绪管理、莫斯的身体技术还是布尔迪厄惯习的身体性，都将技术和实践直接关联起来。

总而言之，斯特恩的这篇文章从布尔迪厄的理论出发，提出了应该停止将技术视为某种"东西"，并且应该将技术置于"惯习"的背景之下，强调实践和物质的可能性、强调技术中的历史与社会积淀。这对于人们看待媒介技术有很大启发，将对媒介技术本身的研究转向了对社会实践的研究，从而打破了技术/社会和主体/客体的二元对立。

四、媒介实践研究的未来展望

以吉登斯和布尔迪厄为代表的社会理论家为媒介研究提供了新的视角，他们都看到了二元论的发展困境，致力于超越简单二元的对立，打破了结构和行动、主体和客体的二元对立。它作为一个联系起社会结构和行动者的研究范式，能够为媒介未来的研究带来新的可能性。

媒介不再仅仅是一种"技术物"，它更是社会系统中的一个"行动者"，甚至是日常生活方式本身，它正在与个体与社会结构产生复杂的勾连，形成个体—媒介—社会之间融合式的互动及形态模式，而在行动"中介化"（mediated）和结构"媒介化"（mediation）的过程中我们对社会及各层级现象的分析模式也应该发展转型。试想，我们在下意识打开支付宝等支付媒介供商家扫码的时候，这种举动已经实际上成为我们结账时的"惯习"，并通过支付宝产生了我们和商品之间的勾连；无论是线上订餐、住宿、交通出行还是运动记录，手机都自然而然地发挥着作用，成为名副其实的"电子器官"。我们使用的微信、微博、购物软件等各种软件，都在通过潜移默化的方式融入和形构我们的日常生活，并让我们与社会网络、与"物"发生互动。VR、3D、虹膜识别等新型技术更是不断地将人和技术的融合推向新的高度，媒介在未来或许不仅仅是麦克卢汉所说的是"身体的延伸"，而更是作为身体的某个部分或是"本体"而行动，人既能够调动身体进行媒介技术的实践，也在被媒介技术所重新形塑。由此，未来的媒介研究应该更加重视"媒介"与"人"、"技术"与"人"的交融,探讨媒介作为实践的存在。

结合当前媒介的发展态势,孙玮提出了媒介融合将会走向主体层面的融合,从而引出"赛博人"的概念,即人与技术的交融,其传播实践将以一种碎片化的方式渗透日常生活。① 喻国明认为,关于未来媒介的发展也需要用一种实践的视角。他具体分析了从"场景时代"到"元宇宙"再到"心世界"的未来媒介演进逻辑,VR、AR及脑机接口等新的媒介技术将使得媒介与人身体的界限一再模糊,能够赋予人的社会实践以更高的自由度。②

但媒介的实践范式作为一个在西方学界兴起的"舶来品",也同样面临着中国本土化的问题。我国的媒介实践更多地受到政治、文化系统的影响,尤其体现在互联网媒介的管理和监督中;当然这也可能成为有别于西方语境的特殊之处,因而需要研究者们重视。③ 另外,也有学者提出,需要重视媒介权力是如何通过自身成为行动者网络的一个关键节点所发挥作用的,例如淘宝、京东等营销平台的媒介化、时尚博主的媒介化等,从这些在地议题中去考虑媒介与日常生活的融合有助于媒介实践范式的本土化。④

总而言之,媒介实践研究范式应该更加重视人的反身性,即关注人是如何在社会规范中发挥能动的作用从而推动改变,同时,也要重视媒介本身作为一种生活方式的阐释,对媒介嵌入人们的日常生活,甚至成为日常生活本身来进行更为深入的探讨。

本节导读文献:

Sterne, J. (2003). Bourdieu, technique and technology. Cultural studies, 17(3 - 4), 367 - 389.

Jones, M. R., & Karsten, H. (2008). Giddens's structuration theory and information systems research. MIS quarterly, 127 - 157.

---

① 孙玮:《赛博人:后人类时代的媒介融合》,《新闻记者》2018 年第 6 期,第 4 - 11 页。
② 喻国明:《未来媒介的进化逻辑:"人的连接"的迭代、重组与升维——从"场景时代"到"元宇宙"再到"心世界"的未来》,《新闻界》2021 年第 10 期,第 54 - 60 页。
③ 顾洁:《媒介研究的实践范式:框架、路径与启示》,《新闻与传播研究》2018 年第 6 期,第 13 - 32+126 页。
④ 戴宇辰:《"旧相识"和"新重逢":行动者网络理论与媒介(化)研究的未来——一个理论史视角》,《国际新闻界》2019 年第 4 期,第 68 - 88 页。

建议阅读文献:

安东尼·吉登斯:《社会的构成》,李康、李猛译,北京:中国人民大学出版社,2016 年。

皮埃尔·布尔迪厄:《实践理论大纲》,高振华、李思宇译,北京:中国人民大学出版社,2017 年。

思考:

社会理论与媒介(media)或信息传播技术(ICT)研究的理论接口到底在哪里?

一、中层理论与媒介社会学的嵌合

(一) 中层理论的意义梳理及发展历程简述

中观理论或者说中层理论(middle range theory)最早由罗伯特·默顿在《社会理论与社会结构》中提出，他对中层理论的定义性描述大致如下："中层理论既非日常研究中广泛涉及的微观但必要的工作假设，也不是尽一切系统化努力而发展出来的用以解释所能观察到的社会行为、社会组织和社会变迁的一致性的自成体系的统一理论，而是指介于这两者之间的理论""中层理论原则上应用于对经验研究的指导……(它)介于社会系统的一般理论和对细节的详尽描述之间"，[1]也就是说，中层理论将对宏观社会系统的理论性研究分解并应用于相应领域的微观经验性研究，是一个与宏观理论和微观理论相对的理论概念，具有实践经验性、范围有限性和联系性等特点。

此后，贝尔也基于物理学的研究发展了中层理论的定义，他提出这一理论主要是为了将指导研究的各种基础假设统一分类为某个理论，同时使研究仍然由较小的解释范式所指导。贝尔指出，中层理论下的解释和预测仅限于特定的社会行为，并且它最适用于实证研究和调查实际的社会政策问题。[2] 根据以上定义，中层理论在"行动者—结构"分析框架中的位置及其所发挥的作用也就逐渐清晰。结构，即"行动者个体所处社会中的制度与社会规范结构"，[3]中层理论将关于该社会结构的理论框架或研究假说分类，并借以解释行动者个体在此类社会结构网络下的个体特征，以及其行动策略和行动意义。因此可以说，中层理论在很大程度上与

① 罗伯特·K.默顿：《社会理论和社会结构》，唐少杰、齐心等译，南京：译林出版社，2006 年，第59 - 60 页。
② Fish, M. J. (1984). A study of mass communication research and scholarship. The University of Texas at Austin. p. 26 - 27.
③ 罗兴佐：《"行动者/结构"视野下的农民合作》，《贵州师范大学学报(社会科学版)》2007 年第3 期，第 20 - 22 页。

"行动者—结构"视角中使用的研究方法的总类别相重合,是联结行动者和社会结构,并为行动者在社会结构中的行动赋予意义的研究逻辑。

而从中层理论本身的发展历程来讲,该理论对媒介社会学,乃至整个社会学学科发展的贡献都是巨大的。在中层理论被提出的 20 世纪 40 年代的美国,一方面,以芝加哥学派和哥伦比亚学派为代表的社会学家展开了各种经验研究,但这些经验分析却往往与理论研究相脱节,由此引发了社会学研究领域内的极端分化;另一方面,帕森斯、皮特里姆·索罗金(Pitirim Sorokin)等人对宏大理论的贡献也广受瞩目,结构功能主义流派蓬勃发展但却被囿于纯粹的理论研究范畴内。与帕森斯同样作为结构功能主义流派的代表人物的默顿认为其导师帕森斯的理论研究体系过于宏大和抽象,背离了社会学实证主义的传统,难以应用到对社会实践的研究当中,于是他选择继承实证主义传统与美国实用主义哲学,结合经验和理论、宏观和微观这两对社会研究范畴,提出以"越轨行为""参考群体""社会知觉""二级传播"等研究课题为范本的中层理论。①

值得注意的是,由于在中层理论视角下,理论必须要可应用于可操作化的经验研究,因此这一系列理论发展促使各派理论扬弃宏大理论的抽象性,明确限定自己的适用范围,从而带来了社会学各分支领域的兴起,尤其是结构功能主义流派,该流派因默顿的工作而获得了对具体社会现象更高的解释力,以及吸收和活用各社会学流派经验与理论研究成果的潜力,由此奠定了其在社会学领域的主流地位。后来,中层理论的提出更是推动了 20 世纪五六十年代的"理论建设运动",并启发了 80 年代起社会学家们对综合中层理论的新尝试,吉登斯的结构化理论、布尔迪厄的场域理论等都被看作该思潮影响下应运而生的产物。②

不过,中层理论仅仅相对于宏观和微观理论的概念属性也引起了广泛的争论,彼得·什托姆普卡(Piotr Sztompka)就提出,中层理论只是以"有限范围"去划定其理论范畴,但这一模糊的界定实际上可能会使中层理论包括了范围较小的宏观理论或范围较大的微观理论,而关于什么是中层理论而非微观的或宏观的理论,有哪些理论完全不能算是中观理论,以及如何避免碎片化的研究依赖中层理论来夸大自己的研究地位等问题,都是中层理论发展过程中一直存在的争论。

---

① 吴肃然、陈欣琦:《中层理论:回顾与反思》,《社会学评论》2015 年第 4 期,第 30 - 43 页。
② 吴肃然、陈欣琦:《中层理论:回顾与反思》,《社会学评论》2015 年第 4 期,第 30 - 43 页。

（二）中层理论与媒介社会学的关联

当媒介逐渐融入社会文化生活和社会实践的不同层面,其自身也就塑造了社会的"媒介逻辑"和新的媒介化环境,并由此获得一种制度性的地位。施蒂格·夏瓦(Stig Hjarvard)总结了媒介研究中经常被使用的制度视角:一方面,研究者会通过媒介"考察人类交流与传播的超个体(supra-individual)和超情境(supra-situational)层面",[①]有助于进一步的中观层次研究;另一方面,此类媒介研究却常常忽视特定情境而非特定制度背景下交流互动的动态变化,并因其概括化和制度化而对媒介本身"具有独立于语境的普遍性影响"[②]持有怀疑态度,因此他提倡要对媒介化进程抱有一种普遍化的理解,即不仅仅将媒介作为制度化的传播中介,而是真正将其看作媒介化社会中渗透到个体行动的方方面面的要素,这实际上又与中层理论在"行动者—结构"视角下的作用相契合,所以,媒介社会学本身预设的媒介化理论基础,即媒介参与不同场域的力量中且受到各语境场域中制度惯性(inertia)的形塑,[③]实际上有助于中层理论在现代性情境下尤其是媒介化社会下的现实构建,同时,媒介化理论本身也是中层理论的一种,这就使媒介社会学研究几乎必然要采纳中层理论的研究逻辑。

不过,根据前文贝尔的界定,为批判帕森斯等人倚重理论研究的倾向,中层理论更倾向于突出强调实证研究的重要性,这也导致中层理论似乎成为实证研究、量化研究的代名词,中层理论下最常用的研究方法也几乎在其发展过程中被固定为观察法、实验法和访谈法等可以产生量化分析数据的方法。在新闻传播学、媒介社会学领域的研究中也是如此,中层理论以明确测量尺度的实证研究框架逐渐取代了大众传播研究中原来流行的宏大理论和纯粹的概念框架。因而,媒介社会学本身作为一种建立在中层理论影响基础上的研究视角,也促进了中层理论在媒介化社会的研究发展,二者联系密切,以实证研究成果的形式彼此影响。同时许多媒介社会学领域的研究成果,实际上都可以归为中层理论的范畴。不过,中层理论也不能完全概括媒介社会学的全部研究成果,因为前者主要是一种研究逻辑和框架,而

---

① 施蒂格·夏瓦、刘君、范伊馨:《媒介化:社会变迁中媒介的角色》,《山西大学学报(哲学社会科学版)》2015 年第 5 期,第 59 - 69 页。

② 施蒂格·夏瓦、刘君、范伊馨:《媒介化:社会变迁中媒介的角色》,《山西大学学报(哲学社会科学版)》2015 年第 5 期,第 59 - 69 页。

③ 施蒂格·夏瓦、刘君、范伊馨:《媒介化:社会变迁中媒介的角色》,《山西大学学报(哲学社会科学版)》2015 年第 5 期,第 59 - 69 页。

正如施蒂格·夏瓦在他的另一部著作《文化与社会的媒介化》中所说,媒介社会学希望能够"基于特定社会和文化情境下的具体历史时期……描述特定的社会机制或文化现象中的总体发展模式",①可以说,广义的中层理论是媒介社会学研究所属于或所追求的研究层次,而狭义的中层理论作为一种研究方法的指导,适用于媒介社会学研究中的各类横截面实证研究。

二、中层理论在传播学及媒介社会学中应用状况概述

承袭了默顿将中层理论应用于跨学科研究的路径,当前学术界在中层理论下的研究也呈现出了跨学科的多样化特征,由于中层理论强调将抽象理论或制度框架应用于具体经验和实践当中,因此在各自领域具有对工作方法的明确指导的政治学、管理学、护理学等学科较常使用中层理论的表述。此外,社会学、工程学、文学等方面也有诸多基于中层理论而展开的研究,本节主要聚焦于中层理论在传播学和媒介社会学领域的应用。

实际上,中层理论的提出者默顿与传播学四大奠基人之一拉扎斯菲尔德曾经在哥伦比亚大学共事30余年,交往密切,而拉扎斯菲尔德对中层理论指导下传播实证方法的引入和创新,也使中层理论在传播学界得到了广泛的发展,他的二级传播理论就被默顿看作中层理论的典型范例。该理论结合了众多研究成果,以双向的、动态的传播模式替代了以往流行的单向机械化模式,其中信息接收者会根据自己对信息的兴趣,或信息来源的可信度对其进行筛选和评估的结论也有助于后来的研究者对消费行为等领域的研究。② 因此,该研究的确是从经验研究中抽象出了有指导意义的理论内容,符合中层理论的含义,而中层理论吸纳这些传播学的具体研究成果用以解释自身更为抽象化的概念,是意在着重批判过于宏观或微观的单一研究视角并对社会学研究范式进行重构,从中也足见中层理论与新闻传播学和媒介社会学发展的密切联系。不过胡翼清认为,传播学界的实证研究逐渐倾向于强调量化研究方法的规范性,从而忽略了也被中层理论所接纳的其他经验研究方法,由此,理论成为为结论背书的形式,实证研究方法则极易流于一种具体化的

① 施蒂格·夏瓦、刘君、范伊馨:《媒介化:社会变迁中媒介的角色》.《山西大学学报(哲学社会科学版)》2015年第5期,第59-69页。

② Boudon, R. (1991). What middle-range theories are Contemporary Sociology, 20(4),519-522.

工具和操作技术,这也是当前中层理论在传播研究领域面临的困局。①

　　沿着二级传播理论所系的传播效果理论三阶段,以二级传播理论为代表的有限效果理论之后的强效果理论相关研究中,也出现了大量的中层理论。网络议程设置理论就被其提出者称为是一种中层理论,然而,将框架理论引入媒介研究的吉特林曾经批判议程设置作为典型的中层理论将"媒介和意见从其社会和历史情境中抽象出来",因此缺乏历时研究的视野,但提出者麦克斯韦尔·麦库姆斯(Maxwell McCombs)等人则对此表示他们正是看中中层理论架构的优势,即能够提出一个可验证的经验性假设并借以解释特定领域中的社会现象,以及能够提出客观且系统而非可以任意主观解读的研究方法。② 同为强效果理论,第三人效果假说也被认为是偏下的中层理论,之所以偏下,是因为该假说的研究对象一般是行动者对大众媒介传播效果特定的感知和行为。③ 而这些中层理论在当代新闻传播学和媒介社会学研究中也仍然被广泛应用并持续发展。

　　根据拉扎斯菲尔德的定义,行政研究是"为特定的公共或私人机构的目标服务的研究",会"发展出有关当代社会发展趋势的总体性社会理论",④这种应用理论兼实践导向的特点无疑与中层理论天然契合,因此,行政研究中关于企业公关、市场营销、媒介工业和媒介政策的研究中都常提及中层理论。安德鲁·霍夫曼(Andrew Hoffman)和威廉·奥卡斯(William Ocasio)就使用中层理论的研究框架提出了公众对外部企业事件的注意力模型,他们特别强调了使用中层理论而非扎根理论的原因,即要基于和联系先前已有的对组织注意力和认同理论的研究展开新的可测试假设和因果推论,而非像扎根理论一样对新的研究领域进行纯粹的归纳,研究将问责制和竞争的概念引入公众对企业事件的关注,并发现形象和身份是人们在关注企业事件时主要考虑的因素,持续的公众关注需要内外部人员对事件

---

① 胡翼青:《传播实证研究:从中层理论到货币哲学》,《新闻与传播研究》2010 年第 3 期,第 9 - 16 页,第 108 页。

② Takeshita, T. (1997). Exploring the media's roles in defining reality: From issue-agenda setting to attribute-agenda setting. Communication and democracy: Exploring the intellectual frontiers in agenda-setting theory, 15 - 27.

③ Baek, T. H. (2017). The value of the third-person effect in theory building. Review of Communication, 17(2), 74 - 86.

④ 吴靖:《大众传播行政研究的兴起及其典范化的思想史考察》,《北大新闻与传播评论》2013 年第 1 期,第 3 - 16 页。

的持续讨论来维持,其中,商业媒体作为传播渠道起到了重要的作用。① 吴(Gavin Jiayun Wu)等人也通过整合社会文化进化模型、社交媒体分析框架等中层理论,测试了社交媒体、新产品开发与社交媒体分析技术之间的相关性,结果发现社交媒体分析技术能够促进研究人员为新产品的开发制定有效策略,而在线情绪可能是将新产品引入市场的突破性因素。②

在文化研究中,中层理论也得到了同样的关注。斯图尔特·康宁汉姆(Stuart Cunningham)和乔恩·希尔弗(Jon Silver)就使用中层理论的路径研究了电子屏幕上的在线文化传播如何受到快速变化的数字影响,结果发现,线上文化生产和传播的收益急剧增长,短篇网络小说就是一个典型,而媒体公司也试图通过削弱优质内容和优质价格,以及试图捆绑销售有线电视的节目增加其收益。③

与此同时,由于中层理论具体定义的不清晰性,且在学术史上有曾经被滥用的过往,批判研究中关于中层理论的争论也从未停歇。欧普(Karl-Dieter Opp)就与曼祖(Gianluca Manzo)和伊利科斯基(Petri Ylikoski)展开过讨论,欧普认为,伊利科斯基对中层理论"有许多是宏观理论,没有阐释关于行动的具体机制"的指控,以及曼祖用一般的宏观理论替代中层理论研究框架下的理论部分的倡议是不合适的。④

无论如何,中层理论作为介于宏观和微观之间的研究视角和研究框架的总的分类概括,在经历了学术界众多的研究和应用以后,逐渐明确了其研究范式,虽然这种研究范式与默顿等人最早预想的形态相比更倾向于实证研究和量化研究,但它在被当作"万金油"理论滥用以后切实得到了反思和调整,并成为媒介社会学领域能够发挥作用的重要理论引擎。

---

① Hoffman, A. J., & Ocasio, W. (2001). Not all events are attended equally: Toward a middle-range theory of industry attention to external events. Organization science, 12(4), 414-434.

② Wu, G. J., Tajdini, S., Zhang, J., & Song, L. (2019). Unlocking value through an extended social media analytics framework: Insights for new product adoption. Qualitative Market Research: An International Journal, 22(2), 161-179.

③ Cunningham, S., & Silver, J. (2014). Studying Change in Popular Culture: A "Middle-Range" Approach. In The Routledge companion to global popular culture pp.171-180.

④ Opp, K. D. (2013). Rational choice theory, the logic of explanation, middle-range theories and Analytical Sociology: A reply to Gianluca Manzo and Petri Ylikoski. Social Science Information, 52(3), 394-408.

三、中层理论研究文献选读及视角性解读

中层理论的适用范围横跨了行政研究、文化研究和批判研究领域,但是,其中能够融汇这三种研究路径,并在宏大理论和经验研究之间不偏不倚,从而拥有强大解释力的研究却并不多,麦克·布洛维的《制造同意》《生产政治》和《辉煌的过去》三部曲就是其中之一,因而在此首先选择布洛维的《生产政治》一书进行解读。

（一）麦克·布洛维的《生产政治》①

不同于 20 世纪中后期新左派对西方马克思主义观点的取用和拓展潮流,布洛维将其在《生产政治》中的研究视域转回了生产的核心——劳动过程。实际上,在马克思的研究中,包含了生产过程和交往形式的劳动过程研究与他对资本主义剥削制度的分析是并行的,但对劳动过程的关注却在西方马克思主义流派和新左派对马克思观点的应用中逐渐淡出了学术视野。而哈里·布雷弗曼（Harry Braverman）在他出版的《劳动与垄断资本:二十世纪中劳动的退化中》率先将关注点重新聚焦于现代的生产和劳动过程,他总结了工厂实现科学管理的三个原则,一是现代工厂制度通过劳动过程将个体行动者也就是工人生产实践中的概念和执行环节相分离,同时管理部门借此掌控概念和对知识进行垄断,并用工人无法理解和控制的机器生产控制了工人整个的劳动过程,从而实现了对工人的"去技术化"。

布洛维继承了布雷弗曼对劳动过程的这种中观层面的关注,进一步地将该切入点向宏观和微观两个层面延伸:一方面,布洛维在考察工厂中的劳动过程时,汲取了来自安东尼奥·葛兰西（Antonio Gramsci）、路易·阿尔都塞（Louis Althusser）、尼科斯·普兰查斯（Nicos Poulantzas）等人关于霸权主义和生产机构如何生产政治和意识形态等观点,将其与工厂制度及工厂所在国家的制度等宏观层面联结起来予以考察;另一方面,他又重新审视了工人的主体性,受到马克思劳动过程研究和韦伯关于统治如何建立其合法性等方面的论述启发,对微观层面上工人为什么"同意"这样的劳动过程发问,并最终通过劳动过程这一线索将工人的个体行动嵌入到市场运作和国家制度之中,形成了从微观到中观再到宏观、相互渗透的研究方法,具体而言,就是从实际上聚焦于个体生产关系的劳动过程,到体现

---

① Michael Burawoy (1985), The politics of production: factory regimes under capitalism and socialism, Great Britain: The Therford Press, 5 - 20.

在工厂和公司的中间管理层身上的市场竞争,再到劳动力的再生产,以及国家制度和国家机构的干预四个维度,下面就从这四个维度入手对《生产政治》的主体内容进行分析。

在对不同工厂制度下劳动过程不同的呈现形式进行讨论之前,还需要明晰布洛维对不同制度的分类,他根据工厂与国家之间的制度关系是分裂的还是融合的、国家对工厂制度的干预是直接的还是间接的区分出了四种制度(见表1),而四种制度下的生产关系在微观的工厂车间、中观的工厂制度和市场竞争,以及宏观的国家制度之间都相互复制和反映,它们分别是资本主义制度框架内早期的专制主义和后期的霸权主义,和国家社会主义制度框架内早期粗放型发展的官僚专制主义到后期集约型发展的集体自治。需要注意的是,这四种典型制度是布洛维抽象归纳出来的摹本,它们会因为各个国家特殊的历史进程和制度变迁而有所迁移,布洛维所展示的案例也不是四种制度的典型样本,而是旨在使读者能够从中发现从微观到中观再到宏观层面上制度的相关性。

表1　根据生产机构与国家机构的关系划分出的四种制度

		工厂机关与国家机关之间的制度关系	
		分裂	融合
国家干预工厂制度	直接	霸权 (先进资本主义)	官僚专制 (国家社会主义)
	间接	(市场)专制 (早期资本主义)	集体自治 (理论构想)

那么,进入到《生产政治》的四个维度,从劳动过程来讲,布洛维将劳动过程定义为"男女为生产有用的东西而进入的社会关系""工人间及工人与管理者间的关系",实际上是用生产关系概念取代了劳动过程,这是由于布洛维希望能够侧重于考察工人的劳动过程与国家制度及其下工厂所担负的职能之间有何种相关性,并强调劳动过程在政治和意识形态方面确实产生了直接的影响。而他发现,管理层、监督层对工人权利的形式性保障,如集体谈判机制、申诉机制等,反而掩盖了工厂制度的剥削部分,使工人对工厂制度及其制度下的生产关系达成同意和合作的共识。同时,工厂内部存在的劳动力市场使工人与工人之间形成了占有性的个人主义竞争,劳动过程随之成为围绕超额完成生产配额而展开的合作游戏。在马克思

所研究的 19 世纪兰开夏郡棉花产业工人的案例中,工人的生活资料遭到了较为直接的剥削,但布洛维认为,马克思所看到的实际上是早期资本主义市场专制主义中生产关系变化的其中一个节点,却被马克思假定为是资本主义制度发展的必然结果;在国家社会主义制度下的企业中,工人内部出现了政治二元化的倾向,工人的核心往往是有经验的熟练工人,拥有党员或工会官员身份,他们负责处理不断变化的生产要求,而外围圈层则由非熟练或半熟练的下属工人群体构成,他们负责机械化的常规工作,内外层的官僚专制主义生产关系相互复制,而核心层通过牺牲外围层的利益而获得利益。

接着,从市场竞争上来讲,布洛维指出,国家社会主义企业通常在政府的软预算限制下运作,所以他们能够获得的生产资本一般通过与政府的讨价还价而获得,其工厂制度也因政府的供应限制而呈现与其劳动过程相似的官僚专制主义二元化特点,即生产低优先级产品的较弱部门倾向于实行官僚专制,而生产高优先级产品的较强部门则越来越倾向实行讨价原则;而资本主义企业通常在严格的利润也就是硬预算限制下运作,这类企业内部的管理层与工人之间存在清晰的层级关系,但管理层会通过前文所述的工人权利保障制度和内部劳动力市场将生产关系中的剥削粉饰为赶工游戏和工作目标。

进入到劳动力再生产的维度,由于国家社会主义企业通常由中央来进行生产资料的占有和再分配,这就使得企业需要不断寻找更多资源来维持或扩大再生产,从而增强与国家的谈判能力,而要扩大再生产、增强谈判能力,企业就必须要根据自身所生产产品的关键程度和垄断程度具有不同程度地向员工提供优惠的再分配能力,此时如果引入一定的市场性因素,那么企业的生产模式就会逐渐从粗放型发展转变为集约型发展,工人由此获得独立于企业的劳动力再生产条件,包括住房和福利的再分配;但在资本主义企业中,劳动力的再生产越来越独立于特定的企业,也就是说,工人劳动过程逐渐与劳动成果相分离,哪怕是基本的生活资料也成为自身需要靠积累和筹划劳动时间去争取的东西,国家在此时可以发挥它的宏观调控作用,以保护工人免受市场的冲击。

最后,从国家干预层面来讲,正如前文所涉及的社会主义和资本主义制度下国家对生产资料、生产环节和生产目标不同程度的把握,社会主义国家实际上就通过中央占有和再分配生产资源对生产机构形成了统一管理的模式,而资本主义国家则对生产机构形成了从专制主义到霸权主义的管理模式,即资本主义制度虽然给予了生产机构相当程度的自由度,但这种自由度本身就是资本主义制度的结构特征,这种运转结构的渗透是隐性的,并且掩盖了其制度中必然存在的剥削部分,而它终将带来(需要由政府介入的)结构性不平等。不过,布洛维也表示,这样一种解释范式并不能涵盖所有类型的国家制度和工厂制度。比如说,布达佩斯和北罗得西亚殖民政权的政治制度和工厂制度就明显受到国际力量的影响,国家通过规定直接干预行政等级制度的形成,体制上融合为国家生产机构的管理层,强制支配劳动力,较为官僚的霸权的制度是美国企业中所特有的。国家在体制上与工厂相分离,并且间接干预生产和作为调节市场的外部条件而存在,在这种制度下,管理层对同意的争取掩盖了强制,而赞达亚早期采矿制度中的专制主义特点被布洛维认为是独特的原始积累形式和殖民国家政治要素滥用的产物。

至此,布洛维的典型中层理论研究《生产政治》架构就已梳理完毕,可以看出,该研究内容并未陷入宏大理论或是单纯的经验研究,而是通过参与式观察,以及案例扩展法为我们在横向和纵向的工厂制度比较中,展现了不同社会运作层次下行动者个体劳动过程或者说生产关系的普适性,并且国家作为其中最高的权力机构,为不同中层生产场景下的政治、意识形态生产机制提供了整体性的解释力量。虽然布洛维试图抬升人的主体性,但在普遍的霸权主义政治制度下,个体行动者已然将不同层次社会单元所生产的政治和意识形态内容内化为个人选择,人们甘愿服从于社会整体的工具理性,从而将自身异化为生产劳动中的载体和环节而放弃自身的主体性意义。而这也启示我们在研究个案时需要保持一种中层的研究视域,看到每一种生产活动,包括关于媒介本身的生产活动、媒介平台下的生产活动等时,还需要看到其中可能蕴含的国家政治制度和意识形态机制的因素。

(二)马克·格兰诺维特的"弱连接理论"①

继梳理劳动关系层面相互复制的个体劳动者、工作场所与国家政治制度的"行动者—结构"整体架构以后,本书试图像布洛维所做的工作一样,将中层理论研究的切入点向微观层面延伸,借马克·格兰诺维特的"弱连接理论"引入当下媒介化环境下,行动者的媒体使用与其线上线下关系网络的"综合和整合经验结果的框架"。

---

① Haythornthwaite, C. (2002). Strong, weak, and latent ties and the impact of new media. The information society, 18(5), 385 - 401.

首先,格兰诺维特所预设的基本论点是个体行动者对媒体的使用,以及媒体对个体行动者的影响取决于连接个体行动者的关系纽带类型。也就是说,如果类比布洛维的解读部分,格兰诺维特就是通过强关系、弱关系等关系纽带类型这一线索,将个体行动者嵌入了结构化的媒介场景。

具体而言,关系纽带的强度常以联系的频率、联系的持续时间、关系的亲密程度、提供互惠交流的程度和亲属关系等指标来衡量,而关系纽带的产生和变化也有其线上兼线下的综合原因。通常,人们会因共同的利益而共事某种目标导向的活动,或处于同样的在技术上可供交流的空间,这实际上为潜在的关系奠定了基础。接着,在潜在的关系基础上,如果其所在组织的管理层、系统管理员或社区组织者能够建立有利于丰富交流的组织结构,在功能上增加组织和关系结构对人们的工作和情感支持,在效果上使线上交流与线下生活之间达成语言和非语言的复杂交互性,那么潜在关系就可能会发展为弱关系。而弱关系要发展为强关系,就需要人们花费更多的努力,如展开频繁的沟通、进行自我披露和脱离沟通规范等,同时这些活动必须是双向的。在关系性交流增长和深化期间,人与人之间的关系纽带也面临着可能陷入停滞的挑战。最初组织要求共同活动时所设定的时间限制和任务目标、远距离和相互交流的动机等都可能是其原因。对此,人们需要构想关系转变和存在的目的,并在此基础上重新协商以维系关系。

根据上述关系的发展历程概述,不难看出,行动者个体及其关系似乎更多被置于一种受到组织结构单方面影响,且遵循非理性的本能展开行动的位置,正如卡罗琳·海桑斯韦特(Caroline Haythornthwaite)所说,在团体中维持弱关系是一种正常的倾向,[①]因此需要由组织建立人为的沟通渠道。但与此同时,其中对网络新媒介的引入也是不容忽视的,正是在此借格兰诺维特进一步重申了 web1.0 媒介化场景下人们建立和发展关系的主动性,这主要体现在人们对日益丰富的媒体形式的选择和使用上,除此之外,媒体形式在量上的增长和质上的丰富化还使其在多个层次上与人们的关系纽带进行了互构。下面主要从社会建构的规范、新的群体沟通标准、新的群体及行动形成的机制、群体行为和技术使用的管理,以及新的阻力和媒介障碍因素五个维度,并以强弱关系为线索进行比较分析。

---

① Haythornthwaite, C. (2002). Strong, weak, and latent ties and the impact of new media. The information society, 18(5),394.

社会建构的规范层面上,web1.0阶段多样化新媒介形式的引入和关系导向的媒介使用构成了当时社会建构的基本场景和人们日常生活中的基本规范。人们不仅将线下的现实关系延伸到线上的交流和关系维持上,并依此决定对何种媒体以何种形式进行采用,而且线上的交流关系与线下的交流关系一样,都为人们提供了真实感和情境感。而在这样线上、线下交流相混合的新媒介化场景中,拥有强关系的人们能够选择并使用各种形式的沟通渠道和媒体内容来增强已有的关系,他们的交流会趋向于具有更高的亲密程度、更多的自我披露、情感性和功利性的交流、互利互惠带来更为频繁的互动,而网络扩大了可供人们偶遇的公共空间,进而扩大了启动和维持关系的范围和基础,弱关系也有了更多的机会可以被激活并发展。需要注意的是,拥有强关系的人们也因此有着交流资源同质化的弊端。相反,由于人们在弱关系上的情感投入较低、联系范围更为广泛,因此弱关系也能为人们带来非同质化的其他领域信息和资源的流通,而这也是格兰诺维特强调"弱关系的力量"之所在。

新的群体沟通标准层面上,交流形式和媒体内容的丰富化鼓励个体行动者在增加多样性互动的同时融入更多情感,而人们也会在这个过程中自主发起并维持某种媒体使用规范和沟通标准。由于拥有强关系的人们对满足自己相互交流有更大的需求和更强的动机,因此他们更有可能积极地制定群体沟通的标准并在交流中加强它,这也使得他们的关系得以被进一步增强。而拥有弱关系的人们交流动机更弱,所以他人建立的沟通标准可能会使他们在与他人的接触中更加被动,因此,组织有必要为拥有弱关系的人们设计和留出支持非正式接触的系统。

新的群体及行动形成的机制层面上,在web1.0的媒介化场景下,人们倾向于将社交问候与工作协调、社会支持与信息交流混合在一起,而这种更为紧密的社交网络促使人们综合使用媒体和增加渠道来传递信息。拥有强关系的人们对交流的高需求使他们会寻找并共同创造和采用新的沟通渠道,而即使某种沟通渠道被阻塞,他们也会积极地重新协商新的沟通渠道。相反地,弱关系是一种很大程度上得益于新媒介的引入和发展而得以扩展的关系,因此它也极易受到某种媒介或沟通渠道变化的影响。当某种沟通渠道被阻塞,他们可能在重新制定交流规范和重新建立沟通渠道方面较为低效。

群体行为和技术使用的管理层面上,人们会根据自身的需要和关系的强度及类型,选择并使用某些技术性交流平台、资源平台和管理系统。人与人之间关系的数量和类型会随着联系强度的增加而增加,但群体围绕某种类型的关系形成的联系网络也决定了人们对于媒介交流形式的使用有不同的诉求,而通过考虑构成关系的前变化、分配的任务、联系的市场、彼此的时间安排,以及关系的发展阶段等要素,人们可以确定要在不同的关系类型和关系强度基础上建立怎样的联系、使用什么样的媒介交流形式。在组织整体中,强关系和弱关系的分布不均会使拥有强关系的人们使用更多非正式的私下交流渠道。在组织内部,人们可能会根据自己与他人关系的强弱顺序将相应的媒介交流形式加入日程。一般来说,他们会首先添加适用于全组的媒介,如会议、电子邮件等;其次添加适用于强关系和弱关系的其他媒介,如电话、视频会议等。

新的阻力和媒介障碍层面上,最初的工作任务完成情况、相关的时间安排、地理距离,以及该群体是否能满足成员关于任务和人际关系的需求等因素都可能会使群体成员之间的交流和关系陷入停滞,但这也为关系网络的转变提供了契机。当关系网络因交流需要和动机的变化陷入停滞,已经建立起来的强关系也可能退化为弱关系甚至是潜在关系。对此,人们需要付出额外的努力,重新协商以转变和发展他们的沟通规范,并更加积极地为彼此提供情感性、工具性支持。

海桑斯韦特的研究发现,网络作为人们在互联网时代建立和发展关系的新中介和参与性力量,重构了人们的社会关系,并构成了以关系为基础的 web1.0 时代社会运作的整体架构——潜在关系的范围扩大了,人们有更多的机会可以激活彼此之间的弱关系;拥有弱关系的人们在采用新的网络媒体时会相对被动,因为他们依赖于组织建立和授权的沟通渠道、沟通模式和沟通规范而保持连接性,但由于媒介化网络环境下交流的机会和范围变大,同样扩大了的弱关系社交网络也可以为人们带来更多非同质化的、工具性的支持;拥有强关系的人们会为了支持他们的关系而更积极地使用多种网络传播手段和更大范围内的线上表达,他们还会说服其他人适应这些被他们认为有利于发展强关系的变化。然而,这也容易使他们的关系更为同质化、固化和排外,他们可能会抵制不适合他们共同商定的沟通模式的变化。其中,中层的组织和管理者致力于深化组织内的关系网络,并在潜在关系和弱关系阶段可能起到更多决定性的推动和协调作用。因为"弱关系理论"实际上也预设了人们倾向于保留自己、重视获益的安于现状的人性论立场,这样一来,组织、企业和管理者就必须为建立线上关系网络而提供基础环境、设计媒体系统和发起共同的活动了。由此,"弱关系理论"在"行动者—结构"视角的中层理论支撑下,为我们突出了网络新媒介对社会结构的冲击性力量,以及中层理论在分析新的媒介性关系将个体行动者嵌入社会结构时所能发挥的积极作用。

（三）凯斯·桑斯坦的《助推》①

如果说格兰诺维特是将中层理论延伸到相对微观的关系层面去考察人们有限理性的时间性线索，即人们最初遵从维持弱关系的正常倾向，但经过管理者的组织和协调后，他们也能够自主地形成结构化的关系网络，那么理查德·泰勒（Richard Thaler）和凯斯·桑斯坦的《助推》就是将这一有限理性的预设延伸到了相对宏观的公共决策上，接下来，对"助推"和传统的"慎思"两种民主政治策略的对比分析可以使我们更为清晰地看到"助推"策略的突出特点和优劣之处。需要说明的是，之所以将桑斯坦作为《助推》的主要代表学者介绍，是鉴于他在媒介社会领域有更为丰富的贡献。近二十年来他连续发表《网络共和国》《信息乌托邦》《谣言》《极端的人群》《简化：政府的未来》《权利的成本》《为什么助推》等书，对媒介在人们日常生活中行为与意见作用机制及可为的社会政策路线作出了卓有成效的贡献。当前人们广泛使用的"信息茧房""极化""信息流瀑"等概念均从其著述而来。以其为导引对于了解媒介如何推动媒介化社会人们在理性与情感之间实现个人自由行动和社会福祉的统一具有实践意义。

"助推"指政府可以为公民提供一个选择框架，鼓励他们在框架内采取自认为能为自己和社会带来利益的行为模式，并共同参与到政治决策和变革的过程中。这一策略的思想源头主要是行为经济学和心理学，它预设个体的行动必然受到思维习惯、经验法则和情绪的驱动。政府可以借此通过启发和引导利用偏见，而不是反对或压制偏见促进社会政策实施。而政府要"助推"公民的政治参与，具体可以遵循以下五种被广泛采纳的方式：其一，政策制定者需要设计干预措施以鼓励、引导人们作出积极的选择；其二，政策制定者需要预测错误，并设计能使公民及时有效地了解错误的系统；其三，政府还需要对公民的政治参与提供及时有效的反馈，使人们了解他们行动的影响；其四，政策制定者可以更多关注公民在做决定时所构建的思维导图，并鼓励公民采用有利于更好决策的思维导图；其五，当公民面对复杂决策出现问题时，政策制定者可以提供集体筛选的机会，让人们彼此交流，重新审视自己的决策。

---

① John, P., Smith, G., & Stoker, G. (2009). Nudge nudge, think think: Two strategies for changing civic behaviour. The Political Quarterly, 80(3), 361-370.

　　而"慎思"则是期望于公民在适当的环境和框架下可以通过培训、对话和讨论等方式更好地理解问题，并提出对公共政策更有效且更明智的集体解决方案，这一策略的思想源头主要是规范理论和政治学。这种策略假定公民会由于"公共审议的道德化效应"而限制自我利益并考虑他人的观点、看法及公共利益，它的动员结构主要有以下三点：其一，政府可能自然地或有意识地培养公民关于审议规范和程序的认识；其二，政府需要通过干预措施使公民对政治参与产生自我效能感，即清楚自己的行动对政治决策有重大影响；其三，政府需要不断构建这种干预措施，优化制度设计，并保证来自不同背景的公民都能够参与决策过程。

　　桑斯坦指出，这两种策略都是基于对个体行动者有限理性的共同预期而产生的柔性干预措施，并且网络新媒介的应用都使这些公共参与变得更为便利，然而不同的是，"助推"倾向于接受不可避免的有限理性并试图与之合作，而"慎思"则倾向于以培养公共政治参与中个体的理性能力来挑战有限理性，从这一立场的分歧出发，桑斯坦梳理了"助推"与"慎思"策略的不同侧重点及其优劣之处。

　　首先，对人类行为的基本看法上，"助推"策略假设个体的偏好和决策方式是相对固定的。因此，改变或干预个体行动者的政治参与就需要政府对选择框架如何能够满足个体偏好进行引导和提示。在这个过程中，国家和政府担任教育者的职能，而政策制定者担任家长式专家的职能；而"慎思"策略假设个体的偏好在合适条件下是可以被改变的，因此，采用这种策略的政策制定者就要制定特殊的民主制度框架以使公民学习处理新的信息和需求，并通过合理的倾听和争论达到新的反思和判断高度，政府和政策制定者更多担任了提供框架和平台的责任，对公民决策内容的干涉程度较低。进而，在个人参与所需付出的努力上，"助推"策略实施对个人的要求较低，所需成本也较低，也正是其低成本吸引了个体的广泛合作；"慎思"策略实施对个人的要求较高，它需要投资相当大的成本在公民获取信息和与他人辩论的环节，因为这些环节往往在相对正式的特定环境下进行。而就改变发生的机制而言，"助推"策略旨在改善公民收到的信息，以及他们公共参与的机会，从而使他们以不同的方式考虑成本；"慎思"策略则是为了挖掘并赋予通过讨论而发现的集体理性以意义。这又与二者在公民概念上的理解分歧有关，"助推"策略不认为公民是完全自我和可以自主的，因此需要政府的干预措施；"慎思"策略，一般也是协商民主的策略，则认为公民是关于个体行动的概念，而这些个体行动在考虑普遍利益的前提下也可能成为社会变革的力量。最后，在预期的国家行动方面，"助推"

策略认为国家需要得到正确的信息,并提供频繁的低水平激励和成本,以促进公民在公共决策中作出正确的行为。这就需要政策制定者作为专家看到正确的行动方向,并设计对公共决策合适的干预措施以达到目的。这些国家层面的行动可能是温和的,但它也需要大量的思考和调整。"慎思"策略则要求政策制定者有开放的心态,愿意作为公民驱动的调查与决策的组织者而行动,它的行动目标在于帮助公民审议的机构,并对公民集体提出的建议采取后续行动(见表2)。

表 2 "助推"策略与"慎思"策略的对比

	"助推"策略	"慎思"策略
对偏好的观点	固定的	可塑性强的
对公民的观点	认知吝啬者(cognitive misers)、喜欢走捷径、容易犯错、思维会被迷惑	合理的、渴望知识的、有能力进行集体反思
为个体花费的成本	低,但易重复	高,但是间歇性的
分析单位	以个人为中心	以群体为中心
变化过程	在可选择环境中以成本-收益为思考原则	在新的公共决策平台中以价值导向为思考原则
公民概念	促进总和为积极效应的行动的吸引力	强调一般的公共利益
国家的作用	专家、教师和定制化信息的提供者	创造新的制度空间以支持公民主导的调查,对公民作出回应

由此,"助推"策略和"慎思"策略的优劣之处就浮现出来了(见表3)。"助推"的优势是它能够适应个体行动者相对惰性和缺乏认知能力的特性,它往往是低成本的和可持续的,但"助推"策略的劣势是它难以使公民注意和解决对社会变革来说的根本性议题,而是局限于产生温和的结果。公民和政府可能会在"助推"的过程中对社会变化产生虚假的安全感。而"慎思"策略的优势就在于它可以通过大规模且有效的公民政治参与,深入到问题的根源。因此可以促进真正的创新和变革,但它难以成为推动颗粒性的中层社会事务的力量,并且它还要求政策制定者需要对群体的情感动态保持敏感,以避免集体意识走向极端,此外它还需要发起人对公民的后续建议作出有意义的承诺,而这些要求实现起来都有一定的难度。

表 3 "助推"策略和"慎思"策略的优劣之处

	"助推"策略	"慎思"策略
优势	符合决策规律,低成本、可持续可再生、应用范围广泛	能够解决问题的根源,新的思维方式可能带来改革所需的变化
劣势	难以解决根本性的分歧,总体效果不大	耗费时间,容易被操控或失败

综合以上对比分析,就不难看出桑斯坦所提出的"助推"策略的意义了。这种策略在宏观的国家政策上不依赖于强制手段和硬性规定。同时,对于个体行动者,它又能通过潜移默化的激励和引导,推动个体在感知到收获最大利益和行使自由选择权的同时作出政策制定者评估出的最优选择。实际上将公民个体的行动嵌入国家对整体社会结构及其运转的预期,并以决策形式上和个体感知上的民主证了这一政治制度的合法性,实现了个人的自由选择框架和社会整体的合议与共谋。可以说,"助推"策略与前文布洛维所说的霸权主义国家制度逻辑不谋而合,并且在某种程度上是在构建国家机构与个体行动之间的强关系,意在使二者的决策形成一种建立在满足各自需要基础上的集体同意。而就桑斯坦的"助推"议题勾连了前两种经典中层理论中的个体行动嵌入社会结构的逻辑,并指导了这一逻辑在具体的民主政治参与中的落实而言,我们也能看到中层理论在行政研究领域具备的丰富指导意义。

四、研究意义及挑战

通过对以上三个经典中层理论研究案例,我们可以对中层理论在媒介社会学领域的未来展望和可能面临的挑战进行讨论。

布洛维在《生产政治》中以劳动过程将劳动者的行动置于群体组织、市场运作和国家政治体制中去考虑的工作具有普适性的,该研究内容也因此对当今社会实践有着丰富的启示和指导意义。事实上,李静君(Ching Kwan Lee)等人通过将阶级、性别和种族等因素引入《生产政治》的框架,也已经揭示了布洛维的劳动过程研究对 20 世纪 70 年代以来社区运动、女权主义运动的指导意义。[1] 总的来说,从研究方法上看来,布洛维启示我们在研究个案时不要忽略研究对象所处公共领域的

---

[1] Friedman, E., & Lee, C. K. (2010). Remaking the world of Chinese labour: A 30-year retrospective. British journal of industrial relations, 48(3), 507–533.

历史情境和政治环境，尤其是需要审视政治和意识形态框架在何种程度上塑造和规范了研究对象，以及我们要如何去考察它。并且当我们研究个案时，我们要警惕将个案样本当作样本总体的典型类别的归纳主义倾向，我们能做的仅仅是在各个特殊案例的扩展研究中探索它们之间，以及它们与社会整体结构之间的相关性；从研究成果的适用性上看来，各个层次的社会运作单元在政治制度的渗透下塑造个体行动者的劳动，这一结论也适用于分析当今的媒介化社会场景，以及在该场景中围绕媒介进行劳动的人机连续体，网络新媒介场景如何重构了人们的劳动过程或者说生产关系？国家机构和生产机构又如何通过网络新媒介引导和干预人们的行动？当我们研究网络平台下的生产游戏的时候，我们如何回到工厂和政治国家的维度考察其运作逻辑？这些都是该议题可以拓展研究的方向。

格兰诺维特的"弱关系理论"在相当程度上可以承接《生产政治》研究在媒介社会学领域延伸出来的问题，他的研究一方面嵌入了社会新媒介场景，将媒体使用作为考察个体行动变化的指标，为我们解答网络新媒介场景如何重构人们的关系提供了解释和研究的范式；另一方面，格兰诺维特的研究还有注重关系性的一面，因为在"弱关系理论"中，关系似乎成为推动个体行动者将自己的行动整合进社会结构的关键因素。但与此同时，社会中层的组织、企业和管理层对网络新媒介系统的设计和采用又在相当大的程度上决定了在媒介化场景中更为广泛的潜在关系能否进一步深化。因此，当研究媒介化社会场景中个体的行动时，我们还可以考虑以社会关系作为切入点，同时考察中层的社会组织机构或者宏观的国家机构在其中起到了怎样的作用，其作用又受到了网络新媒介怎样的影响。网络新媒介场景下的社会关系为我们从小群体推及研究大群体提供了基本的线索和框架，不过，需要注意的是，海桑斯韦特、格兰诺维特的应用研究主要针对的是 web1.0 时代的网络社会关系，我们可以沿着他的脉络去考察 web2.0 乃至 web3.0 时代的社会交往结构特征。此外，除了关系的深度，关系类型的分布特征或许也是我们可以考察的一个变化维度。

桑斯坦的《助推》在另一个维度上承接了《生产政治》研究在媒介社会学领域延伸出来的国家机构如何引导和干预人们的行动的问题，他在西方政治制度运行逻辑下，为我们展示了国家如何通过激励和引导等非强制性干预措施，利用并启发公民的有限理性，使其在公共政治参与中被塑造的个人自由选择与政府期望的公共决策相一致。除了反传统经济学的理性人假设、顺应并利用有限理性的立场，以及权力机构制造同意的机制以外，《助推》还能够启发我们理解和应用当下传播学领域崛起的媒介可供性理论。

可供性理论的概念最初来源于心理学，美国生态心理学专家詹姆斯·吉布森（James Gibsom）于 1979 年首次提出该理论并将其界定为"环境对于动物提供行动的可能"，他借此强调环境与生物之间相互的关联性和互惠关系，这些关系能够被生物感知并使它们采取相应行动。而巴里·威尔曼（Barry Wellman）等学者于 2003 年率先将该概念引入了传播学，他们将传播学下的可供性理论描述为"技术/物影响日常生活的'可能性'"，从而凸显了可供性概念的社会属性。其后，2017 年，罗纳尔德·莱斯（Ronald Rice）等人进一步提出了媒介可供性概念，该概念指的是"某一特定背景下行动者感知到的其能够使用媒介展开与其需求或目标有关的行动的潜能，与媒介潜在特性、能力、约束范围的关系"。可以看出，网络新媒介对个体行动者的影响逐渐由物质性的、技术性的，转变为了场景性、社会性的，而本书列举的三项中层理论研究就为我们呈现了宏观或中观的社会组织结构为微观个体的行动提供了怎样的潜能和关系，进一步地，在网络新媒介场景下，媒介起到了重要的助推和勾连作用，并由此重塑了社会结构关系及个体在其中的行动。因此，媒介可供性理论可以是我们在中层理论研究中对技术架构、个体行动和社会结构之间的互动脉络的解释路径。①

总而言之，从形式上来讲，中层理论常用于既有理论框架指导的实证研究中，它通常对人们的实践有较强的指导意义，能够为媒介社会学的行政研究和批判研究提供直接理论资源。从内容上来讲，以助推理论为代表的中层理论指导的研究通常会预设人是有限理性的甚至是非理性的，因此有必要研究是何种关系性因素推动个体将其行动嵌入到了网络新媒介场景的社会整体结构当中。国家权力机关和社会组织又如何借人们对这种整体结构的同意和融入塑造了人们的感知、情感和行为，这种研究视角将有助于我们在观察媒介现象时对其所处的整体社会结构进行纵深研究。

不过，正如前文所述，中层理论也有其可能面临的挑战。首先，在宏大理论与经验研究之间维持中层的平衡是一项困难的工作。一些媒介社会学研究可能将自

---

① 孙凝翔、韩松：《"可供性"：译名之辩与范式/概念之变》，《国际新闻界》2020 年第 9 期，第 122－141 页。

身局限于理论构想,但这样的研究并不具备实践意义。还有一些研究过于倚重量化研究方法,将理论框架当作了提升研究地位的头衔,但这可能导致研究缺乏体系,这些都是我们从事相关研究需要避免的地方。其次,由于纵深性的特点,中层理论可能在研究某一现象时缺乏对其历时变化的考虑,这就需要研究者为此付出额外的努力。但无论如何,中层理论框架都能为媒介社会学的研究提供直接的理论启发。

导读文献:

Haythornthwaite, C. (2002). Strong, weak, and latent ties and the impact of new media. The information society, 18(5), 385 - 401.

John, P., Cotterill, S., Richardson, L., Moseley, A., Smith, G., Stoker, G., ... & Nomura, H. (2013). Nudge, nudge, think, think: Experimenting with ways to change civic behaviour. A&C Black.

Burawoy, M. (1990). The politics of production. London: Verso.

建议阅读文献:

迈克尔·布若威:《制造同意:垄断资本主义劳动过程的变迁》,李容容译,北京:商务印书馆,2008 年。

理查德·塞勒/卡斯·桑斯坦:《助推》,刘宁译,北京:中信出版社,2009 年。

Coulson, J. (2009). The strength of weak ties in online social networks. University of Missouri-Columbia.

思考:

"中层理论"如何嵌入具体的研究中?

第五章

媒介社会学专题介绍

一、作为媒介与政治体制研究基石的《报刊的四种理论》

媒介(传播)与社会的关系是芝加哥学派传播研究的重点。就媒介与社会互动关系的研究来说,媒介与社会政治体制的关系无疑是其中最核心的部分。20 世纪复杂的国际政治格局演变、不同的社会政治体制下个体行动和政府政策演变为政治学研究提供了丰富素材。与此同时,大众传播的发展使得个体充分暴露在媒介环境中,媒介成为人们生产生活开展的重要影响因素。政治体制作为社会结构的一个重要表征,在各类政治体制环境下,媒介传播的组织与运作、大众的观念与行为与政治体制的关联性和反身性构成我们理解媒介体制与政治体制关系的重要内容。对不同政治体制下媒介运作方式的研究,以及对媒介规范性问题的讨论,①构成媒介社会学议题研究的第一内容。

在媒介与政治体制关系讨论中,《报刊的四种理论》(*Four Theories of the Press*)是早期、最具有代表性的理论成果。《报刊的四种理论》于 20 世纪 50 年代由美国伊利诺伊大学出版社出版,由弗雷德·西伯特(Fred S. Siebert)、西奥多·彼得森(Theodore Peterson)和威尔伯·施拉姆(Wilbur Schramm)三人合作完成,该书通过比较新闻学方法讨论了媒介与政治体制间的关系,②成为媒介社会学就该议题研究讨论的基石。书中提到了四种理论——集权主义理论、自由主义理论、社会责任理论、苏联共产主义理论。

集权主义起源于 16 世纪的英国,出现在封建专制主义的政治体制下。在印刷术为报刊提供技术支持后,为控制反对封建专制统治的宣传品发行,政府发布针对传播媒介的制度与法案。君主拥有绝对权力的传统要求巩固精英阶层对于大众的统治,限制个人在信息传播中的权利,媒介成为当权政府和国家的统治工具。随着资产阶级的发展,与集权主义对立的自由主义思潮兴起。17、18 世纪西方资产阶

---

① 邵培仁,展宁:《探索文明的进路——西方媒介社会学的历史、现状与趋势》,《广州大学学报(社会科学版)》2013 年第 5 期,第 57‑71 页。

② 威尔伯·施拉姆等:《报刊的四种理论》,中国人民大学新闻系译,北京:新华出版社,1980 年。

级革命时期,新兴资产阶级要求在政治上平等民主、经济上自由的同时,还要求言论自由与出版自由,确立资产阶级在思想上的优势位置。约翰·弥尔顿(John Milton)、约翰·洛克(John Locke)、约翰·密尔(John Mill)等自由主义倡导者强调言论、出版自由是与生俱来的权利,认为社会应该施予公民权利,政府应该保证公民自由,①并抨击了出版审查制度的不合理性。② 在他们的影响下,报刊自由主义理论认为任何人应当有出版自由和批评政府的权利,报刊有传播真相、告知、娱乐、销售等功能,政府不应干涉报刊内容。自由主义理论下报刊蓬勃发展,但也由此逐渐出现了媒体被垄断、以逐利标准选择内容等问题,媒体的营利目的影响信息传播的弊端逐渐显现,促成了社会责任理论的产生。社会责任理论来源于新闻界从业人员的反思,强调大众传播的公众性,认为新闻报道和信息传播应遵循真实客观的专业标准,媒体应当受到法律、制度约束与受众监督。该理论可视为对自由主义理论的修正。苏联成立后,在与西方资本主义有巨大不同的社会体制下形成了有独特发展方式的新闻出版业,该体制下媒介的作用被总结为苏联共产主义理论。该理论认为社会主义国家的媒介受到国家控制,不允许私有,需要为巩固国家制度服务,媒体服务于国家、人民,按照政党宗旨发挥传播、动员、教育等功能,媒体可以批评政党策略,但不能否定宗旨,体现了苏联相对于西方资本主义国家不同的媒介制度。

报刊的四种理论首先通过比较的方式对不同政治体制下媒体的规范进行归纳,虽然被认为受到时代背景制约,在对待不同政体时掺杂冷战视角,但其对政治与媒介关系的阐述,以及媒介规范的提出具有深远意义。随着国际政治格局演变和西方政治体制演变,出现了一批研究不同政治体制国家与其媒介体制间关系新特点的学者,如丹尼尔·哈林(Daniel Hallin)与保罗·曼奇尼(Paolo Mancini)。他们将西方政治体制与媒介关系总结为传媒受政党利益影响较大的地中海模式、自由化市场化程度高的自由模式及专业化程度高、媒介政党利益影响较大的北欧模式,对不同模式下媒介市场发展、政治平行性、专业主义、国家干预等特点进行对比梳理,提出不同体制下的媒介规范理论,③丰富了媒介与政治体制研究的规范化

---

① 姜华:《从良心自由到出版自由——西方近代早期新闻出版自由理念的形成及演变》,《新闻与传播研究》2013 年第 8 期,第 92 - 104 + 128 页。

② 聂卉:《论西方言论出版自由思想的发展——以弥尔顿、詹姆斯·密尔和约翰·密尔的出版言论为例》,《新闻爱好者》2016 年第 7 期,第 40 - 43 页。

③ Graber, D. A. (2006). Comparing Media Systems: Three Models of Media and Politics-Daniel C. Hallin and Paolo Mancini. 27(6), pp.935 - 936.

策略和方法。

政治体制随时代发展不断演变,对于媒介的影响和规范要求也逐渐变化,而媒介对其的反身性作用也越来越呈现多元化的趋势,两相演变共同促成了媒介与政治体制议题下研究成果的不断丰富。

二、媒介、体制与政治当前研究现状

媒介与政治体制是国外媒介社会学研究的重要议题,在 Scopus 数据库中以 media 和 politics system 为关键词搜索,筛选出 1979 年至 2022 年间与主题相关性强的 227 篇文献,通过可视化文献分析工具 bibliometrix 进行分析结果见图 3。

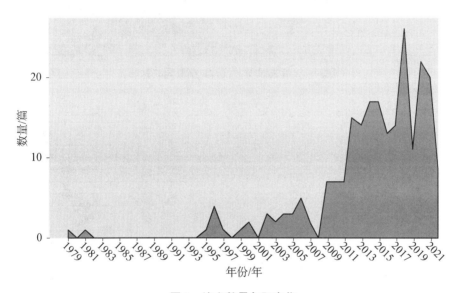

图 3　论文数量年际变化

对媒介与政治体制的研究始于 20 世纪 50 年代,1995 年后研究数量上升,到 2010 年后有大幅增加,成为热门议题。通过对图 4、图 5 结果分析:现有研究在讨论媒体系统与政治体制关系时,多采用内容分析、比较分析的方法,政治传播、媒介化、媒体角色、大众媒体、民主是研究热点。选举是最受研究者关注的政治活动,在各国研究媒体与选举间的互动,是对媒介与政治体制关系的具体反映,政党与媒体的关系被广泛讨论,美国、意大利、欧洲的政治体制是热门研究对象。在社交媒体蓬勃发展的背景下,学界关注对象从新闻出版业、大众媒体向对社交媒体、数字化媒体转向，同时社交媒体在政治体制结构中的位置以及社交媒体对政治体制的反身性作用是近几年学界关注的焦点。

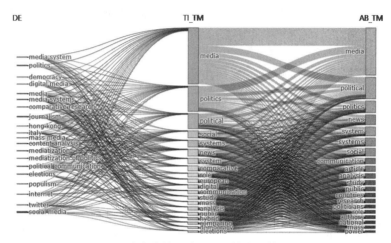

图 4　作者关键词-标题词-摘要词关系图

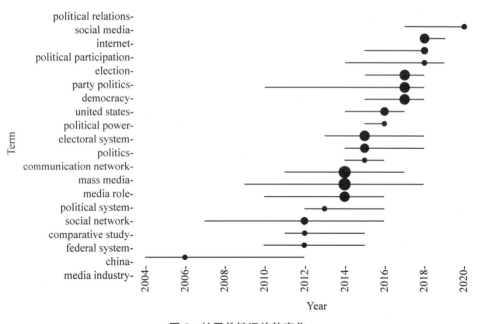

图 5　扩展关键词趋势变化

从研究方法上，可以看到《报刊的四种理论》中应用的比较研究方法对后续研究产生了长期影响。比较方法有助于发现不同政治体制中媒体作用的共性，如有学者比较了英国、德国、意大利的案例，发现不同国家间政治制度与媒介系统有不同程度联系，这种自然联系不会完全消失；[①]也有学者关注西方之外，南美洲、亚洲、非洲部分国家的媒体系统与政治演变进程。[②] 学者们广泛采用文本分析方法，通过媒体文本材料反映媒体立场、关注点等。文本分析还为定性材料量化分析提供了可能，可以将媒体文本中反映政治体制的信息通过统计手段加以分析，以检视政治体制与媒体间的关系。如有学者通过文本分析和相关分析、格兰杰因果检验展示了印度报纸报道与政党竞选信息的相关与因果关系。[③]

　　在研究内容上，民主是媒体与政治体制关系讨论中高频出现的话题。因与广大公众关联，大众传播成为研究热点，大众媒体既有促进社会文化交流的作用，[④]也有作为社会变革驱动力的逻辑力量。[⑤] 作为与民众沟通的窗口，大众传媒作为政治家目的实现手段的特性也受到多位学者关注，[⑥]这体现了媒体作为重要政治手段的作用。政治的媒介化被许多学者从理论基础、理论框架[⑦]、原因[⑧]、影响等多维角度，[⑨]结合不同国家的实际案例[⑩]进行了广泛探讨，成为分析媒体与政治

① Ciaglia, A. (2013). Politics in the media and the media in politics: A comparative study of the relationship between the media and political systems in three European countries. European Journal of Communication, 28(5), 541-555.

② Hallin, D. C., & Mancini, P. (Eds.). (2012). Comparing media systems beyond the Western world. Cambridge University Press.

③ B Baumann, H. C., Zheng, P., & McCombs, M. (2018). First and second-level agenda-setting in the 2014 Indian general election: a time-series analysis of party-media relation. Asian Journal of Communication, 28(2), 205-226.

④ Savinova, O. N. (2015). The Role of Mass Media in Strangthening Intercultural Dialogue and Accord in Society. Asian Social Science, 11(3), 262.

⑤ Michael, M., Thieroff, M., & Strenger, S. (2014). Mass Media Logic and The Mediatization of Politics. Journal of Journalism Studies, 15(3), 271-288.

⑥ Oniszczuk, Z, (2019) Theoretical and practical aspects of relations between elites in the mass media and politics, Poland: The Elites of the Media versus the Elites of Politics in Poland, pp.13-24.

⑦ Peruško, Z. (2019). Mediatization and Social Change: A Contribution to Studying the Mediatization of Politics. Politička misao: časopis za politologiju, 56(1), 163-187.

⑧ Asp, K. (2014). 15 Mediatization: rethinking the question of media power. Mediatization of communication, 21, 349-374.

⑨ Jacuński, M., Brodzińska-Mirowska, B., Paczeniak, A., & Wincawska, M. (2019). On the Media's role and dichotomic perception in mediatized political communication. Empirical study of political party elites in Poland, Romanian Journal of Political Science, 19(1), 4-32.

⑩ Splendore, S., & Rega, R. (2017). The mediatization of politics in the hybrid media system: The case of Italian political journalism. Northern Lights: Film & Media Studies Yearbook, 15(1), 111-129.

体制关系的重要窗口。

社交媒体的发展改变了信息传播的方式,对媒介体系造成巨大影响。社交媒体成为新的公共空间,促进了民主的生产与谈判,①技术为政治运动提供了新阵地;②社交媒体同时成为新的政治宣传窗口,③在选举等事件中发挥作用。社交媒体与政治关联的研究,丰富更新了媒体与政治体制的相关讨论,是媒介、技术与社会研究在特定议题中的时代性反映。

三、代表文本解读

(一) 文本选择与概要

本议题的重要文本导读,选取了詹姆斯·库兰(James Curran)的《媒体系统、公共知识和民主》,④乔纳森·贝克尔(Jonathan Becker)的《来自俄罗斯的教训——新威权主义媒体体制》⑤和罗伯特·麦克切斯尼的《全球媒体、新自由主义和帝国主义》⑥三篇文章,阐述不同政治体制及全球化背景下媒介与政治体制的关系。

《全球媒体、新自由主义和帝国主义》阐述了在全球化、技术革命和民主化背景下对于媒介系统全球寡头垄断的趋势和对西方国家在全球范围内推广新自由主义的助力,反思了新兴的全球媒体系统对民主、平等和第三世界国家的负面影响,证实新自由主义同时作为经济理论与政治理论的角色,及媒体受政治结构塑造和对政治宣传的作用。另外两篇文章研究了不同国家媒介体系对政治的反身性。《媒

---

① Woon, C. Y. (2018). Internet spaces and the (re) making of democratic politics: The case of Singapore's 2011 General Election. GeoJournal, 83(5),1133 - 1150.

② Pond, P., & Lewis, J. (2019). Riots and Twitter: connective politics, social media and framing discourses in the digital public sphere. Information, Communication & Society, 22 (2),213 - 231.

③ Bruns, A., & Moon, B. (2018). Social media in Australian Federal elections: comparing the 2013 and 2016 campaigns. Journalism & Mass Communication Quarterly, 95(2),425 - 448.

④ Curran, J., Iyengar, S., Brink Lund, A., & Salovaara-Moring, I. (2009). Media system, public knowledge and democracy: A comparative study. European journal of communication, 24(1),5 - 26.

⑤ Becker, J. (2004). Lessons from Russia: A neo-authoritarian media system. European journal of communication, 19(2),139 - 163.

⑥ McChesney, R. W. (2001). Global media, neoliberalism, and imperialism. Monthly Review, 52(10),1 - 19.

体系统、公共知识和民主》写于 2009 年,作者通过内容分析与问卷调查的研究方法,分析了丹麦和芬兰、英国、美国三类西方国家中典型媒体模式下新闻的分发特征,以及对不同类群公众在新闻消费和政治参与能力方面的影响。《来自俄罗斯的教训——新威权主义媒体体制》通过与传统威权主义、民主体制下媒介系统的对比,阐述了普京时代俄罗斯媒体的特点,比较了普京时代俄罗斯媒体体系相对苏联前期和苏联后期俄罗斯前期的差别,总结了国家、行政机构对媒介系统独立性的影响。

(二) 政治体制对媒介系统的影响

从 20 世纪中后期到 21 世纪初,全球化是世界政治格局演变的主线,西方资本主义国家在全球化趋势下进一步发展,在世界范围内逐步确立从经济领域、政治领域到文化领域的优势,主张减少政府干预,通过市场调节解决社会问题为最佳手段的新自由主义在全球盛行,西方国家媒体的市场化程度逐渐提高,在美国、英国等国家形成了具有竞争力的商业媒体企业。在全球化进程加速的同时,信息技术的发展为媒体和通信市场全球化提供了技术基础,形成了大型跨国商业媒体公司,对全球媒体体系发展产生巨大影响。

1. 全球媒体发展特征及结果:以自由市场为名的全球挺进

20 世纪 90 年代后期,全球商业媒体市场开始出现。在国内市场面临增长压力的商业媒体公司选择在海外市场谋求进一步扩张,以美国公司为代表的一批大型媒体公司成为全球媒体市场的主导,将全球化作为自身重要定位。通信技术的变革为全球媒体市场构建提供支持,资本主义对利益的追求驱使企业扩大规模并要求放松对媒体商业化的政策阻碍。在美国、英国等国家,对媒体商业利用和集中所有权的管制得到放松,在国际市场上国际性贸易协定为跨国媒体公司在世界范围内发展提供帮助。在资本的逐利本性下,为了确保自身竞争力,跨国媒体公司发生了快速的趋同和整合,行业集中度飞速提升。少数一线、二线跨国媒体公司控制了大部分电视网络、音乐市场、卫星广播、图书与商业杂志出版市场,实现规模化的竞争优势。

新自由主义为全球媒体市场的形成打通了障碍,全球媒体市场也成为新自由主义全球资本主义发展的传输带。全球商业媒体系统为商品广告的全球传播提供了可能,为帮助商品进入全球市场,全球广告在 20 世纪 90 年代的十年中增速为 GDP 增速的两倍多,体现了全球媒体、广告业整合与商品全球化的关联性。

媒体全球化发展过程中也受到过阻碍。部分国家出于本国文化保护目的反对媒体公司跨国扩张,挪威、西班牙、墨西哥、韩国等国家出台政府补贴保持其本土电影制造业的活力,部分国家在国际会议中建议将文化排除在全球贸易协定之外。欧盟迫于民众压力提出过制约电视广告的法律。但以上行为被各国新自由主义支持者认为会损害消费者利益,没有改变全球媒体市场格局。

2. 全球媒体下的民主困境

新自由主义倡导民主,认为通过全球化可以削弱国家对媒体的控制,但在实际发展过程中,高度集中的跨国媒体集团降低了民主水平。媒体系统对民主的支持受到市场竞争和新闻专业性两个因素的保护。寡头跨国企业间竞争压力减小,不利于民主媒体的产生。跨国媒体集团的逐利目标与媒体提供公共服务的目标相冲突,新闻专业性被挤压。为获得更大商业利润,媒体内容以受众偏好为导向,如对商业阶层推送的内容隐含适合该阶层需求的消费主义、个人主义倾向,公众价值观、市民活动被边缘化;对大众推送的内容以轻娱乐、软新闻为主,转移公众注意力。媒体集团在损害民主的同时,促成社会政治参与意愿的降低。

从全球角度,全球媒体行业由西方新闻机构主导,且在实际上受到西方领先的军事、政治实力的支持。西方对新闻和文化的统治不利于第三世界国家摆脱殖民地位,跨国媒体公司的形成进一步巩固了西方的文化地位,也削减了世界文化的多样性。跨国媒体公司将不同地区受到欢迎的文化产品制作成商品,进一步扩大了领先地位。西方国家的军事实力支撑西方资本的全球投资,通过媒体全球化——新自由主义全球化的方式实际上巩固了帝国主义对全球的侵袭。

(三) 不同媒介系统对政治的反身性作用

从 20 世纪 50 年代《报刊的四种理论》发表到 21 世纪初,世界政治格局已经发生巨变,苏联解体后俄罗斯的出现,以及西方资本主义国家内部政治体制的演变,为研究媒介与政治体制提供了新素材。所选文献《媒体系统、公共知识和民主》中共涉及四类国家政治体制下的媒介体制,分别为芬兰、丹麦的公共服务体制,英国的"双重"模式,美国的市场模式,以及俄罗斯的新威权主义模式。下面对四种模式进行简要介绍。

1. 公共服务体制

公共服务模式是一种传统的媒介体系,源于媒体信息传播的责任。公共服务模式认为公民需要充分了解公共事务,获得进行投票、监督政府、参与政治生活的能力。电视媒体系统需要使公民接触到公共事务节目,国家通过公共法和补贴来确保公共广播电视公司对新闻观众的覆盖。在媒介分发内容选择上,公共服务体制的媒体内容中国际硬新闻占比高,国内外软新闻的比例远低于市场化的媒介体系。对于受监管较少的报业,公共服务体制下芬兰、丹麦报纸为免费发行,同样更注重国际新闻与硬新闻。

根据对受众新闻掌握情况的问卷调查,公共服务体系下受众媒体曝光率更高,不同教育和收入水平、不同性别间的硬新闻知识差距小。公共服务体系促进了更高的新闻消费水平和更平等的公民模式的形成,为公民参与民主政治生活提供了知识基础。

2. "双重"模式

"双重"模式是将放松管制的商业电视与发达的公共广播服务系统相结合的媒介体系,如英国体系。英国 BBC 是拥有大量观众和世界顶级资源的公共广播公司。同时,英国放松对商业电视的管制,减轻商业频道公共义务的要求。在报纸上,也采取商业化的模式,主流的十家全国性日报分化为两类内容和不同营利模式,即面向小众富裕人群提供公共事务信息并依赖广告营收,和面向大众市场提供娱乐新闻并依赖发行收入。在电视媒体的内容分发上,"双重"模式媒体中国际软新闻及与地缘政治关联紧密的内容较多,对国内软新闻的配额也远高于公共服务体制。

从受众反馈来看,"双重"模式下英国受众对国际软新闻了解程度高,对国内外公共事务的了解程度介于市场模式与公共服务模式受众之间。不同社会群体间媒体接触与新闻知识水平的差距,双重模式下受众表现差异较市场模式小。出于信息传播和社会包容的考虑,英国的公共广播公司在让弱势群体观看新闻方面相对成功,在一定程度上保证了受众进行有效政治参与的能力。

3. 市场模式

减小国家干预,将媒介体系运行交给市场调节,是美国采用的媒介运作体系。美国媒体被认为本质上是满足受众消费者的商业机构,受到市场竞争压力影响,美国新闻机构更多转向软新闻,提高收看率;受预算限制,国外新闻报道部门大量关闭,减少了国际新闻内容的播报与持续关注,国内新闻成为主要内容,少量国外新闻中大部分与地缘政治相关。电视与互联网冲击下,美国报业发展空间受到挤压,报纸发行量逐年下降,但在以《纽约时报》为代表的精英报纸影响下,美国报纸比欧洲报纸更加关注硬新闻。

受众调查结果显示,市场模式下美国受众对于国际公共事务缺乏了解,对硬新闻报道的掌握水平也很低,对国际软新闻的关注同样低于欧洲国家,仅对国内软新闻了解程度较高。美国观众对全国电视新闻的收看率较欧洲国家低,有报纸阅读习惯的受众远少于欧洲,市场模式和文化传统影响下,美国受众的新闻消费较少,同时弱势群体的新闻知识水平特别差,市场模式下媒体无法起到缩小群体间知识差距的作用,削弱了部分群体的政治参与能力。

4. 新威权主义模式

俄罗斯被认为是新威权主义的媒介系统的代表。从苏联时期的极权主义到戈尔巴乔夫后期和叶利钦时期的自由主义的发展趋势,俄罗斯的媒体系统经历了一系列变革,变成新威权主义模式。在此模式下,国家保留对大量媒体的所有权,国有媒体具有有限自治权;私有媒体可以存在,但受到国家政策的控制;薄弱的法律体系给媒体提供的保护十分乏力,政府可以对媒体机构采取灵活的监管惩罚措施。在新闻内容上,媒体内容表现出一定的多样性,国家只对部分关键问题施加影响,但对国家有异议的报道数量较少;在报道与选举相关的内容时,媒体的作用明显。

四、未来展望

媒介体系与政治体制间表现出紧密的塑造与影响关系,本书通过 21 世纪前十年的三篇文章,介绍了 20 世纪中后期的全球化对全球媒介市场形成与变化的影响,通过对 21 世纪前十年中西方多个国家不同特征媒体系统对民主、政治参与的影响,反映媒介体系对政治体制的反身性。在媒介系统与政治体制的关联中,信息技术进步起到了基础支撑作用,改变了媒体信息分发的方式,影响媒体对受众的信息传递。

2020 年后的当下,国际政治形势发生新变化,逆全球化趋势在疫情爆发后进一步加速,对全球贸易市场产生深远影响。经济增速减缓带来的国际关系恶化、地缘局部冲突加剧了政治动荡,疫情、经济、战争影响下的大宗商品价格波动导致各国政治经济状况陷入不同程度的波动状况。全球媒体市场同样在经受考验,经济困难及部分国家疫情防控带来文化消费降低,如疫情下电影产业受到打击,压缩媒体营利空间,对跨国媒体企业和各国媒体产业发展增加变数。逆全球化趋势下各国政治摩擦增加,国际形势日趋紧张,国家形象塑造与宣传成为各国媒体对外工作的重点,提升国民对本国的认同与支持成为对内工作的重心。跨国媒体在国际事务中的宣传对各国对内对外媒体工作构成干扰,可能出现对跨国媒体企业的限制性政策,新自由主义影响下的文化宽松政策存在发生改变的可能。

各国、全球性的媒体对逆全球化格局的影响同样值得关注,媒体独立、自由发展的价值正在被重新评估。在政府主导媒体的国家,媒体在提升国民认同感和政治凝聚力的同时,也存在意见市场信息沟通不充分的问题;而市场模式下的国家媒介体制如果延续侧重报道国内软新闻的做法,将不利于提升民众应对发展挑战的能力,可能造成社会矛盾和政治诉求分化。在政治与经济不确定性增强的环境中,媒体与政治的关系值得持续关注。

技术革新对媒介系统的影响是另外一个值得关注的方向。区块链、元宇宙等信息技术的新进展,推动 web2.0 时代向 web3.0 时代位移,从平台所有、平台控制到用户所有、用户控制,新技术的出现将改变信息产生、分发机制,可能形成相较社交媒体时代更加去中心化的公共讨论空间,对大型媒体企业集中化、垂直整合的发展模式形成冲击,形成具有新特征和发展规律的市场模式。去中心化、用户所有的新技术对监管提出挑战,对公共服务模式及国家对媒体的控制产生冲击,政治体制对媒体体系的塑造方式将发生改变。当个体信息分发的影响力上升,意见领袖模式影响下公众对公共事务的认知模式发生转变,对于政治生活的参与方式也将发生变化。当技术可以提供更大信息量的传递,人们获取的信息形式结合机器能力可能从文字、音视频转向全息影像、虚拟现实空间,受众与信息分发的互动方式发生变革,受众与媒体系统、媒体系统与政治体制的讨论将在更大的变化背景下被赋予更具创新性的研究价值。

本节导读文献:

Curran, J., Iyengar, S., Brink Lund, A., & Salovaara-Moring, I. (2009). Media system, public knowledge and democracy: A comparative study. European journal of communication, 24(1),5 - 26.

McChesney, R. W. (2001). Global media, neoliberalism, and imperialism. Monthly Review, 52(10),1 - 19.

Becker, J. (2004). Lessons from Russia: A neo-authoritarian media system. European journal of communication, 19(2),139 - 163.

建议阅读：

丹尼尔·哈林、保罗·曼奇尼：《比较媒介体制：媒介与政治的三种模式》，陈娟译，北京：中国人民大学出版社，2012 年。

Reese, S. D. , & Shoemaker, P. J. (2016). A media sociology for the networked public sphere: The hierarchy of influences model. Mass Communication and Society, 19(4),389 – 410.

思考：

在当前媒介环境和国际情势下，如何破题国家、媒介与体制的关系研究？

随着交互性数字技术的日益普及,大众媒体与受众之间的关系已经经历了几轮变革,每一个个体使用媒介的方式都发生了天翻地覆的变化,从单一被动的"接受者"转变为了"参与者""生产者",原本的媒介工业的概念发生了相应的位移,同时,对"受众"这一概念的迁移也引发了众多讨论。

法兰克福学派是最先将"工业"这一提法引入媒体及大众文化领域的学派,1947年,霍克海默和阿多诺开始在《启蒙辩证法》一书中使用"文化工业"一词批判美国的大众文化,他们认为在文化工业背景下生产出的种种工业品都是"流水线式"的,这些标准化的文化作品被生产出来,被受众所消费,其中所有看似和艺术相关联的文化工业其实都是资本力量在背后运作与操控的结果。同时,霍克海默和阿多诺还认为,受众对文化的需求和索取也是资本力量刻意"构建"出的假象,而并非真正从大众之中生产出来,因此后来他们再次重申了他们论述之中"文化工业"这一概念与"大众文化"的区别之处,认为"文化工业别有用心地自上而下地整合它的消费者"。[①] 因此,他们认为在广播电视等大众媒体盛行的20世纪初,现代艺术和文化变得庸俗化和雷同化,艺术家和大众均被整合到文化工业的生产体系中,沦为"机器的附属物"。[②] 霍克海默和阿多诺提及的"机器"是他们所强烈批判的资本力量,因此他们描述的"文化工业"即一种当时普遍存在的资本霸权,随着传媒行业集团之间不断地更迭和发展,这种拥有话语权权威力量的媒体集团仍然存在,这些利益相关的集团构成了在当今社会上拥有"霸权"的媒介工业。

20世纪70年代后,受众的主观能动性被越来越多的学者所看见,逐渐摆脱了"被动消极"的形象烙印。霍尔在对电视内容进行分析后,指出受众拥有自主的解读文本能力,他们会根据自己先前的文化背景去解读大众媒体传递出的信息,[③]此后伯明翰学派的学者们均对受众的"主体性"和"积极性"加以强调,开启了对"积极

---

① 西奥多·阿多诺:《文化工业再思考》,高丙中译,转引自当代文化研究网,2008年。
② 曾一果:《批判理论、文化工业与媒体发展——从法兰克福学派到今日批判理论》,《新闻与传播研究》2016年第1期,第26-40+126页。
③ 章辉:《伯明翰学派与媒介文化研究》,郑州:河南大学出版社,2016年,第16页。

受众"这一概念的研究。随着数字技术的发展,受众被赋予了前所未有的权力,普通的受众也拥有了对媒介工业生产出的作品进行解构和回击的能力,因此用户对内容的更改和生产变得极其普遍,"受众"的提法也被用其他更加准确的词所取代,"produser""user-creator"等概念逐渐被学界所采用。

不难看出,从最初大众媒体的盛行,到如今数字技术普及,媒介工业与受众之间的关系始终处在一种紧张的"推拉"状态下,并且媒介工业在宏观结构上对个体的制约,以及个体的主观能动性又相互统一在了社会有机体中。在当今全面迎来数字技术高速发展的时代背景之下,媒介工业与受众之间的博弈战场是否会发生迁移,两者的地位和角色是否会发生颠覆性的改变?

一、结构化理论视阈下的媒介工业与受众

综观媒介工业与受众的相互"羁绊史",无论是媒介工业以大众文化等形式对受众潜移默化的渗透,还是受众在数字技术辅动下能动性提升后对媒介工业的反作用,这种相互之间的影响都是"镶嵌"在社会结构的整体运作之中的。从社会学视角来看,个体与社会的关系也是社会学理论的研究根基所在,从社会学的发展史来看,对个体与社会关系的观点主要分为个体主义和整体主义两个派别,①这两个派别的观点几乎是对立的,且均缺乏对个体行动与社会结构影响的整体认知,而吉登斯的结构化理论则是一种将两者统一化的理论形构。

从媒介社会学的视角出发,结构化理论可以有机地将媒介工业与受众之间的相互作用统一起来。吉登斯在结构化理论中提出了"系统整合"和"社会整合"两个概念,认为"社会整合"是个人与微观社会的统一,并通过行动者意识结构的不同维度得以实现。行动者的意识结构可以划分为无意识动机、实践意识和话语意识三个维度。② 无意识动机是一个行动者在社会中为了满足自身基础的生存需求的体现,而实践意识是行动者在实现自身目的过程中的具体行为实践,话语意识则是行动者在社会结构中自发地对自身进行反思并通过话语进行表达的过程。在这种分类方式下,无意识动机体现了社会结构对行动者的制约,而实践和话语意识则体现了个体行动者的能动性,进而实现了"社会整合"。因此,在探讨媒介工业与受众的

---

① 张云鹏:《试论吉登斯结构化理论》,《社会科学战线》2005 年第 4 期,第 274 - 277 页。
② 乔丽英:《吉登斯结构化理论研究——对结构化理论中"行动者"概念的深度审视》,《天府新论》2007 年第 5 期,第 97 - 101 页。

相互博弈过程时,借助"行动者—结构"的视角可以更清晰地洞见媒介工业与受众如何在社会环境中有机统一起来。

从宏观结构来看,媒介工业可以成为影响国家机器运作的重要因素,在颜色革命爆发的独联体国家中,几乎都以总统或其他政治选举为矛盾点,在最为关键的时间节点,媒体往往都在自己背后的立场指引之下,起到了煽动、维护或说服的作用。此外,很多国家的当权者都会严格控制媒体以巩固政权,①国家的媒体也可以在很大程度上影响当权者的选举,因此政府与媒体的关系也呈现出相互依附和牵制的局面。中观层面,媒介工业的最主要外化形式,即传媒集团的存在,在很大程度上制约了内容的生产方式、路径和文本。数字时代,更加海量的信息以更多样的形式呈现在了受众面前,他们的选择范围得到了指数级的扩张,但也让选择本身变得更加艰难,受众因信息过载而变得无所适从,算法等技术形式的出现不仅没有缓释这一情形,而且从另一个层面加剧了这一状况。算法背后的操纵逻辑仍由媒介工业背后相互勾连的传媒集团所控制,他们从根本上为受众选择好了所要传递的信息,引导受众走进看似更加自由的"牢笼",因此从媒介工业的视角,结构对个体行动者的制约作用无法忽视。在微观行动者层面,个体受众或个体组成的组织都在依靠数字技术的赋权掌握更多的能动性。从最初与作者之间简单的互动反馈,到对原作品的修改、剪切、再创作、传播等过程,受众已经完全不再是"沙发上的土豆",甚至成为詹金斯口中利用媒介产品自我赋权并进入文化机制内部、对其进行解构和抵抗的"盗猎者"和"游牧民"。②

因此,媒介工业与受众之间既互相牵制、又有机统一于社会之中的关系,与吉登斯的结构二重性相契合。吉登斯在肯定了行动者自身积极能动性的同时,没有过分夸大这种力量,并在与此同时指出了结构对其行动的制约作用,强调了主体作为代理人与社会结构之间的相互建构,③这为理解媒介工业与受众之间的相互建构提供了一个有效的理论解释的范式。

二、数字空间媒介工业与受众研究综述

目前,在数字技术高速发展的背景下,学界关于媒介工业与社会的相关研究主

---

① Svolik, M. W. (2012). The politics of authoritarian rule. Cambridge University Press.
② Smith, A. C. (1999). Textual Poachers: Television Fans & Participatory Culture. Journal of Popular Culture, 32(4), 159.
③ 波林·罗斯诺:《后现代主义与社会科学》,张国清译,上海:上海译文出版社,1998 年,第 86 页。

要集中在以媒体从业者的视角去对受众进行分析、理解，以及相应的营销策略的使用领域，也有部分研究相对宏观地从媒介工业的视角对媒介工业与受众之间的互动关系进行剖析，进而探究受众群体在不同情况下所处的真实境遇。

站在媒介从业者的角度，许多学者将受众定位为一种最为重要的"战略资源"，认为应该充分重视在各个层面上与受众的合作，他们对媒体工作和媒体品牌都有着广泛而深远的意义和影响。在新闻内容生产方面，早期的一些研究倾向于将受众群体作为"雷达"，[1]也就是一种消费者调查工具，[2]也有学者称他们为"公众传感器"。[3] 从这些视角来看，专业的新闻生产者更像是从远处"监视"受众反馈的工作者，也就是对受众进行研究、观察、细分和定位，但不会与之进行对内容会产生重大影响的互动和合作。此外，也有研究表明，许多媒介机构仍然对是否向受众开放一些创作权限犹豫不决。[4] 但近年来的研究大多将受众定位为一种数字化的资源，新闻从业者与受众的合作除了可以更好地了解受众的偏好之外，还有实证研究表明，与受众的共创可以使受众在参与的过程中获得更多的归属感，进而为媒介结构作出更多贡献，[5]在这种共创模式下，原本的新闻记者开始担任观察者、开发者、促进者和策展人的多重角色。[6]

同时，娱乐内容生产的视角和新闻生产较为相似，但更加偏重对利用受众群体进行商业营销，进而产生了"粉丝经济""社群经济"等相关的受众群体策略研究。对于大部分的广告商而言，营销是指以不同的方式增强相应的品牌或服务对消费者的吸引力，其中在社交媒体上的推广和宣传成为所占比重较大的一个板块，而受

[1] Andrejevic, M. (2002). The work of being watched: Interactive media and the exploitation of self-disclosure. Critical studies in media communication, 19(2), 230-248.

[2] Caraway, B. (2011). Audience labor in the new media environment: A Marxian revisiting of the audience commodity. Media, Culture & Society, 33(5), 693-708.

[3] Singer, J.B., Domingo, D., Heinonen, A., Hermida, A., Paulussen, S., Quandt, T., ... & Vujnovic, M. (2011). Participatory journalism: Guarding open gates at online newspapers. John Wiley & Sons.

[4] Domingo, D., Quandt, T., Heinonen, A., Paulussen, S., Singer, J.B., & Vujnovic, M. (2008). Participatory journalism practices in the media and beyond: An international comparative study of initiatives in online newspapers. Journalism practice, 2(3), 326-342.

[5] Moisander, J., Könkkölä, S., & Laine, P.M. (2013). Consumer workers as immaterial labour in the converging media Markets: Three value-creation practices. International Journal of Consumer Studies, 37(2), 222-227.

[6] Malmelin, N., & Villi, M. (2016). Audience community as a strategic resource in media work: Emerging practices. Journalism Practice, 10(5), 589-607.

众在这一环节可以在很大程度上起到协助营销的作用，包括受众在社交媒体平台上进行相应的口碑宣传并将这些与品牌相关的内容整合进他们社交网络的传播当中。① 此外也有学者认为，对于当代媒体公司来说，让受众参与、鼓励、协助他们完成相应内容的传播，要比让受众参与内容的制作更为重要。② 因此，随着对受众在品牌营销环节中的参与认识不断加深，以"粉丝经济"为例的经济模式应运而生，并作为网络经济的一种新形态，催生出了足以改变媒体商业世界的、基于关系的新型营销模式。③

最后，随着受众的重要程度逐渐彰显，对受众更深层次的理解成为各个媒介集团最迫切关注的重心，数字技术的崛起也见证了媒体对受众进行概念化和分类的范式转变，这不是对曾经的大众媒体模式的扩展、改变或者发展，而是一种全新的模式。④ 在数字空间，用户在任何媒体平台上的个人数据都会被监测，同时这种监控不是针对特定的网站或平台，而是被一系列日益"不详"的与"技术—社会"相关的事物所监控，形成一种"连接的文化"，⑤并通过算法将这些用户的数据转化为有价值的信息，成为帮助媒介集团进行决策的工具。而在算法对受众进行越来越详尽的分析背后，虽然大部分受众并不完全清楚这其中的机理，但他们却清楚自己正在被观察，用户正在学习运用"算法想象"，⑥将提供给他们的内容视为他们自己被如何看待的象征，并在某种程度上视为他们自身的算法反映。有学者认为，这个过程塑造了一种循环，"公众自身算法的呈现反过来塑造了公众对自我的意识"。⑦

① Napoli, P. M. (2010). Revisiting 'mass communication' and the 'work' of the audience in the new media environment. Media, culture & society, 32(3), 505 – 516.
② Singer, J. B., Domingo, D., Heinonen, A., Hermida, A., Paulussen, S., Quandt, T., … & Vujnovic, M. (2011). Participatory journalism: Guarding open gates at online newspapers. John Wiley & Sons.
③ 肖芃、高森宇：《社会化网络中"粉丝经济"的营销分析》，《现代传播（中国传媒大学学报）》2015 年第 10 期，第 118 – 121 页。
④ Buzzard, K. (2012). Tracking the audience: The ratings industry from analog to digital. Routledge.
⑤ Van Dijck, J. (2013). The culture of connectivity: A critical history of social media. Oxford University Press.
⑥ Bucher, T. (2017). The algorithmic imaginary: exploring the ordinary affects of Facebook algorithms. Information, communication & society, 20(1), 30 – 44.
⑦ Gillespie, T., Boczkowski, P. J., & Foot, K. A. (Eds.). (2014). Media technologies: Essays on communication, materiality, and society. MIT Press.

三、媒介工业与受众的三重"博弈"

在数字工业的大背景下,媒体与受众的传统关系已经不复存在,互联网技术的持续发展已经深刻地改变了受众对文本的参与方式,原本只能单向接受信息的群体如今拥有了可以参与文本创作的技术支持,也被赋予了超乎往常的力量。媒介工业从最初对受众的忽视,到认识到受众的重要性并试图了解受众,以及到如今的以受众为中心进行内容生产,并且充分地与受众进行共创,受众的地位在经历着根本性的改变,这种改变也使得受众与媒体的力量正在向更为复杂的关系方向迈进,并展开一场看似势均力敌的"博弈"。

(一)"书写"的欲望——媒体与受众对作品掌控的博弈

在早期大众媒体迅速发展的阶段,内容生产者与受众之间始终保持着"作者-文本-受众"这样一种单向传递的关系,"书写"这一责任与权力始终是全权交予作者的,他们独立生产出作品,进而理所应当地享有对作品的所有控制、修改、传播的权力。数字技术的出现看似为打破这一状态提供了契机,它赋予了受众可以与作者共享创作过程的能力,也因此打破了作者对作品单一的掌控。但"书写"始终是作者固有且应有的权力吗? 如果认为数字技术的出现才让受众开始对"书写"产生了欲望,那这种论断是否已经偏向了技术决定论的阵营? 此外,数字技术的出现到底在多大程度上让渡了作者的"书写权",受众是否真的拥有了与作者争夺文本控制权的能力?

媒体与受众对作品掌控的博弈其实在本质上伴随着"互动"这个概念产生的,在印刷、广播、电视等媒介流行的大众媒体时代,"互动"首先在技术层面上难以实现,因此受众处在一种被动接受信息的地位上也不足为奇,但这并不能等同于受众没有"书写",或者说"互动"的欲望。传播学家丹尼斯·麦奎尔(Denis McQuail)曾将"audience"的概念追溯到古希腊时期,希腊圆形剧场的建筑美学可以很好地体现当时的受众与表演者进行互动的特点,这种在场的近距离互动让"audience"的概念更接近于"参与演出的观众"。但在维多利亚时期,舞台的模式已经与古希腊时期有极大不同,观众与表演者之间有着很大的距离,舞台上有光影、道具的配合,将其与观众席彻底分隔开来,因此也不可能存在互动。随着大众媒介技术的发明和普及,观众越发倾向于在私人的空间完成对信息的接受过程,因此这种传递变得更为单向,将"audience"译为受众也体现了其被动接受信息的特点。虽然从历史发展的角度,媒体与受众并没有真正地就"书写权力"的问题进行过正面的博弈,但这至少可以证明早在数字技术产生之前,"互动"在媒体与受众之间就是存在的,受众也曾对最后的作品有过"书写"的历史。

在数字空间,受众可以重新参与"书写"的过程无疑是被技术赋权后的结果,有学者认为互动意味着"通信媒介的能力或者产品可以被用户或受众的行为所改变",同时也意味着"一种需要输入才能有效工作的技术"。① 这种定义将技术当作衡量互动的核心标准,但其实,尽管互动性构成了以计算机为媒介的通信的核心特征,但互动性仍然不是一个技术驱动的概念,也不是完全由技术发展决定的,而是一种"强烈的、基于文化的参与文本创作和转换的愿望,这种愿望实际上被以前的媒体生产和传播技术所剥夺"。② 马克·德里(Mark Dery)曾在其著作《文化反堵》中描述了草根阶级对媒介工业文本控制的抵制,通过黑客攻击、信息战、媒介恶作剧和恐怖艺术等方式表达受众的"书写"欲望,③这种行为是一种对基于"作者—文本—受众"关系的主流人文观念的抵制,而非仅仅是一种技术层面的抵制。

总之,无论基于什么原因和历史背景,受众对"书写"的欲望在数字时代互动可供性不断增强的前提下也达到了顶峰,因为数字技术在最大程度上简化了文本操纵、复制和传播的过程,这是一种对作者身份权威性的挑战,也是一种对传统的信息传递的概念的消解,这让媒介工业体系内的成员感受到了"威胁",但很快媒体就在这种威胁中找到了其博弈的筹码。许多媒体给予受众一些口头上的"互动承诺",通过受众投票决定结果等方式让其感受到自身的"书写"过程,但却掩盖了可以投票的几个选项还是由媒体自身来操控的事实。以近几年关注度非常高的选秀节目为例,最后出道的人选全权交由投票的受众的决定,看似受众已经掌握了"书写"结局的权力,但受众做出投票的过程其实完全依赖于节目组对每一位练习生的呈现,无论是节目中对其正面的刻画、一些看似不经意播放的花絮,抑或是一些巧妙的蒙太奇剪辑手法的运用,都可以轻易地操控受众对选手的判断,直接影响最后的投票结果,这是作者对文本进行书写时的一种特权,这种特权对受众的书写实践

① Green, L. (2002). Communication, technology and society. Sage.
② Cover, R. (2006). Audience inter/active: Interactive media, narrative control and reconceiving audience history. New media & society, 8(1),139–158.
③ Dery, M. (1993). Culture jamming: Hacking, slashing, and sniping in the empire of signs (Vol. 25). Westfield, NJ: Open Media.

造成了根本性的限制和影响。

(二)"粉丝"的诞生——数字劳动与"参与式文化"的博弈

"粉丝"这一概念最早在 20 世纪 90 年代的文化研究学派中出现时,是一个"反抗者"的形象,他们往往对既定的文本采用对抗式解码的方式,展现自己的独特性和主观能动性,但在当今数字空间的语境之下,粉丝群体显然已经成为主流文化不可分割的一部分,粉丝群体不仅在主观上参与了媒体内容生产的各个环节,同时也已经在客观上成为主流媒体方制作文化产品时必要的考量因素。因此,粉丝群体通过内容生产对原始文本进行修改和自我表达的过程在本质上也体现出了对媒介工业霸权压制的抵抗,成为拥有更强大力量的"消费者的集体谈判单位";①但与此同时,媒介工业通过对粉丝生产内容的积极收编,将其纳为自身工业链条的一个组成部分,消解了粉丝群体抵抗性的同时,为自身获取了无偿的"劳动力"。粉丝在成为生产型受众的同时,也成了媒介工业中无薪的数字劳工,但"粉丝"在内容生产的过程中又并非是完全的"被动"和"被剥削"的存在。因此,粉丝在内容生产的过程中被冠以的不断变化的头衔,其实展现了其背后媒介工业与受众之间艰难的博弈历程。

詹金斯曾在其著作《融合文化》一书中阐述过互联网时代各方力量交织融合的现象,其中最为典型的就是作者和受众之间的融合,同时他也详细阐释了"参与式文化"的概念,认为数字技术的发展使得更多人可以更容易地参与到文化作品的再创作过程中,充实现有的文化作品,并由此诞生新的社交群体,这种表述就充分体现了内容制作方和粉丝之间互惠互利的良性关系。② 然而,詹金斯很快就在自己后续的研究中指出,实际上制作方和受众之间的权力差异是在不断扩大的,最终的话语权还是完全掌握在媒体手中,这也显然不是他最初提出"参与式文化"的初衷,粉丝成为媒体盈利的工具,即"数字劳工"。③

"数字劳工"这一概念可溯源至达拉斯·斯迈兹(Dallas Smythe)提出的"受众商品"理论,他认为受众在观看广告并进行消费的过程中,将"受众力"变成了有价

---

① Bird, S.E. (2011). Are we all produsers now? Convergence and media audience practices. *Cultural studies*, 25(4-5),502-516.

② 亨利·詹金斯:《融合文化:新媒体和旧媒体的冲突地带》,杜永明译,北京:商务印书馆,2012 年。

③ 亨利·詹金斯:《文本盗猎者:电视粉丝与参与式文化》,郑熙青译,北京:北京大学出版社,2016 年,第 288-289 页。

商品,因此受众对大众媒介的使用就成了一种"劳动",而在数字空间中,这种"劳动"的内涵也被很大程度地进行了扩充。① 站在媒介工业的角度,和粉丝的合作初衷本就是利益导向的,因此对哪些作品采取鼓励的态度、对哪些作品采取忽视的态度,也是全权站在他们利益相关的立场去决定的。很多粉丝进行的内容创作与原作品导向的价值观和立场一致,因此媒体无疑会鼓励其传播并将其当作一种免费的宣传,进行这类内容创作被称为"肯定式"粉丝行为,即在原作者要求和规定的范围中进行相应的创作。② 而与之相反,那些对原作品进行解构式创作的粉丝则在这个过程中体现出了对作者绝对掌控的逃离与反叛,但这类作品往往会被媒体所忽视,因此无法被收编成为主流文化的一部分。总的来看,媒介工业对粉丝生产和创作的干预和收编都在极大程度上利用了其背后的商业价值,并弱化了粉丝内容生产的颠覆性。

　　然而,将粉丝的内容生产完全描述为"被剥削的"是不准确的。很多制作方已经开始在内容策划之初就预设了粉丝群体的参与,同时粉丝在参与内容生产的过程中所收获的情感层面的满足是无法被这种所谓的经济上的"剥削"所抵消的。很多粉丝其实是在清楚地知情自己的付出正在为制作方带来收益的情况下,依旧主动地选择参与其中,这部分粉丝群体在参与内容创作的过程中,充分享受对原文本的再次创作、情节改写、走向预测,并借此找到了与自己志趣相投的社群,甚至催生出了许多新的亚文化类型。③ 因此,虽然很多的粉丝创作在客观上确实起到了帮助媒体引流、宣传的效果,但对粉丝自身而言也同样是享受和愉悦的,由此带来的这种满足感甚至是不可替代的。此外,虽然媒体平台在权力上占据绝对的优势,但其利用粉丝创作完成商业变现的逻辑终归与以兴趣为导向的粉丝创作逻辑无法契合,粉丝化生产用户的最大生产特征就是"广泛掌握各类文本,自发而熟稔地做互文性联系并以此为乐",④这也契合了詹金斯口中"参与式文化"的本意。在这样

① Smythe, D. W. (1981). On the audience commodity and its work. Media and cultural studies: Keywords, 230, 256.
② 郑熙青:《何谓融合文化工业——粉丝、同人与媒体资本》,《中国图书评论》2021 年第 10 期,第 13 - 24 页。
③ 丁依然:《从"剥削"中突围:数字劳工研究的现状、问题和再陌生化》,《新闻界》2021 年第 5 期,第 68 - 77 页。
④ 卞芸璐:《生产型用户还是被引流的受众?——媒介融合时代电视观众概念革新的反思》,《中国电视》2017 年第 6 期,第 49 - 52 页。

的模式之下,媒介工业想要完美地收编粉丝并创作,恰到好处地把控力度,让粉丝既能长久积极地保持创作热情,又能为自身带来商业价值,绝非易事。综上,媒介工业与粉丝群体之间随着双方不断地收编和消解,仍处在一个相互博弈、妥协与合作的动态平衡之中。

(三)"数字"的权利——媒体与用户对数据权益的博弈

如果说,狭义层面的"剥削"只涉及粉丝群体中的"数字劳动",即那些"积极的受众",他们付出了情感或体力上的劳动却没有获得相应的回报,那在当今的数字空间中,广义上对数字权益的争夺已经扩散到了所有用户的范畴,可以说是一场全民参与的博弈。2020年,中共中央国务院正式将数据列为第五大生产要素,数据作为一种重要的资源,其背后的权益分配问题已经成为当今社会一个矛盾的焦点。这些完全由用户产出的数据资源中都包含了哪些独立或黏合在一起的权益? 由这些数据获得的巨大收益应该在哪些人之间、如何进行分配呢?

对于所有的媒介使用者而言,只要通过某个平台接入了互联网,那该用户的每一次操作,以及该用户本身就都是一组数据,其中包含的隐私和潜在利益等都已经默认赠予给了平台背后的媒介机构,或者说被媒介机构强制索取。其中,不排除一些用户也"效仿"了平台进行商业变现的逻辑,借此来获取属于自己的收益,比如一些专职博主、主播,他们通过在各个媒体平台上的内容产出收获其他用户的关注,进而拥有了属于自己的商业价值。当然,对于这些群体而言,也存在数字权益被平台"剥削"的情况,比如一些平台会收取主播收益的分成等,但这种"剥削"虽然出现在数字空间的语境中,却不是完全独立于其他行业的剥削形式,因此可以并入在传统劳动的语境中对"剥削"的思考和理解之中。总之,对于这部分通过媒体平台获取收益的用户而言,至少在收益问题上,他们拥有相对完整的权益,但这部分用户中有很多被各种机构和媒介集团纳入旗下,抑或是以独立工作室的形式运用媒介机构的营收逻辑获取收益,已经不再是"受众"甚至"用户"的角色,反而更倾向于"作者"或"生产者"。

对于除此之外的大部分用户而言,他们别无选择地将自己所生产的数据的权益让渡给了媒介机构。有学者此前提出"一些媒体高管已经意识到利用用户自身的创造力来获取收益的好处",[①]比如已经发展成熟的大型多人在线游戏(MMOG)

---

① Zwick, D., Bonsu, S. K., & Darmody, A. (2008). Putting Consumers to Work: Co-creationand new marketing govern-mentality. Journal of consumer culture, 8(2), 163-196.

就是典型的例子。在这些游戏中,游戏公司虽然需要提供整体的世界观架构、剧情主线,但大部分的游戏过程都是由玩家之间的互动产生的,这在本质上利用了用户自身的创造力来获取收益,实现了"自己生产自己消费"的逻辑闭环。相比多人在线游戏,平台强制掌握受众生产内容的版权更能体现其"剥削"的性质,用户在各类平台上进行内容生产并进行分享,本质上是一种个体或群体之间的交换与共有,但商业化网站却将这种分享后的内容版权占为己有,可以对其进行使用与售卖,使得用户并没有合理拥有他们所生产的信息和知识,①许多创作者在平台上发布内容时会规定自己的作品只能以非商业的形式使用,这也在相应的文化群体内部得到认可,但却无法抵抗平台要求其让渡著作权的不合理条款。此外,比这些更为广泛存在的情况就是媒介机构通过用户在平台上进行的所有操作生成的数据、或用户本身进行营利。用户在下载、使用一个新的应用软件时,首先需要同意该公司提出的用户协议,否则就意味着不能使用该软件。这看似是一种自由的选择,但其实是不容拒绝的"霸王条款",在点击"同意"的背后,用户在实际上让渡了自己的隐私数据、时间与社会资本,②并将这些打包转化成数据的形式无偿交给了媒介机构,媒介机构通过这些数据与媒体购买系统合作获取收益,这背后的影响力和收益巨大,有学者曾指出:"媒体购买系统越来越成为新兴数字世界的主要推动力。"③

　　虽然无论是在国家层面还是个体用户层面,数据背后的隐私权益一类的问题已经得到了关注,但在客观上,数据权益的博弈双方力量是绝对失衡的。一些用户曾尝试抵制这种不公平的掌控,比如西方国家一些试图打破技术和信息垄断的用户结盟,形成"盗版党""匿名者"等组织,抵制那些利用用户数据获取权益的媒介机构。国内也曾产生过通过"盗用"等技术手段进行抵抗的行为,曾经苹果手机的用户很多都通过"越狱"的方式免费获取官方规定需要付费的软件,并突破了原本的一些使用限制,但类似的民间自发的反抗行为"虽然有助于改变技术垄断的现状,却无法真正撼动数字资本主义体系的核心"。

---

① 吴鼎铭:《网络"受众"的劳工化:传播政治经济学视角下网络"受众"的产业地位研究》,《国际新闻界》2017年第6期,第124-137页。

② 李彩霞、李霞飞:《从"用户"到"数字劳工":社交媒体用户的传播政治经济学研究》,《现代传播(中国传媒大学学报)》2019年第2期,第51-55页。

③ Turow, J., & Draper, N. (2014). Industry conceptions of audience in the digital space: a research agenda. Cultural Studies, 28(4), 643-656.

四、未来媒介工业与受众研究挑战与展望

总体而言,受众的概念在客观上经历了从"audience"到"interactive audience" "user""producer""creator-user"等表述方式的转变,并且这些描述对今天的受众而言,也已经有些"过时"。受众作为个体行动者在传媒活动中担任的角色发生了明显的位移,但这种位移也是一直交织在与整个媒介工业的互动与博弈之中的,即受到更宏观的媒介、社会和国家结构的牵制和影响,因此在思考当今受众的地位和行为方式等问题时,要充分将其纳入"行动者-结构"的框架之中,既考虑到受众作为个体行动者的主观能动性,又要考虑到其不可避免地被"制度化"的过程。对于未来媒介工业与受众相关学术研究的展望及业界亟需面对的挑战,本书有如下几点看法。

首先是媒介机构与粉丝之间到底应该如何形成良性的合作关系,是否有可能在动态的协商过程中达成真正的"参与式文化"。就当下国内的媒介环境而言,许多制作方秉持着"依赖粉丝参与以换取可观的经济效益"的原则,蓄意剥削粉丝的情感劳动,制作方在前期对一部作品进行宣传发行时,消耗的经济成本是巨大的,几乎与制作作品本身需要的成本相近,然而粉丝在各个平台上的"口碑营销"却是免费且更加有效的,相比制作方花钱雇用的"水军",这些粉丝群体的发声更加真诚、有感染力,并且涉及的圈层更为广泛。这个发现被制作方充分利用,目前国内的影视制作方在选用演员时,演员自带的"流量"因素已经被看作最为重要的考量标准,其自身与角色的适配度等问题变得不再重要,因此最后呈现出的作品质量堪忧。在这种商业运作模式之下,粉丝将自身作为一种数据,附着在自己的偶像身上,为其增加商业价值,让"流量"可以直接兑现成相应的金钱,这也是目前流行的"互联网思维"最直观的体现。[①] 粉丝在参与这一过程时也深谙此道,形成了一套近乎"工业化"的流水线运作模式,有组织地进行"控评""反黑""打投""刷票"等活动,大量、重复地采用统一的话术帮助自己的偶像增长相应的"数据",将自己化身为偶像"隐形的资产"。这种方式确实可以帮助偶像提高身价,获得资本方更多的关注和青睐,但就粉丝本身的"劳动"或者说参与行为而言,其内容产出是机械化、工业化的,对最后的作品产出而言,也无法起到令其优化的功效,这并非詹金斯口

---

① 高寒凝:《虚拟化的亲密关系——网络时代的偶像工业与偶像粉丝文化》,《文化研究》2018年第 3 期,第 108-122 页。

中"参与式文化"真正的所指,只能在"圈内"掀起一场高潮与狂欢,并让制作方获得可观的收益。此外,粉丝中的一部分同人创作者在与制作方的关系中始终处于无法扭转的弱势地位,制作方并不希望看到"挪用式"粉丝对自己的作品进行再次创作或改写,但部分同人作品又确实可以为作品带来关注,因此一些制作方在前期对其采取半鼓励半忽视的暧昧态度,在作品完结之后又立刻以侵权为由勒令其下架,这部分粉丝群体在参与创作的过程中是被高度异化的,其各方权益没有得到任何的保障,[①]也无法形成长久良性的合作之道。

其次,对"数字劳工"及其相关的"剥削"的讨论趋向于同质化和单一化。由于"用户被平台剥削"的问题确实变得极度普遍,许多实证研究以目前流行的现象为源头,直接得出了相应的用户在分享信息、参与网络游戏等过程,就是一种被平台"剥削"个人休闲时间、隐私信息、社会资本的结论,而没有对具体的"劳动"与"剥削"进行深入的学理性分析。有学者曾提出我国目前对于数字劳动的研究中都存在将"工作"和"劳动"的概念杂糅在一起的问题,进而使得"数字劳工"的概念被极度泛化。[②] 在考虑用户作为"数字劳工"被平台"剥削"的问题时,目前更多的是从宏观结构的视角去进行判定,忽略了个体行动者的主观能动性,许多用户在目前的体制之中通过"数字化工作"获取了相应的收益,或是令其满意的生活状态,将所有的"数字化劳动"都统称为"剥削"不仅是一种不准确的描述方式,也使得真正受到剥削的弱势"数字劳工"群体无法被看见,从而使得"如何改善数字劳工与媒介工业之间现存的不平等关系"等问题无法被解决,此外,也有学者提出数字劳工研究应注意研究对象所具有的主题多样性,复杂的劳动者群体之中差异性是非常之大的。[③] 当今时代,"数字化"已经成为一个不可扭转的趋势,因此在劳动之中嵌入"数字"因素,或者说在数字空间中进行劳动已成定局,如何在这样的背景之下建立更为公平公正的劳资关系,是学界与业界需要进一步讨论的话题。

最后是站在更为综合的视角,国家力量、媒介工业和个体使用者之间应该如何交互发挥应有的作用。以数据权益的分配这一典型问题为例,国家在政策层面不

① 郑熙青:《何谓融合文化工业——粉丝、同人与媒体资本》,《中国图书评论》2021 年第 10 期,第 13 - 24 页。
② 丁依然:《从"剥削"中突围:数字劳工研究的现状、问题和再陌生化》,《新闻界》2021 年第 5 期,第 68 - 77 页。
③ 姚建华、徐偲骕:《全球数字劳工研究与中国语境:批判性的述评》,《湖南师范大学社会科学学报》2019 年第 5 期,第 141 - 149 页。

断"收紧",出台《中华人民共和国数据安全法》等法律法规对用户数据隐私问题进行源头整治,但与此同时,数据交易所又在各个一线城市兴起,各个媒体平台都声称自己交易的用户数据已经经过了"清洗",不涉及用户的隐私,是一种"与用户无关的资源",但从根本上说,这些数据本身还是用户生产的。国家在宏观层面需要开发这些数据实现经济发展,但同时也要对用户的权益进行维护;对于中间的媒介工业而言,这些数据已经是他们的既得资源,而且市场上确实存在着关于数据的刚需,因此他们不得不通过不断地发明新的理论来将这些数据与用户割裂开来,进而兑现自己的利益;而个体行动者却在这场权益分配中只拿到了名义上的"隐私权",完全没有获得对于自己生产的数据的全部权益,尤其是收益权,这种分配并不是对附着在数据资源上相应权益的合理分配,而是一种将用户排除在外的狂欢。因此,未来对于国家、媒介工业与个体行动者之间如何形成更加公平、良性的配合,还有待进一步的研究与实践。

本节导读文献:

Cover, R. (2006). Audience inter/active: Interactive media, narrative control and reconceiving audience history. New media & society, 8(1),139 - 158.

Bird, S.E. (2011). Are we all produsers now? Convergence and media audience practices. Cultural studies, 25(4 - 5),502 - 516.

Turow, J., & Draper, N. (2014). Industry conceptions of audience in the digital space: a research agenda. Cultural Studies, 28(4),643 - 656.

建议阅读文献:

Kitzinger, J. (2014). A sociology of media power: key issues in audience reception research. In Message Received Glasgow Media Group Research 1993 - 1998 (pp. 3 - 20). Routledge.

Sundet, V.S. (2016). Still 'Desperately seeking the audience'? Audience making in the age of media convergence (the Lilyhammer experience). Northern Lights: Film & Media Studies Yearbook, 14(1),11 - 27.

思考:

"平台"经济时期,国家力量——资本——个体使用者是如何交互发挥作用的?

第三节　媒介表征/再现 >>>>>

一、媒介表征、社会结构与 ANT 视角转向

现代社会中,媒体空间流通的各类新闻几乎成为人们认识世界的全部信息来源,个体接触到的世界建立在各类渠道提供的信息构建基础之上,而新闻被媒介承载,是经过对信息搜集、转译、呈现等一系列步骤后才最终来到人们的头脑世界,这也就意味着当我们接触到新闻的时候,新闻有可能已经脱离了客观真实的第一属性,经过了他人的加工,成为他人用来表达自身意见的产物。随着科学技术的发展,媒介形态也在不断地发展,媒介的发展不仅意味着信息的传播效果越来越强且传播的速度越来越快,也意味着媒介作为信息的载体,在让信息有更多种呈现方式的同时,也意味着不同传播效果实现的可能。媒介表征对不同人群的影响效果会与个体差异属性有关,因此在确定信息最终的呈现之前是可以针对性地对特定人群进行研究分析,并以此结果选用最佳的呈现方式,这也是 20 世纪三四十年代后传播效果研究实践应用的方向。但是更为复杂的关系在于由于媒介的发展,传播者与接收者身份均发生了变化,这就使得现代媒介表征的生产实践过程出现了惊人且复杂的变化趋势。对于当代社会来说,媒介已经不是社会运转中的相对独立机构,而是社会结构中的构成性部分,媒介构建了我们所处的社会,而新闻又编织了我们的信息空间,即便是我们直接看到的新闻事实,也存在新闻表达的多元可能性,因此分析新闻在对事实表述中的多元力量和运作机制,就构成我们理解世界至为重要的关键部分。

什么是媒介表征?从字面理解就是媒介对客体(事件)的表达与象征,简单地说就是我们用语言或符号去表达一个事物,在此传播过程中各方力量参与必然造成差异性的结果,这些差异首先来自传播者编码和接收者解码的基本机制。以新闻来说,主要指记者新闻生成中的实践与读者接收接受中的差异。关于媒介表征的研究理论,除耳熟能详的英国伯明翰学派霍尔的论述外,实际上芝加哥学派的理论著述也为我们提供了分析媒介表征的丰富资源。以米德所创立的"符号互动论"来看,它揭示了人与人之间的互动是建立在以"符号"为媒介的沟通方式基础上,人

与人之间主要通过象征符号和意义的传递而相互作用、相互影响,因此该理论主张从个体日常互动的自然环境中去研究人类群体生活。① 文化研究学派的霍尔则提出表征是人们头脑中以语言为媒介的各种概念意义生产。其中概念与语言之间的联系,共同促成两种世界在头脑中的交流,即我们既能指称"真实的"物、人、事的世界,又确实能想象的虚构的物、人、事的世界。② 通过以上两种理论,我们可以得知,社会在人们头脑世界中的形成其实就是经由不同的媒介及其表征所串联编织起来,而媒介的表征,基本上构成日常生活中我们所理解的客观世界。

从媒介社会学视角来看,对传播过程的社会分析、媒介和社会的相互作用、媒介在构成社会现象世界中的机理都是值得研究的重要议题。但无论就传播过程研究来说,还是就媒介与社会关联的复杂机理来说,媒介表征都是一个重要的分析部分。媒介的表征经常在信息输出即传者编码阶段被重视,但实际上媒介表征的生成机制贯穿在传播生成和传播与社会发生相互作用的各个环节。在编码阶段,媒介表征由一系列具有各类立场属性的实践者进行,尽管存在各种新闻专业主义操守的要求和客观中立的新闻采写原则,但是就如人不可能拉着自己头发离开地球一样,这种客观中立本身也是一种立场,因此在这个意义上,不存在绝对意义上客观中立的媒介表征,其更多的成为一种实践斗争的产物。同时,对于信息的接收者抑或受众,个体本身的主观意识也会在对其接收的信息进行解码的时候,与创作者所欲图表达的意思出现差异,甚至南辕北辙。因此,对于媒介表征的分析,并不应该单纯停留在媒介的表征效果分析,更重要的是对媒介表征的制作过程进行分析,也就是要对新闻报道生成的过程和机制进行分析,如果仅仅停留在对效果的单纯分析上,对于媒介表征的生成机理探析将是片面的。

在此情况下,从社会学已有的结构和行动框架下来理解媒介表征的生成机制就显得尤为必要。无论是人与人之间的互动还是人脑中符号的解码,都离不开整体的社会环境。现实中的人既是社会结构的产物,又在社会结构中行动,而表征的问题存在于结构对行动者的限制,以及行动者的反身性的对结构输出中间的一切过程中。在输出的过程中,存在信息输入和输出,以及结果表达与反馈之间的不一

---

① Blumer, H. (1969). Symbolic interactionism: Perspective and method. Univ of California Press, pp.78-79.

② 斯图尔特·霍尔:《表征——文化表象与意指实践》,徐亮、陆兴华译,北京:商务印书馆,2003。

致或不平衡性,因此需要从结构视角辨析才能更好地对这种不平衡的差异性和构建的实践过程进行分析研究。研究媒介作为人类认识世界中间调节机制生成场所时,将表征的反馈过程进行深度挖掘分析是一个重要的切入视角,然而仅是单纯地用某个因素去进行媒介表征结果的因果关联分析,不仅是片面的而且将可能导致分析的方向错误。因此,只有从结构—行动的全局视角才能真正地揭示媒介表征实践中各方力量的作用和发生机制。

　媒介的发展带来媒介角色的不断变化,因此对媒介表征研究的结构也在发生着变化。从最开始的只对媒介表征带来的影响的关注,再到将媒介放到社会结构中进行分析的视角转移,除了反映出媒介表征研究不断深入的趋向外,对传播者与接收者的定义也在不断地发生位移。在对媒介表征进行整体式分析时,对于传播者和接收者及二者融合关系的研究是其中不可忽略的一个重要研究点位。而正是由于新技术的发展和运用,媒介的研究切入视角也在发生变化,集中体现为从 STS 向 ANT 视角的转移。STS 转向是数字时代的新闻研究强化技术理论研究的体现,而行动者网络理论(ANT)则更多注重参与行动者社会性的部分。从 STS 理论在新闻研究的运用来说,主要表现为两个重点,一种是对于新闻生产和新闻消费中技术作用的重视,另一种则是对新闻知识的发展和物化的关注。

　ANT 的引入与使用在很大程度上可以看作新闻研究 STS 转向的向后延伸。ANT 是一种探究世界的科学研究路径,将组织及社会联系等一切事物都视为某种网络效应。[1] 在 ANT 视角下,人类社会是一种被称为"行动者网络"的复杂系统中各因素互动的产物,行动者网络则由各种名为"行为体"的主体组成。行为体是"网络中通过与它者联系而获取力量的元素",[2]这也意味着"人、理想观念、符号构造,以及物质元素都是同等重要的分析元素"。[3] 由于"技术"变量对新闻业的影响越来越大,越来越需要用新的解释工具来充分解释这一变量的作用,但要注意的是,ANT 的本意是要以更全面的视角对每个行为体的作用和角色进行审视,人与物都是重要的,要尽量避免对任何一方面的偏向。

———————

[1] Wiard, V. (2019). Actor-network theory and journalism. In Oxford Research Encyclopedia of Communication.

[2] Hemmingway, E. (2007). Into the newsroom: Exploring the digital production of regional television news. Routledge.

[3] Plesner, U. (2009). An actor-network perspective on changing work practices: Communication technologies as actants in newswork. Journalism, 10(5), 604–626.

ANT 为媒介表征研究带来新的视角和方向。从新闻生产理论来讲,可以通过对 ANT 理论的灵活运用,实现新的形塑和转型。在 ANT 中,行动者与网络概念紧密关联,ANT 将整个世界视作一张网,而这个网的构建有赖于媒介表征的实践与运作,借由这种关联,行动者才能与行动者,以及网络建立相对稳定的关系。而在转译的过程中,每一个行动者的角色、功能、地位又会在新的行动者——网络中重新被界定和赋予。这也就意味着除了原有框架中的行为分析,在行动者主体也发生转型的情况下,我们需要把对媒介的分析扩大到媒介所处的结构,以及媒介所在的社会及技术环境中来理解和分析。缘由在于媒介在 ANT 视角中就是网中的一个作用点,对一个点的单独分析对于整体结构的理解会流于薄弱,因而必须考虑到这个点所处的环境和前后的变化,整体的研究才能完整。将主体或行动者放在技术和社会的互动中来进行解读,也是媒介研究未来发展的趋势之一。

二、媒介表征与公共舆论

媒介社会学主要是从媒介的角度切入社会,剖析传播媒介对于社会的影响。而在这个体系框架中,公共舆论作为媒介传播行为的表征之一,对于社会有着多方面的影响。[①] 现代公共舆论与社会之间的联系可以追溯到迪尔凯姆提出的"集体意识"及"集体监控",认为公共舆论构成了社会统治的基础。[②] 公共舆论作为一个重要的概念,在西式选举制度基础上建立的国家结构运行中尤其具有影响力,因为舆论会与公众的投票走向形成关联。而投票的走向又与整个国家的政治路线,甚至是社会政策的倾向性具有极强的关联性。而在我国,2022 年初曝光的徐州拐卖案和 6 月发生的唐山打人案都在社交媒体平台上造成了巨大的轰动及影响力,警方每一次在网络上发布的通报都被平台中的个体进行解读、分享并做出反应,引发巨大的公众舆论浪潮。在这些事件中,大多数使用社交媒体的人都可以通过热搜榜单、转发数、评论数和平台标识出的讨论度,从数据的角度清晰地认识到公共舆论的倾向性、公众关心程度和该事件的影响力。而在公共舆论的影响下,这些事件

---

① Herbst, S. (1995). Numbered voices: How opinion polling has shaped American politics. University of Chicago Press.

② 方ալ武,吴潇阳:《公共舆论与社会团结——爱弥尔·迪尔凯姆的"公共舆论"思想》,《新闻与传播研究》2018 年第 25 期,第 108 - 125+128 页。

也都得到了政府部门的重视。由此,可以看到公共舆论作为媒介的表征,是如何极大程度地影响现实世界运行的。由此也就构成了公共舆论与媒介社会学实践宏观层面关注的研究切入点。

(一)"行动—结构"理论框架对于理解公众舆论的适用性

要理解公共舆论与社会、媒介之间的三方互动关系,社会学中的"行动—结构"理论仍然非常适合。"行动—结构"理论是由吉登斯提出用于解释人与社会之间动态关联的理论,将客体与主体,行动与结构之间的二元关系统一起来,提出了"结构的二重性"。也就是说,结构既是人类从事社会实践活动的条件,也是人类社会实践活动的产物。① 而结构在作为客观社会现实制约着行动,同时,也会因为人的行动而发生变化。同时,人的行动在具有自我能动性的同时,也受到外在结构的影响。人的主观意识同样会因结构的变化而变化。当下的社会实践情境随着技术的进步逐渐发生改变,在传媒技术逐渐脱实向虚时,社会的结构与人在其中的行动也必然会出现改变。② 将"行动—结构"视角纳入媒介、公共舆论与社会的三方关系中去时,就可以发现该理论描绘出了人与社会在具体社会情境中互动关系,以及互动行为是如何发生的:人通过媒介的实践行为制造出了公共舆论,公共舆论作为实践行为的动态结果影响了社会大众对于事件的态度。在这个语境中,公共舆论作为一种具有主体性的"集体意识",成为推动社会结构化的重要力量,最终形塑了社会的"客观现实"。

(二)场域与惯习作为理解公众舆论与社会关系的补充概念

"行动—结构"理论比较容易促发人们从宏观层面理解公众舆论在个体、媒介与社会之间的关系,但是不适于从中层组织层面分析具体的关联机制,而在这方面布尔迪厄的"场域"和"惯习"概念代表的实践理论就成为有力支撑。布尔迪厄的场域理论作为同样的宏大社会理论,和吉登斯的"行动—结构"理论具有较强的兼容性。场域理论指的是在职业工种高度分化的当代世界中,必然会存在一个个有自治规则的"社会小世界",他们表现为一个个细分"场域",比如新闻传媒场域。社会

---

① 张云鹏:《试论吉登斯结构化理论》《社会科学战线》2005 年第 4 期,第 274 - 277 页。
② 喻国明:《未来媒体的进化逻辑:"人的连接"的迭代、重组与升维——从"场景时代"到"元宇宙"再到"心世界"的未来》《新闻界》2021 年第 10 期,第 54 - 60 页。

作为一个大的场域,正是在这样一个个的小"场域"彼此串联的情况下组成的。① 而在这些场域中,惯习往往作为重要的因素形塑着场域,同时也被场域塑造着。惯习可以被这样理解:它是一种通常以无意识形态存在的世界认知方法,以及随之累加而起的经验,是人的一种"禀性"。而人的生活从来都不是一成不变的,不同的成长经历,不同的时代背景都会改变人的"禀性",也由此改变了人的惯习,进而影响场域发生变化。若是再回到更宏观的层面,便是人的实践行为发生了改变,由此影响了社会结构,并形成一个二元互动关系。由此可以看出,布尔迪厄与吉登斯的理论具有兼容性的,因而可以被纳入一个范式进行讨论。

如果从场域的角度去审视现今的公共舆论构成方式,那么就必然要面对两个重要的场域:第一是基于用户个人的新媒体传播场域,第二是基于专业新闻媒体的传统新闻传播场域。在世界范围内,推特、脸书的运用也深深影响了各地的公众舆论构成方式,甚至进而影响了对政治选举的报道范式。② 而在社交媒体平台崛起之前,担任了主要传播功能的往往是新闻报刊、电视节目等大众传媒。而在信息传媒技术已经深度嵌入生活的今天,新的惯习已经在信息生产行为中产生,因此也会以同样的影响能力来影响这两个场域。当这两个场域中的惯习均发生改变,也意味着现今的公众舆论表征方式已发生改变,继而影响社会的结构模式。同时,基于现实中许多专业新闻媒体已经将新媒体纳入了自己的传播矩阵中,从实践层面而言,这两个场域又会发生互相影响。因此,问题在于:这两个场域会发生什么样的互动影响,又会以什么样的形式表征影响公共舆论,由此使社会现实发生了什么样的改变? 这些成为媒介社会学视域研究公众舆论、表征和社会结构变迁需要面对的问题。

(三) 公共舆论对社会的塑造效用

公共舆论可以被理解为"处于公共领域中的公众对于特定的社会问题、公共事务和议题等的观点和态度的汇集"③。而由于公众这一概念本身的庞杂性及跨阶级的群体特点,因此社会上的所有公众必然不可能在同时间达成完整的、前后统一

① 李艳培:《布尔迪厄场域理论研究综述》,《决策与信息(财经观察)》2008 年第 6 期,第 137 - 138 页。
② McGregor, S.C. (2019). Social media as public opinion: How journalists use social media to represent public opinion. Journalism, 20(8), 1070 - 1086.
③ 马得勇,王丽娜:《公共舆论倾向如何形成? ——对网民政治支持的实证分析》,《探索》2016 年第 6 期,第 33 - 44 页。

的单一意见表达。因此，"民意是一个有争议性和可塑性的概念"①。为了让公众
庞杂的意见得到恰当的表达，必然会出现一些在其中进行整合及干预的手段。而
这些手段在西方世界里的传统做法往往是民意调查或是媒体传播，并且无论是以
民意调查还是媒体直接报道的形式，在传统的范式中，这些被塑成的公共意见往往
需要通过媒体这一平台进行报道，②才能够相对有效地扩大议题的讨论度，并就
此成为公共舆论。而在中西方，公共舆论分别有着不同的研究侧面和研究方法。
由于西方主要发达国家基本都有着涉及面极广的国家领导选举事宜，因此对于
民意调查这一方式的运用较为透彻，对民意调查是否能真实代表民意的点上也
提出了许多有价值的讨论与研究结果。比如针对民意调查表是否是以一个小群
体中个人的意见进行打分采集，构成了集体意见与个人意见之间的模糊，并由此
主导了大众对于普遍意见的看法，③以及民意调查表的合法性是否在一定程度
上源自媒体对其的运用。④ 而根据部分研究西方发达国家的中国学者的结果来
看，民意调查似乎已经成为——尤其是在外交事宜上——一种用来操纵民意的
工具。⑤ 这些质疑组合起来，形成了一个具有历史长度的，对于民调这一传统民
意构建范式的质疑。除了民意调查这一通过数据进行构建的方式，媒体作为公
众与信息之间的重要媒介，在公共舆论塑造的过程中也扮演了重要的角色。西
方在这方面的研究成果主要是以"议程设置"为代表的一系列大众传播理论体系
架构。⑥ 这一派以"议程设置"理论为核心，提出媒体通过媒介平台，大量地表述
有关某一公共话题的具有倾向性的信息，来促使公众往媒体想要设置的话题议
程方向靠拢，最终实现影响民意的效果。许多实证研究都证明了"议程设置"的

① Herbst, S. (1995). Numbered voices: How opinion polling has shaped American politics. University of Chicago Press.
② Igo, S. E., & Igo, S. E. (2007). The averaged American: Surveys, citizens, and the making of a mass public. Harvard University Press.
③ Peters, J.D. (1995). Historical Tensions in the Concept of Public Opinion, in Glasser and Salmon (eds.) Public Opinion and the Communication of Consent.. New York: The Guilford Press.
④ Igo, S. E., & Igo, S. E. (2007). The averaged American: Surveys, citizens, and the making of a mass public. Harvard University Press.
⑤ 陈文鑫.《塑造还是反映民意?——民意测验与美国的对外政策》,《美国研究》2003 年第 4 期,第 64-80+4 页.
⑥ 马得勇、王丽娜:《公共舆论倾向如何形成?——对网民政治支持的实证分析》,《探索》2016 年第 6 期,第 33-44 页.

可行性及显著程度。① 这一通过大量具有倾向性的、带有精英话语色彩的观点表达来影响受众的方式也被称为"框架效应",然而也有研究证明,"框架效应"在大量公开信息的冲击下会失效。

三、web1.0 至 web3.0 媒介技术变迁视角的受众表征

网络技术飞速的发展,使得人类社会迅速进入 web3.0 时代,在这个时代中各种媒介技术加速融合,传播形式越发丰富,文化形态也发生巨大改变。当代传播方式由于媒介融合而不断涌现新类型。在 web1.0 到 web2.0 的变迁中,不仅传播的单向线性模式被突破,受众向使用者概念的转变也为媒介表征提供了更为广阔的分析空间;在 web2.0 向 web3.0 过渡中,移动传播、多元传播、多向互动传播与虚拟射频技术的发展汇流,又进一步将媒介表征中行动者的概念多元化。从媒介融合的现实情况来看,有研究者指出当前已经进入第三媒介时代。② 而 web3.0,是指以泛在网络为物理基础、以沉浸传播为特征的大众传播样态。沉浸传播是一种全新的信息传播方式,是一种消除了现实世界和虚拟世界边界的传播。在第三媒介时代,人们同时生活在真实世界与虚拟世界之中,社会中的物与人都变成媒介,物与人本身都成为平等的媒介,新的社会结构由此生成。③

web1.0 至 web3.0 变迁过程背后,是新媒体成为人类社会生活和媒介表征的主要媒介场所,新媒体一般指互联网以降的各类媒介生态。新媒体以有别于传统媒体的功能来影响我们的社会生活,新媒体除了具备传统媒体所具有的功能外,还具有交互、即时、延展、融合的新特征,这些新特征使媒介对我们的生活产生了更大、更深刻的影响,它们改变了传播者与接收者的角色,使他们的身份不再是单一的,而是可以指向同一个传播主体。④ 新媒体融合了大众传播、组织传播和人际传

---

① James N. Druckman, Kjersten R. Nelson. (2003). Framing and Deliberation: How Citizens' ConVerSations Limited Elite Inflence. American Journal of Political Science, 47 (4),729 - 745.
② 付茜茜:《web3.0 时代媒介技术演进与文化形态变迁》,《当代传播》2015 年第 2 期,第 47 - 49 页。
③ 李沁:《沉浸传播:第三媒介时代的传播范式》,北京:清华大学出版社,2013 年,第 117 页。
④ 熊澄宇、廖毅文:《新媒体——伊拉克战争中的达摩克利斯之剑》,《中国记者》2003 年第 5 期,第 52 - 53 页。

播,改变了自身在社会中的角色。

现今,媒介的角色已经逐渐从较单一的中介角色发展成可以影响甚至控制社会形态的一个主体。事实上,英国学者约翰·汤普森(John Thompson)很早就注意到媒介与现代性的关系,他强调新的媒介的使用能够开辟全新的社会空间,而诸如电报、电话、电影、广播等多种传播媒介"皆涉及生活世界中新的社会行动与互动方式、新的社群关系,以及新的与他者或自我连接的方式"①。在此种理论下,主体对媒介的使用不仅仅是传统意义上的满足某种功能,而是这种使用很大程度上会反向改变主体的既定使用状态,创造新的互动方式。正如施蒂格·夏瓦所言:"媒介不再仅仅是一种互动的渠道,而是以其自身形塑(mould)互动发生的方式。"②媒介已经不是作为单独的个体屹立在社会中,而是作为一个主体在影响着社会的方方面面。

在大众文化发展成熟的今天,大众对于新闻业的想象不仅依赖于自己所接触到的新闻。其他的一些大众文化形式,同样也是公众的选择。由于科技的发展,关于新闻业的知识和想象通过大众文化的传播得以跳出时空、地理限制,在不同社会成员间形成秩序化的共享,出现了公共阐释的基础。因此,研究者需要更有想象力地对大众文化中的新闻形象进行理论研究,批判性地考察这些形象形成了哪些规范性话语,它们试图赋予新闻业哪些理想功能,它们如何赞扬和诋毁新闻业的实际做法,以及这些话语是否有助于人们思考新闻业与民主政治或社会融合之间的关系。采用受众分析的视角,利用各种衍生话语,如影评、书评、评论和辩论,探讨通过阅读或观看流行文本,分析人们对新闻业形成怎样的认知,这些认知是否会对新闻业产生新的理解,以及这种外部认知是否会传递到新闻业的职业文化中,从而为改变新闻业提供道德动力,对于新动力的产生,这是很重要的一步。③

传媒技术在社会生活中的使用是中介过程的一部分,技术也可以成为一个主体,在社会生活网络中发挥其自身的作用。理解新媒体技术的社会文化意义,需要

① Thompson, J.B. (1996). The media and modernity: A social theory of the media. Stanford University Press, p.4.
② Hjarvard, S. (2004). From bricks to bytes: The mediatization of a global toy industry. European culture and the media, p.44.
③ 张洋:《中介化的新闻想象:大众文化中新闻业表征的意义新探》,《新闻记者》2020年第7期,第70－80页。

关注作为社会实践主体的用户和他们的日常实践，理解他们如何通过新媒体技术发展创造或复制意义，理解实践的过程，以及他们对社会和文化建设的参与。从理论上讲，如果选择了这一思路，媒体和人在同一个网络中处于平等地位，存在着自然的互惠关系，都是场景构建的组成元素。这并不意味着我们只能服从于媒体的力量或控制中介的力量，而是意味着我们可以把媒体技术作为一种资源来改变一直围绕和制约着我们的结构和意识形态。同时这也并不意味着媒体及其技术作为历史的决定性力量而存在，而是意味着我们可以利用它们来构建——创造和再现——一个更丰富、更多样化的历史章节。①

四、新闻报道与他者表征

本部分将以埃尔弗里德·弗尔西奇(Elfriede Fursich)的《全球记者如何表现"他者"？对媒体实践的文化研究概念批判性评估》，②香农·麦格雷戈(Shannon McGregor)的《作为公共舆论的社交媒体：记者如何利用社交媒体来代表民意》，③《超越"难民危机"：英国新闻媒体如何跨越国界表现寻求庇护者》④三篇文章以"表征""公众舆论"为关键词导读新闻媒介发展过程中，媒介表征机制及表征策略、重点的变化。

在这三篇表征他者的文章中，第一篇是传统媒体是如何表征他者的，第二篇是社交媒体时代对这个问题的呈现，第三篇是对难民、寻求庇护者、移民等群体的叙事的呈现。在不同的时代背景下，对社会具有较大影响的媒介形式有所不同，这取决于社会生产力水平和科技水平的高低，也反映了媒介对人类社会表征影响能力的差异。从全球化时代初期传统媒体的主流霸主地位，到社交媒体的挑战，再到当前物联网、人工智能媒体等形成的新的行动者表征实践多样主体，媒介表征表现和影响机制正在发生深刻多元的变化。

---

① 潘忠党：《"玩转我的 iPhone，搞掂我的世界！"——探讨新传媒技术应用中的"中介化"和"驯化"》，《苏州大学学报(哲学社会科学版)》2014 年第 4 期，第 153 - 162 页。
② Fürsich, E. (2002). How can global journalists represent the 'Other'? A critical assessment of the cultural studies concept for media practice. Journalism, 3(1), 57 - 84.
③ McGregor, S.C. (2019). Social media as public opinion: How journalists use social media to represent public opinion. Journalism, 20(8), 1070 - 1086.
④ Cooper, G., Blumell, L., & Bunce, M. (2020). Beyond the 'refugee crisis': How the UK news media represent asylum seekers across national boundaries. International Communication Gazette, 83(3), 195 - 216.

从公众舆论与表征实践关系来看，新媒体正在重塑公共舆论的组成方式，并嵌入当前的社会中。根据行动—结构框架以及惯习—场域框架，新媒体作为媒体领域中新出现的技术，在大规模普及后已经化为了一种惯习。因此，公共舆论作为被媒体塑造出来的表征之一，自然也就会受到新媒体技术的全方位影响。根据这一结论，本部分将通过对三篇文献的解读展示对传媒领域公共舆论建构从宏观至微观进行多层级审视。在过去的大众传媒时代，大众传媒的运作主要依靠专业化的精英人士进行支撑。而在现今，这一结构尽管有所松动，但记者这一职业仍旧在传媒领域具有极为重要的影响力。记者是传媒领域中的主要行动者。因此，审视不同层级、不同领域中记者行为、倾向性，以及报道范式的变化对于理解公共舆论的变化极为重要。那么，在新媒体技术波及全球，成为一个普遍化现象之前，记者是如何行使他的报道权，以及如何代表一个群体进行新闻播报的？

以弗尔西奇在 2002 年发表的《全球记者如何表现"他者"？对媒体实践的文化研究概念批判性评估》一文为例，作者站在全球化这一影响各国数十年的概念上，仔细审视一个在传媒领域已经出现的现象：即西方传媒业的全球化，对新闻从业者的观念造成了什么样的变化。而站在高度"全球化"的今天，该文章中提出的现象正是当前所有媒体所处的环境。此文章提供了一个稳固的"全球化"报道范式，而在"去全球化"愈演愈烈的今天，这也给研究者提供了一个进行比较的基础。就结论而言，该文章提出了两个观点：第一，在新闻生产场域中，传统专业化新闻记者的地位正在被逐步边缘化。第二，以观赏性和商业价值为主要导向的后现代理论框架节目已经成为电视栏目的主流。从这两点上延伸出来的则是一个发生在传媒场域中至关重要的变化——即新闻生产的惯习，也就是生产者施行实践活动的行为与方式发生了根本的转向。弗尔西奇进一步指出，记者作为新闻文本的生产者，背负着影响公众态度、引导公共舆论的任务与使命。记者生产出的新闻文本除了是一种新闻实践之外，还可以被视为一种文化实践，至关重要地影响着公众对于"他者"的印象与感观——因为公众不可能人人都接触过"他者"。然而新闻业对于利润、娱乐的追求正在弱化这一文化实践的价值功能，让它成为仅仅停留在表象的表演形式。

作为对这一批判的有力支撑，在文章中弗尔西奇指出了广泛存在于旅游新闻这一体裁，以及这一体裁在电视媒体中的呈现产物——旅游节目的问题。他指出，在 BBC 出品的旅游节目 Rough Guide 中，BBC 的相关制作团队为了起到娱乐化，抑或是让公众快速理解所在地问题的方式，通过西方左翼的惯用范式从多个角度批评了其他非西方体制国家的政治、经济及民生问题，强调保护人权及爱护环境的重要性。这种叙事构建方式体现出该类旅游节目在预算、商业化追求及意识形态裹挟下，难以深挖本土问题，进行深度呈现的局限。更为重要的是，Rough Guide 这档节目本身是将旅游目的地当地的文化艺术品、民族文化及与当地人之间的接触作为卖点以"扎根于当地"作为噱头。但最终却徒留形式，无法真正呈现文化复杂性的现状。

而这个问题又回到了全球专业新闻记者遭到边缘化的问题上去。从"行动—结构"的视角剖析该问题会发现：旅游节目的商业化、表面化倾向受限于其本身的商业性质，也就是其形式结构所致。然而这一形式结构本来就是人在媒体商业化行为中自发催生出来的结构式转变。在弗尔西奇的陈述中可以看出，他希望能够重新构建一个新闻实践的环境与方式，并促成结构性的转向，比如倡导这些节目聘请人类学家进行辅助，重拾对于文化复杂度的描述。然而在新闻节目逐利的大框架结构中，想要改变这样的新闻实践行为显然需要更深层次的推动助力。他也指出，当时全球媒体话语权由西方发达国家的传媒行业把持，这也导致了他们对于外部"他者"呈现的不恰当问题经常发生。在文章中，弗尔西奇提到许多学者认为或许引入多元文化视角的讨论会有助于化解这个问题。而现在，站在新媒体技术已经普遍化的时代背景下，很难说这一现象已经被完全地化解了。总的来说，从弗尔西奇的文章中，通过行动—结构理论视角的解读可以汲取到的信息为：①媒体商业化所致的逐利性影响了新闻实践的专业深度展开。②新闻实践的表面化又再次强化了媒体的商业化倾向，淡化了新闻领域中对于专业性的要求，在全球化的框架下弱化了文化的复杂性。③而站在全球化的结构与商业逐利的结构中，文化的复杂性反而有碍于观众的理解，因此新闻实践的变化又会进一步强化这一现象，使娱乐化的倾向更加严重。

通过对弗尔西奇文章的解读，可以看出全球化语境下新闻生产场域中发生的新闻实践转向及结构性转变。其中的新闻实践转向表现为弱化文化复杂性、并将西方政治逻辑套用于不同文化政治制度的国家中，而这其中隐含的结构性转变则是新闻场域结构的泛娱乐化与资本逐利。

在此语境下，接下来将要分析的文章是发表于 2015 年的《超越"难民危机"：英国新闻媒体如何跨越国界表现寻求庇护者》。该文所聚焦的核心问题与上文中提到的"他者表现"有异曲同工之处，主要研究英国媒体对难民危机的报道，也就是对于"难民"这一"他者"形象的构建。2015 年的难民危机作为对欧洲政治环境生态影响深远的重要事件，是公众对于难民认知的重要源头事件之一，深刻影响了欧洲人民对于难民的公共舆论倾向。在该文中，作者采取实证研究的方法，证实了弗尔西奇在 2002 年文章中呈现的结果。该结果即为，在报道难民问题的时候，英国媒体往往忽略了难民群体中"个体"的表达，而是将这个"他者"作为一个完整的群体进行建构呈现。并且在表达的过程中，往往以政府高官或相关权威人士的意见为主轴，进行明显偏向性地政治问题呈现。从这个结果来看，文中英国媒体对于难民事件的新闻实践完美地表达了弗尔西奇文章中指出的那些问题：对于难民这一"他者"群体的模糊化、群体化表现，忽略了难民这一群体本身所具有的多重国籍、多重民族的特性，简化了民族复杂性。这说明，弗尔西奇在 2002 年时观察到的新闻实践转向并没有被扭转，反而已经作为一种报道客体的通约范式，成为英国媒体在报道难民问题时的结构性特征。该文固然有其自身的局限性，即主要的研究对象仅为英国媒体，不一定具有广泛的代表性。但就文章关注的主要问题而言，上述两篇文章也都未能详细解释新媒体技术对新闻场域的影响，而是呈现了一个新媒体技术还未完全切入新闻场域的景象。

在下一篇分析文章，也就是《作为公共舆论的社交媒体：记者如何利用社交媒体来代表民意》中，作者香农·麦格雷戈着重讨论了作为新媒体技术的社交媒体平台如何从多方位、多层面切入美国的竞选报道中。该文章为麦格雷戈就特朗普 2016 年大选的回顾式的量化研究，并结合了针对竞选新闻报道记者的访谈作为对比。麦格雷戈的研究结论是，虽然美国竞选新闻报道从传统范式上来说，将民意调查作为竞选公共舆论的构建核心，但是随着新媒体技术的崛起，越来越多的新闻记者在报道新闻实践中选择使用新媒体上用户发表的言论、数据及新媒体平台发布的调查报告作为公共舆论构建的证据。并且根据麦格雷戈的访谈结果来看，大多数实施了这一新闻实践行为的记者们都并没有认识到这一范式切换的影响，而是主要担心与他们一样的从业者滥用社交媒体数据进行报道与公共舆论建构。在文章中麦格雷戈指出，在这样的实践行为中，常常出现以偏概全的现象，比如使用在推特上获得高赞高评论的选民意见作为典型意见进行媒体报道，进而将这些意见作为公共舆论的代表来看待。这与之前弗尔西奇对旅游节目的分析及《超越"难民危机":英国新闻媒体如何跨越国界表现寻求庇护者》中的新闻实践行为一脉相承,即将选民意见这一具有极强复杂性、跨越阶级、性别及个人背景的复杂事物,通过单个选民的意见或是一些社交媒体平台数据进行代表与简化。这一方式非常符合美国当时竞选报道的赛马式报道结构,可以快速地生产出新闻文本,并将其提供给受众。并且,由于新媒体技术是如此深度地嵌入进了社会,以至于记者们并没有感知到这一新闻实践上的明显差异性。如果说这一改变是遵从已经发生的,基于全球化、泛娱乐化结构所发生,由新媒体技术助推的结构式及新闻实践行为转变。那么掩藏在这个问题下的,还有另一个随着新媒体技术而一同诞生的第三方:社交媒体平台的公共民意建构权力。

在文章中,麦格雷戈就表达了她对这一问题的看法:在新闻生产领域和信息传播领域中,记者仍旧具有一定的话语权,仍旧被视为传播链条中的"精英"。记者所生产的新闻文本具有塑造公共舆论的能力,也会被视为公共舆论的依据。在这样一个结构下,记者在新闻实践中将其民意的来源证据从民意选调访谈,改为了社交媒体平台的行为信息数据及推文。这背后代表的是社交媒体平台作为一个新兴的技术平台,通过记者进一步实现公共舆论建构能力的趋势。从浅层来说,任何社交媒体上的热点都会成为民众乃至记者所认为的"重要公共舆论"。从更深的层次来说,社交媒体作为每个民众都有机会发表信息的平台,为各种流言、谣言及自动发言机器人提供了空间。同时推特平台也不是一个仅限美国公众发表意见的平台,因此其意见呈现并不具有完全的民意代表意义。最终正如麦格雷戈所揭示的那样:所有针对社交媒体数据及信息文本进行的选举结果预测基本都没有成功。虽然社交媒体确实具有一定的公共舆论代表性,但它无法构成公共舆论的全部。

五、媒介表征研究未来展望

媒介是社会结构中的一份子,我们的世界由媒介所连接。在媒介未来发展中,人与物都会成为泛在媒介,而传播者与受众的身份也将会不停地变化与转换,媒介在社会网络中的角色会因其所处网络的不同而发生变化,因而对媒介表征的分析也必须更为全面。

任何媒介空间网络,只要存在呈现,就存在制造和构建的过程,而这个实践的过程就需要重点关注,尤其要注意媒介的变迁所带来的文本和表征之间关系的变化。但是无论媒介如何变化,我们对之分析的要点在于:抓住生产实践的过程,观察在群体互动中,表征的生产实践规则是如何形成的,去努力揭示这个规则,探究生产者的生产活动中到底会受到什么力量的影响以及遭遇什么样的困难。

在表征生产过程中,尤其要注意权力作为最核心支配力量的作用,正如上述分析的研究文本示例,在研究过程中需要将权力放进网络中进行分析。未来仍然会存在传播主体概念的变化,原来我们经常分析的是媒体实践的一个从业者,或者是每一个个体,在公共意见形成中的作用,而将来的研究中,这种力量就不再会是以单一的力量面貌呈现,不同的个体都会发挥影响力,并不局限在技术的力量、主体的力量、权力的力量这种划分,从对单独个体的研究转向网络中各个主体的作用和角色的变化研究,未来研究方向的转变需要把主体看成是在社会行动的物质层面和社会层面的整合系统理解,只有这样才能更好地展开去说未来的媒体制造或者是信息空间文本制造的一个真正的实践过程。在研究的过程中,也不能忘记要以批判、全面的视角对整体进行尽量完整的分析。

除了 ANT 以外,我们也可以寻找更多不同的理论视角来对媒介表征议题进行分析,探索不同学科的理论对处理新闻议题的可能性。与此同时,也应注意到ANT 视角与其他理论视角在分析媒介表征问题上的局限性,从更为宏观、全局的视野来观察媒介表征问题在当代的实践。ANT 视角在新闻学研究中仍然存在不足之处,不只是 ANT 视角,还包括其他的一些引入到新闻领域用来分析新闻问题的理论,都有其自身的不足和缺陷,必须通过结合其他理论或是对理论进行批判性地应用。

本节导读文献:

Fürsich, E. (2002). How can global journalists represent the 'Other'? A critical assessment of the cultural studies concept for media practice. Journalism, 3(1), 57 - 84.

McGregor, S.C. (2019). Social media as public opinion: How journalists use social media to represent public opinion. Journalism, 20(8), 1070 - 1086.

Cooper, G., Blumell, L., & Bunce, M. (2021). Beyond the 'refugee crisis': How the UK news media represent asylum seekers across national boundaries. International Communication Gazette, 83(3), 195 - 216.

建议阅读文献：

Orgad, S. (2014). Media representation and the global imagination. John Wiley & Sons.

Strömbäck, J. (2012). The media and their use of opinion polls: Reflecting and shaping public opinion. In Opinion polls and the media (pp. 1 - 22). Palgrave Macmillan, London.

Cuklanz, L. M. (2013). Mass media representation of gendered violence. The Routledge companion to media & gender, 50 - 59.

思考：

社交媒体与公共意见表征的关系模态或曰规则/惯习是如何生成的？

第四节 数字技术、自我和社会

一、与媒介社会学的关联

经典社会学视角中,行动者和结构的二元对立具有诸多弊端。自然主义的社会学路径"结构强大而行动虚弱",如迪尔凯姆的社会理论强调社会规则对人的约束;解释主义的社会学"行动强大而结构虚弱",忽视约束、权力和大规模的社会组织,如阿尔弗雷德·舒茨(Alfred Schutz)现象学、哈罗德·加芬克尔(Harold Garfinkel)常人方法学等过于强调深描,而无法解释社会权力结构如何再生产。① 吉登斯的结构化理论调解了行动者和结构的二元互动,关注普遍持续的结构和行动者之间的相互构造。

数字技术、自我与社会这一专题从微观视角,强调行动者的作用,以及以媒介作为中介的自我与社会的关系及二者的反身性互动。相较于前几个专题,这一部分主要是从微观视角探究自我与社会的关系,解释性地理解自我与社会的互动。关于自我与社会关系的探索,有两条理论脉络,一条是以迪尔凯姆为代表的社会整体主义。在个体与社会的关系问题中,这一流派更多强调社会结构性因素在其中发生作用的机制,关注社会成员之间的分工和社会规范对个人的影响。

社会整合(social integration)最早由迪尔凯姆提出,是指社会不同的要素、部分结合为一个统一、协调整体的过程及结果。② 随着社会文明的进步和生产力的发展,社会成员之间的分工协作成为必然。社会分工促进了社会各职能部门的合作,也实现了个体在差异性基础上的相互依存,形成基于"有机整合"的社会建构路径。在以有机团结为基础的组织社会中,分工成了团结的主导因素。③ 而如果发生越轨行为,个人会受到法律法规的制裁,因为个人与社会之间

① Banks, S.P., & Riley, P. (1993). Structuration theory as an ontology for communication research. Annals of the International Communication Association, 16(1),167-196.
② 袁泽民、莫瑞丽:《"社会整合"的类型及建构——对迪尔凯姆的"社会整合"思想的解读》,《理论界》2008年第5期,第185-187页。
③ 孙帅:《神圣社会下的现代人——论涂尔干思想中个体与社会的关系》,《社会学研究》2008年第4期,第76-100页。

的纽带通过法律、社会规范来维系,社会对人形成反身性控制。关于个体与社会的关系问题,迪尔凯姆提出道德个人主义,要发挥道德的正向激励作用以促进社会整合。①

另一条探究自我与社会关系的理论脉络是以韦伯、米德、库利、戈夫曼等人为代表的个人主义。这一流派从每个生动的个体的角度,解释性地理解个体行动和社会运作,这一视角能为个人行为动因生成及行动展开提供强有力的解释,但是微观的解释性理解难以将宏观社会变迁的结构性因素纳入考量范围内。

以米德、布鲁默、戈夫曼等人为代表的符号互动论者,认为人是积极的能动主体,可以解释、安排和评价自己的行为,人的自我是在社会互动中形成的,人类的互动形成社会。米德开创了符号互动论(symbolic interactionism)的学术传统,他的学生布鲁默继续在其思想上进行探索。这一流派从解释性的视角来理解社会,关注象征符号对个人与社会的影响,认为自我与社会共识都形成于符号互动之中,我们通过对象征符号的意义做出解释而获得对世界的经验认知。个体通过印象管理的方式在日常生活中把自己及自己的行动展现给他人,进而引导和控制他人形成对自己的印象。②

二、互联网技术发展线索下的自我形成

1989 年万维网(world wide web,web)的出现,推动互联网走入千家万户。互联网的本质是连接,web1.0 时代,超链接形成"内容网络";web2.0 时代,个体连接形成"关系网络";web3.0 时代,内容与终端的连接产生质变。

从 web1.0 到 web3.0 的技术演进过程中,媒介越来越成为一个重要的中介因素嵌入到人们的日常生活与交往当中,人们的自我呈现和印象管理策略因为不同的媒介技术特性及不同的时代特征而产生差异,自我与社会的关系在三个阶段经历了变迁。这一部分将按照互联网与传播技术发展阶段,来描述不同时期互联网自我呈现的基本特点和研究现状。

(一) web1.0 时代——网络自我的形成

web1.0 时代,去中心化、分布式的网络结构为网络架构主体特征。这时人与

---

① 孙帅:《神圣社会下的现代人——论涂尔干思想中个体与社会的关系》,《社会学研究》2008年第 4 期,第 76‐100 页。

② 欧文·戈夫曼:《日常生活中的自我呈现》,冯钢译,北京:北京大学出版社,2016 年。

内容的链接是单向的，以内容吸引用户，仍然处于内容为王的时代。这一时期的主要媒介形态有门户网站、博客、论坛等。这一时期的自我呈现是基于自我的多窗口呈现，以博客、论坛为中介，展开线上和线下两个世界的互动。这一时期的研究大多从符号互动论的角度探究自我在网络空间中的展演，这种展演和互动中，由于身体的离场造成了自我呈现与现实场景的疏离，由于线上线下联动的缺失，虚拟自我和现实自我往往以割裂甚至是互斥的状态呈现。

有关网络中个体自我呈现和交往行为的研究，国内外已有丰富的研究成果，其中大多是对个体线上交往行为的研究，对于线下使用情境及行为分析，线上行为与线下行为互动模式及两者间的相互关系的研究在 2005 年前并不多。[①] 早期的研究主要关注线上行为，线上线下的互动关注较少，或者重在比较线上自我和线下自我的异同，质疑线上自我的真实性等。大多数研究基于"线上自我是对线下自我的复刻和延伸"这样的思路展开研究，忽视了网络自我与实体自我之间的联系和共生关系。

人们在互联网环境中拥有一个或多个无实体的身份。尽管新媒体的可供性为探索和呈现自我提供了新的可能性，但大多数情况下，人们使用新媒体时的行为方式与其具身自我保持一致。[②] 互联网兴起之初，常有人质疑线上与线下的界限是模糊不清，难以界定的，但也有人认为在日常生活的互联网情境中，线上线下的社会交往常常结合在一起，并没有明确区分。[③]

除了媒介本身的特征之外，媒介外部的因素也对线上虚拟社交媒体使用者有着一定的影响，社会规范形塑人们的社会交往，学者们也逐渐在虚拟世界与现实世界的互动中开始关注权力和结构议题。有研究者将使用者线下的日常生活行为与线上行为共同作为分析对象，通过对其线上和线下整体行为的研究，透析社会结构和社会关系生成的问题。[④]

---

① 陈静茜：《表演的狂欢：网络社会的个体自我呈现与交往行为》，复旦大学博士学位论文，2013 年。

② 南希·K. 拜厄姆：《交往在云端：数字时代的人际关系》，董晨宇、唐悦哲译，北京：中国人民大学出版社，2020 年。

③ Beneito-Montagut, R. (2011). Ethnography goes online: towards a user-centred methodology to research interpersonal communication on the internet. Qualitative Research, 11(6), 716 – 735.

④ 陈静茜：《表演的狂欢：网络社会的个体自我呈现与交往行为》，复旦大学博士学位论文，2013 年。

(二) web2.0 时代——印象管理与自我呈现

web2.0 时代的关键特征是用户参与内容生产、个性化(以人为中心)、交互性。深化了人与人之间的关系,强调关系渠道,社会纽带与关系网络。这一时期的主要媒介形态是社交媒体。

这一时期用户为延伸自己在社会网络中的关系而进行内容生产,关系网络在虚拟空间得到延伸和复刻,实体自我在网络空间构建出了新的自我,线上线下自我的互动更为频繁,现实自我在多个社交媒体平台上得到多维展示。

web2.0 时代,人们已经习惯了数字化生存。研究者更关注个体在社交媒体上自我呈现的状况、策略及影响因素,并开始探究这种自我呈现背后的心理需求和动力机制,多是基于各大社交媒体平台进行研究分析,其中也有一些对比。

社交媒体上的自我呈现具有策略性的特点,用户基于复杂的个体和社会因素在社交媒体上进行印象管理。戈夫曼的印象管理理论认为,当个人在社会环境中向他人展示自己时,某些方面会被特别突出,一些方面则会被有意隐藏,这是一种持续自我表现的策略;自我呈现的过程不仅只有自我,还要考虑他人,因为社会规范与个人期待呈现的内容之间可能存在矛盾和对立。[①] 印象管理是自我与社会互动的过程,个体依赖想象中的受众(imagined audience)来构建自己的线上信息。

1. 想象的受众

我们对受众的想象既会受到结构性因素的影响(包括社会角色、社交语境、受众活动、网站特性和服务),也会受到个人能动性(individual agency)的影响(例如社交技能动机和网络使用技巧)。[②]

乌斯基(Suvi Uski)和蓝皮宁(Airi Lampinen)[③]发现尽管呈现真实的自我是所有社交媒体的共同期待,可是手动式内容生产模式和自动式音乐收听行为的分享模式隐含的社会规范不同,因而引导使用者自我揭露的程度不同。此外,用户还会采用各种科技和非科技手段来主动规范个人分享内容,比如自主修改社交网络的隐私设置,删除或添加一些功能,控制个人形象的建构。

---

① 杨洸:《"数字原生代"与社交网络国外研究综述》,《新闻大学》2015 年第 6 期,第 108 - 113 页。

② Litt, E. (2012). Knock, knock. Who's there? The imagined audience. Journal of broadcasting & electronic media, 56(3), 330 - 345.

③ Uski, S., & Lampinen, A. (2016). Social norms and self-presentation on social network sites: Profile work in action. New media & society, 18(3), 447 - 464.

由于网络环境面对的受众具有不确定性,社交网络中的自我呈现也引发了各界对个人隐私的关注。青少年用户可以通过隐私设置,控制谁能看到他们的个人介绍,谁能浏览他们上传的内容,能与谁在网上互动。① 一些青年会采用特殊的策略——"社交隐写术"对抗难以控制的受众,比如引用一些父母读起来会感觉很欢乐的电影台词,而他们的朋友却能准确地识别出这是种不高兴的表达。②

想象中的受众和实际受众之间往往存在差距。互联网让我们很难估计自己在多大范围内进行了自我暴露,③我们也很难知道谁在看我们在社交媒体上发布的内容,因为信息是可被储存和复制的,所以它能够被传播给我们从未想象到的受众。因为信息通常是可被搜索的,所以人们可能在看到这条信息时,并不了解它是在何种语境下被创建的。我们在网上呈现自我时,面临着坍塌的受众和坍塌的情境,④因为在每个平台上,个人可能会接触到曾经截然不同的社会群体——家庭、朋友、教育工作者和雇主。在各式各样的社交媒体平台中,互联网用户不断地就身份、自我展示和社交关系进行协商和沟通,在这个时刻,理解监控如何牵连到现有的权力结构显得尤为重要,所以有学者关注到社交媒体的监控问题,探究年轻人如何想象不同社交媒体平台中的社会规则、监控自己的数字足迹。⑤

2. 无实体的身份

数字媒体似乎把自我和身体截然分开,造就了一种仅仅存在于行动和语言中的无实体身份(disembodied identities)。⑥

戈夫曼用舞台或戏剧语言来理解日常行为与互动,认为人生是舞台,人们在不同的社会舞台上要扮演不同的角色。将戈夫曼的拟剧论迁移到网络环境中来看,

---

① Subrahmanyam, K., & Greenfield, P. (2008). Online communication and adolescent relationships. The future of children, 119 - 146.
② Marwick, A. E., & Boyd, D. (2014). Networked privacy: How teenagers negotiate context in social media. New media & society, 16(7), 1051 - 1067.
③ Solove, D. J. (2007). The future of reputation: Gossip, rumor, and privacy on the Internet. Yale University Press.
④ Marwick, A. E., & Boyd, D. (2011). I tweet honestly, I tweet passionately: Twitter users, context collapse, and the imagined audience. New media & society, 13(1), 114 - 133.
⑤ Duffy, B. E., & Chan, N. K. (2019). "You never really know who's looking": Imagined surveillance across social media platforms. New Media & Society, 21(1), 119 - 138.
⑥ 南希·K. 拜厄姆:《交往在云端:数字时代的人际关系》,董晨宇、唐悦哲译,北京:中国人民大学出版社,2020 年。

网络中所展现的个体身份和角色亦是多重的。雪莉·特克（Sherry Turkle）在1996 年提出了窗口隐喻，借助技术的可供性，我们可以在同一时间，在不同的电脑窗口中，不同的 App 上做着不同的事。① 这种窗口化的生活实践与其说是一种多任务处理方式，不如说是自我身份去中心化的过程，在特定媒介环境中，自我变成了多样性的分布式的系统，用户打开多个空间，拥有多个身份，具身自我在分化的过程中可能由于注意力遭受挤压而陷入迷茫，其连贯性和内在一致性受到削弱。②

自我在不同的环境中表现出不同的形象特质，自我基于身份而有不同的化身。卡特林·分克诺尔（Catrin Finkenaueret）等研究者认为身份代表了"自我的一个方面，它在特定的语境下可被接近和凸显，又会与环境相互作用"③。虽然人们能够在社交媒体的自我呈现中进行个人塑造和精心粉饰，但是社交媒体中的身份如果在不同情境下表现的自我过于不同、身份差距过大的话，自我呈现的真实性会被质疑，同时这也会对人际关系造成一定的危害。④

3. 释放和流露：社交线索的披露

释放和流露是人们在社交媒体平台上披露社交线索、建构线上社会身份的两种方式。释放是指人们主动传达出来的信息，而我们除了会向他人"释放"自己个人身份和社会身份的线索外，还会不经意地"流露"一些线索。⑤

在面对面交流中进行印象管理并不容易，因为我们时常会不自主地流露出各种社交线索，例如表情、眼神、仪态等，甚至连日常表达也是即时的、当下的，所以伪装自己是有一定的难度的。但是在基于社交媒体平台的中介化交流中，戈夫曼提出的印象管理策略发生了变化，即释放被强化，流露被弱化。⑥ 在社交媒

---

① Turkle, S. (1996). Working on identity in virtual space. Constructing the self in a mediated world, 156.

② 南希·K. 拜厄姆：《交往在云端：数字时代的人际关系》，董晨宇、唐悦哲译，北京：中国人民大学出版社，2020 年。

③ 南希·K. 拜厄姆：《交往在云端：数字时代的人际关系》，董晨宇、唐悦哲译，北京：中国人民大学出版社，2020 年。

④ Davis, K. (2012). Tensions of identity in a networked era: Young people's perspectives on the risks and rewards of online self-expression. New media & society, 14(4), 634 - 651.

⑤ 欧文·戈夫曼：《日常生活中的自我呈现》，冯钢译，北京：北京大学出版社，2016 年。

⑥ 董晨宇、丁依然：《当戈夫曼遇到互联网——社交媒体中的自我呈现与表演》，《新闻与写作》2018 年第 1 期，第 56 - 62 页。

体上,我们可以通过精心编辑的图片、视频,字斟句酌的文字对个人形象进行包装,在面对面交流中可能会流露出的诸如仪表仪态这类社交线索隐匿在聊天框的文字和表情包里,我们更容易"言不由衷"。相比于日常生活,我们对于社交媒体中的印象管理具有更大的控制权和自主性,我们可以轻易塑造"经过精心设计的理想自我",但也容易迷恋上这种"自我中心主义社交",[1]从而减少了与他人的深度交流。

(1)释放(given) 不同的社交媒体和网站所具有的可供性会为个体建构身份提供不同的线索。有学者利用自动数据收集技术,分析了他们工作的大学中,所有可以看到的 Facebook 用户的个人资料。结果发现,平均而言,用户资料的填写完成度为 59%。[2] 早期的社交网站 Friendster 提供了五种兴趣类别(一般兴趣、音乐、电影、电视和书籍),这种分类也被应用在 Myspace、Facebook 和 Orkut 上。[3]

同时,社交媒体也限制自我呈现的线索,人们借助技术手段来操纵自我呈现的方式能力变得尤为重要。有研究者对四个不同网站的 1 000 份个人主页进行内容分析,发现很多人试图展示自己的技术能力。[4]

此外,在通过主动释放的方式来塑造网络身份的过程中,用户通常需要在理想自我与真实自我之间找到平衡。[5] 例如,相亲网站的用户会在填写个人资料时撒谎,例如对自己的年龄和身高进行适度的修饰。也有用户会把自己的体重报低一些,应为他们认为从线上认识到线下见面的这段时间里,他们能够减肥成功,这种谎言是对未来自我的呈现。[6]

---

[1] 雪莉·特克尔:《群体性孤独》,周逵、刘菁荆译,杭州:浙江人民出版社,2014 年。

[2] Lampe, C. A., Ellison, N., & Steinfield, C. (2007, April). A familiar face (book) profile elements as signals in an online social network. In Proceedings of the SIGCHI conference on Human factors in computing systems (pp. 435 - 444).

[3] Liu, H. (2007). Social network profiles as taste performances. Journal of computer-mediated communication, 13(1), 252 - 275.

[4] Papacharissi, Z. (2002). The presentation of self in virtual life: Characteristics of personal home pages. Journalism & Mass Communication Quarterly, 79(3), 643 - 660.

[5] Ellison, N., Heino, R., & Gibbs, J. (2006). Managing impressions online: Self-presentation processes in the online dating environment. Journal of computer-mediated communication, 11(2), 415 - 441.

[6] Ellison, N.B., Hancock, J.T., & Toma, C.L. (2012). Profile as promise: A framework for conceptualizing veracity in online dating self-presentations. New media & society, 14 (1), 45 - 62.

（2）流露(give off)　个体的行为方式比消息内容本身更有信息量,而在社交线索稀疏的网络环境下,不经意间流露的线索可能包含更多的信息量。[1] 埃利森等人发现,在约会网站上伪装自我的人往往会不经意间在信息中流露出欺骗性的线索,但人们并不会关注这些线索进而据此判断对方信息的可信度。[2] 流露的线索对我们自己也是有效的:布兰德等人发现,那些头像照片更具魅力的约会者,会在自我描述中使用更为自信的文字,这种做法也能提升他们的吸引力;甚至那些没有看到照片的人,也会单纯被文字所感染。[3]

（三）web3.0 时代——自我追踪与量化自我

web3.0 时代,万物互联互通,个人与技术和数据深度绑定。这一时期关于自我与社会的研究转向具身认知的相关研究,自我与设备共同构建了新的自我。这一时期的研究关注焦点为人与技术的反身性互动。

相比 web2.0 时代技术、社会与人的互动主题聚焦于自我呈现和印象管理,web3.0 时代的互动形式和主题更为多样,表现为各种类型的量化自我实践及数据互动过程。同时,人与技术和社会关系重心实现了从 web2.0 时代关注人与社会互动,到 web3.0 时代关注人与技术的互构的转变。当然三者相互联系、相互作用是贯穿始终的主线,只不过重心发生了潜在的转移。

自我追踪与量化自我是这一时期人与技术互动的主旋律。随着可穿戴设备的兴起和健身 App 的发展,以及现代人对健康的关注和追求,量化自我(quantified self)与自我追踪(self-tracking)逐渐成为一种潮流。量化自我是指定期收集、记录、分析有关自身的数据,从而达到监测、管理、优化自我及生活等自反性监视(reflexive monitoring)目的一种活动。[4]

---

[1] Ellison, N., Heino, R., & Gibbs, J. (2006). Managing impressions online: Self-presentation processes in the online dating environment. Journal of computer-mediated communication, 11(2), 415-441.

[2] Ellison, N.B., Hancock, J.T., & Toma, C.L. (2012). Profile as promise: A framework for conceptualizing veracity in online dating self-presentations. New media & society, 14(1), 45-62.

[3] Brand, R.J., Bonatsos, A., D'Orazio, R., & DeShong, H. (2012). What is beautiful is good, even online: Correlations between photo attractiveness and text attractiveness in men's online dating profiles. Computers in Human Behavior, 28(1), 166-170.

[4] Lupton, D. (2014, December). Self-tracking cultures: towards a sociology of personal informatics. In Proceedings of the 26th Australian computer-human interaction conference on designing futures: The future of design (pp. 77-86).

　　健康领域的自我追踪设备被认为能够进行自我监测、控制病情和管理风险,减少对他人的依赖,从而增强自主性。① 有研究聚焦于识别面向个人健康信息管理的用户量化自我持续参与的动机,归纳出"工具—社会—用户"三维综合视角的动机模型。通过实证数据证明 Keep 这类健身运动 App 对个人健康管理的有效性,同时发现社会压力、社群互动等社会交往因素对用户进行健康管理的自我效能在发挥着重要作用。②

　　而教育领域的任务导向型量化自我方法能够通过打卡、分享等社群行为来实现个体动员、反思和提升。③ 斯塔夫罗斯·阿西马科普洛斯(Stavros Asimakopoulos)等人发现,使用健康追踪类设备的主要动机是数据、游戏化和内容。④ 斯蒂芬妮(Chuah Stephanie Hui-Wen)等利用技术接受模型,发现感知有用性和可见性是智能手表采纳的重要影响因素。⑤ 运动型位置媒体突出表现出技术、空间、身体三者共同在场的媒介特性,校园有定位功能的 App 促进开展"校园跑"这一"被动式自我追踪"健康与数据实践,在这一过程中技术与身体互嵌构成了教师对学生日常锻炼的"凝视"、规训学生跑步行为的复杂行为系统。⑥

　　除了量化自我的身体数据,量化自我与时间的媒介管理实践也是 web3.0 时期出现的研究新方向。对有限的个人时间进行追踪与有效管理是量化自我的重要维度之一。时间管理 App 的用户还可能通过功能"瘦身"、有限"断连"、数据"罢演"等策略对技术进行驯化,这也是量化自我实践应该关注的另一重要维度。⑦

---

① Sharon, T. (2017). Self-tracking for health and the quantified self: Re-articulating autonomy, solidarity, and authenticity in an age of personalized healthcare. Philosophy & Technology, 30(1), 93 – 121.

② 徐孝婷、朱庆华、杨梦晴等:《面向个人健康信息管理的量化自我持续参与动机研究》,《情报学报》2022 年第 3 期,第 229 – 243 页。

③ 孙文峥:《任务导向型网络打卡:新媒体时代的数据化生活与自我管理》,《南京社会科学》2020 年第 6 期,第 100 – 107 页。

④ Asimakopoulos, S., Asimakopoulos, G., & Spillers, F. (2017). Motivation and user engagement in fitness tracking: Heuristics for mobile healthcare wearables. In Informatics, 4(1), 5.

⑤ Chuah, S.H.W., Rauschnabel, P.A., Krey, N., Nguyen, B., Ramayah, T., & Lade, S. (2016). Wearable technologies: The role of usefulness and visibility in smartwatch adoption. Computers in Human Behavior, 65, 276 – 284.

⑥ 许同文:《"媒介特性"与"数据实践":基于位置媒体的"校园跑"》,《国际新闻界》2019 年第 11 期,第 46 – 69 页。

⑦ 曹璞、方惠:《"专注的养成":量化自我与时间的媒介化管理实践》,《国际新闻界》2022 年第 3 期,第 71 – 93 页。

三、导读文献视角性解读及贡献

本部分将主要通过三篇文章的视角性解读，来呈现从 web1.0 到 web3.0 媒介化社会中自我的呈现及运作机制相关。这三篇文章分别是鲁宾逊（Laura Robinson）的《赛博自我：数字时代的线上自我构建与符号互动》，[①]霍伦博（Erin Hollenbaugh）的《社交媒体中的自我展示：回顾和研究机会》，[②]德博拉（Lupton Deborah）和莎拉（Maslen Sarah）的《超越人类的感官：与数字自我跟踪技术的感官互动》。[③]

（一）web1.0 时代：数字时代的线上自我构建与符号互动

web1.0 时代的研究，主要聚焦在线上与线下自我的异同，自我形成的过程，强调线上自我是对线下自我的延伸和再现，网络自我难以脱离实体自我的束缚。

鲁宾逊的《赛博自我：数字时代的线上自我构建与符号互动》一文基于互联网人口规模达到临界状态、多用户域的适用性在推广到网络空间受到挑战的背景，并置符号互动主义和后现代主义对网络自我的解释，梳理了在线自我的形成过程，最后提出在创建在线自我时，用户并不寻求超越他们线下自我的最基本方面；相反，用户大多根据现实世界中存在的相同类别属性构建出身体、角色和个性。

符号互动论对自我的边界性和永恒性提出了质疑，认为自我是在互动中形成和变化调整的。符号互动主义者试图推翻静态自我作为一个有边界的整体的概念，而后现代主义的观点威胁到了符号互动的概念，都认为个体是通过互动来创造和维持主我。

在后现代框架与符号互动论相互驳斥的背景下，互联网虚拟环境发生了深刻的变化。早期的互联网用户群体的基本特征是导致人们沉迷于后现代视角的原因。当时关于网络自我的研究声称是网络空间身份的代表。然而，这一时期的研究主要以使用者作为研究对象（multi-user domains, MUDs），即以受过大学教育、互联网技术熟练的白人男性群体为主要研究对象。然而，这类群体多接受后现代

---

① Robinson, L. (2007). The cyberself: the self-ing project goes online, symbolic interaction in the digital age. New Media & Society, 9(1), 93 – 110.

② Hollenbaugh, E. E. (2021). Self-presentation in social media: Review and research opportunities. Review of Communication Research, 9, 80 – 98.

③ Lupton, D., & Maslen, S. (2018). The more-than-human sensorium: sensory engagements with digital self-tracking technologies. The Senses and Society, 13(2), 190 – 202.

框架理解自我的习惯形成,后随技术的发展,互联网用户基础发生了根本的变化。如今,用户域群体在互联网用户基础中所占比例越来越小,因为互联网身份越来越以实体身份为连接根本,同时对角色扮演游戏感兴趣的用户比例也越来越低。由之,基于互联网早期用户的后现代研究对网络自我的解释力也越来越弱。

后现代理论视角下,多用户域中多重自我的实现主要通过角色扮演发生。多用户域的使用者沉迷于他们的幻想,而不担心在线下世界会发生的后果,因为在多用户域环境中可接受的行为和表达的范围远远超过了线下世界。线上自我从身体中解放出来的论点也不断被挑战。作者通过对 A·R. 斯通(Allucquère Rosanne Stone)等人的案例分析,进一步指出,虚拟的自我很难在没有线下自我的积极干预下自发行动,沉浸在一个在线角色中并不意味着仅保持一个离线的自我作为一个独特的实体具有自足性。相反,这会与在现实世界中所拥有的"一个主要角色或真实身份"的"社会必要性"产生紧张关系。① 总体来看,后现代主义对于网络自我的解释是脱离实体的。

作者还引用玛格丽特·韦特海姆(Margaret Wertheim)关于后现代对网络自我的批判进一步说明,网络环境并没有提供线下世界所没有的自我选择,相反,它们允许人们探索曾经主导西方思想的身心二元性并进行新理解。② 韦特海姆认为,在网上的多重自我,与人们在现实世界中可能表现出的变色龙般的行为没有任何区别。事实上,虚拟身体远没有抵消物理身体被赋予的社会意义,反而常常强化这些社会意义,因为虚拟环境中的社会分层往往会再现现实世界的文化规范。

通过以上历时分析和对后现代的网络自我解释的反驳,作者认为分析符号互动主义者的框架对理解网络自我的过程至关重要,因为网络自我的形成和协商方式与线下自我相同。

在符号互动论视角下,个体在网络中在进行重塑实体自我的实践。线上自我很难摆脱线下自我的社会身份所代表和塑造的性别、阶级、种族意识形态的束缚,例如雪莉·特克1995年发现性别刻板印象在在线互动中更为常见。正如洛里·肯德尔(Lori Kendall)在著作中所言:"个人的性别、种族和阶层的假设被复制到在

---

① Stone, A.R. (1996). The war of desire and technology at the close of the mechanical age. MIT press, p.73.

② Wertheim, M. (1999) The Pearly Gates of Cyberspace: A History of Space from Dante to the internet. New York: Norton.

线互动中……在线参与者继续在本质化的术语中理解身份,在特定的物理身体中扎根。"①

鉴于用户群体和互联网活动类型的变化,对大多数用户来说,线上自我是线下自我的延伸。计算机成为中介,线上交往规则和现实交往略有不同,但其中自我实现的过程是一致的。从符号互动论的视角来看,网络主我在互联网上通过选择特定的照片和文字进行自我呈现时,会考虑概化他人的想法,感知网络中其他人的感受和反应,从而形成反身性构造的网络客我。

所以总体来看,我们应该从符号互动论的视角来看待网络自我的形成过程。网络自我是在主我客我的社会互动中形成的,在线自我是离线自我的延伸和扩展,同样受到物理身体所在的社会环境的影响。戈夫曼的"释放"和"流露"的拟剧论隐喻在网络互动中通过文本形式体现出来,"前台"和"后台"对于建构网络自我的反身性互动至关作用,所以网络自我是社会互动涌现的产物。

这篇文章以web1.0时代网络自我的形成过程为主线,也帮助我们了解了早期互联网环境中符号互动论和后现代主义理论框架的适用性,为我们明晰了早期互联网传播即web1.0时代的数字互动提供了基础性的理解视角,同时推动了后续自我与社会关系研究的进一步发展。同时,这篇文章的分析和结论体现了web1.0时代,行动者和结构的二元关系的勾勒,对在线自我进行了本体论思考。

(二) web2.0:社交媒体中自我展示述评

霍伦博的《社交媒体中的自我展示:回顾和研究机会》通过梳理 web2.0 时代的个体在社交媒体上自我呈现的相关研究,分别从技术、他人与情景三个角度,总结出影响社交媒体用户自我呈现和印象管理的中介变量和调节变量并整理成理论模型,最终提出社交媒体的自我呈现研究中的空白点和研究机遇。② 该模型说明了社交媒体支持和感知受众在自我呈现目标和社交媒体中选择的自我呈现内容之间关系中的调节作用。

这篇文章为我们理解用户在社交媒体上的自我呈现提供了一个框架,该综述

---

① Kendall, L. (1996). 'MUDder, I Hardly Knew er', in L. Cherny and R. Weise (eds) Wired Women, pp. 207 - 23. Seattle, WA: Seal Press.

② Hollenbaugh, E. E. (2021). Self-presentation in social media: Review and research opportunities. Review of Communication Research, 9, 80 - 98.

聚焦于影响社交媒体中自我呈现的三个主要主题：支持功能、他人生成的内容和语境坍塌展开论述。作者主要有以下三点发现：

第一，匿名性、持久性、可见性，这三个基于技术可供性的调节变量，解释了用户的自我呈现的功能支持性动因，回答了用户在什么情况下更愿意进行自我呈现，在什么情况下会进行理想化的自我呈现等问题。

第二，他人生成的内容以点赞、评论、标签和分享的形式对社交媒体用户的自我展示内容产生影响，通过他们选择如何管理这些内容发挥中介作用。这一发现揭示出他者或者说传统意义上的概念化的他人对个体自我形成的影响，社交媒体上的他人能够对调配自我呈现产生影响。

第三，情境坍塌在自我呈现目标与自我呈现内容之间具有调节作用，社交媒体用户在追求自我表现的过程中，采用了不同的方式来应对情境崩溃的复杂性。

这篇文章为我们构建了 web2.0 时代理解自我与社会互动的基本框架，主要从媒介特质和他人效应的角度进行了分析，关注在技术的可供性支持下，受众对社交媒体用户自我呈现的影响，是对传统自我呈现理论的丰富和完善，为后来网络自我呈现研究提供了理论和分析参照。

（三）web3.0：与数字自我跟踪技术的感官互动

德博拉和莎拉的《超越人类的感官：与数字自我跟踪技术的感官互动》展现了 web3.0 时代下人与技术和数据的互动情况。通过访谈分析了澳大利亚女性对 Apple Watch 等健康数字追踪技术和设备的使用情况，探究人类使用数字追踪设备时的感官反应是如何得到拓展和延伸，又如何被监控、挑战和重新建构的。[①]

作者在研究中发现，澳大利亚女性使用与健康相关自我跟踪 App 和可穿戴设备记录身体信息的特点和功能主要体现在三方面：发现和揭示身体信息，识别模式和相关性，使用数字设备进行具身学习。

具体而言，在发现和揭示身体信息方面，健康类自我跟踪 App 有助于用户更好地了解自己的身体状况，同时，轻松记录身体机能和活动的机会让他们发现了有关身体的新形式的信息。

---

① Lupton, D., & Maslen, S. (2018). The more-than-human sensorium: sensory engagements with digital self-tracking technologies. The Senses and Society, 13(2), 190 - 202.

在识别模式和相关性方面,使用者发现随着时间的推移和自动化的数字记录,他们从这些长期数据中完善了具身记忆形成和意义构建的过程,并发现了身体变化规律、加深了对自己身体的了解。用户使用技术来感知自身的身体状况,记录不同状态下的关联,更是重新确立一种对于身体的控制。

在使用数字设备的具身学习方面,数据反馈身体状况,用户在利用感官经验解读数据,这反映用户的身体数据与具身体验相互作用,是一种对于数据的充分解读和深度参与。例如,4岁的杰西卡多年来使用App计算卡路里,已经改变了以视觉评价食物的方式,她看到某种食物就能知道它包含多少卡路里。

通过访谈和分析,作者总结了数字技术对人们的感官能力作用,即人类通过设备和数据来实现感知能力的实践。数字技术与人体化身的相互作用构成了我们所说的"超越人类的感官"。

此外,作者也提出,技术代理提供了新的感觉、识别模式和增强的感觉能力也为思考和回应人体状况提供了新的方式,它们形成身体、自我和技术的混合协作。在自我与数字设备互动的智能化环境中,个体的意义构建涉及数字传感器的复杂集合,关于人类感官的数字数据,以及人类具身的感官感知。这种意义建构过程可以被看作是人类与非人类之间不断涌现的关系。

最后,作者强调,除了运用数字跟踪设备读取数据以外,使用者还应该反思评估和理解她们的数字数据,并将其纳入日常生活中。这项感官工作包括利用他们的感知和知识来确定应用程序或可穿戴设备在监测和测量他们身体时的准确性。设备在设计或功能上存在缺陷,有时会封闭或挑战女性的感官体验和常识。

在这篇文章中,展示了受访者通过使用数字设备生产感官体验和知识的一些方式,这些设备可以访问他们身体的各个层面的数据,并产生和存档数字数据集。通过这些技术产生的代理能力包括发现信息与动机、量化和自动化收集数据、区分"虚假"的身体感觉和"真实"的感觉、识别模式和增强感觉能力。

这篇文章从个体与数据的感官互动,技术的功能性支持对身体的延伸和再塑造,以及自我与设备的反身性调控等角度,反思了新兴的人与技术和数据互动的方式,体现出行动者与结构关系的嵌入性影响,进一步消解了行动和结构的二元对立,为我们理解个体与社会的互动提供了新的视角。基于这篇文章论述的人—设备—数据(human-device-data)结合模式,未来研究者可以继续探索该模式的运行对社会整体结构变迁的影响机制。

四、未来展望及面临的挑战

(一) 跨文化视野的融入

目前互联网自我呈现的研究大多分散地呈现不同文化背景下的互联网自我呈现和印象管理,较少跨文化冲突与融合视角的介入,未来研究可以进一步加大对文化因素影响的考量,探究跨文化语境中自我呈现的共性和差异。同样,在本土研究中,我们也可以考虑将跨文化语境因素引入我国个体的自我呈现的研究中。有学者更多地考虑中国传统文化因素对自我呈现的影响,例如"集体主义/个人主义""高权力距离/低权力距离""男性文化/女性文化""高风险回避/低风险回避"等,这方面的研究视角可进一步拓展。[①]

(二) 关注群体与社会的互动

现有研究主要在个体层面上分析经由媒介中介的自我与社会的互动,而针对不同群体的集体表演的研究较少展开。未来研究可进一步将视野从个体的身份构建与印象管理,拓展到群体层面的互动和网络交往,从群体传播和组织传播层面,探究在互联网平台上不同圈层的身体展演和集体互动。

(三) 行动与结构力量平衡

大多数自我呈现的研究聚集于微观个体,注重对个体行为的深描,视角过于微观,很难解释宏观的社会变迁过程中的结构性变化,也缺少对个体行为原因背后的结构性力量的分析。未来研究不应仅仅停留在解释个体行为的层面,还可以关注阶层、政治制度等结构性因素对于个体自我呈现的影响。关注社交媒体中的"品位表演"等,这些都可作为未来研究拓展的方向。[②]

总而言之,关于技术、自我与社会的研究在回归人本身的同时,也应该更多地关注社会普遍性议题,将个体的网络社会交往、自我呈现与印象管理、自我跟踪等媒介实践放置于社会宏观结构中进行思考和探索,推动自我与社会的研究走进更为宏大的学术视野当中。

---

① 董晨宇、丁依然:《当戈夫曼遇到互联网——社交媒体中的自我呈现与表演》,《新闻与写作》2018 年第 1 期,第 56 - 62 页。
② 董晨宇、丁依然:《当戈夫曼遇到互联网——社交媒体中的自我呈现与表演》,《新闻与写作》2018 年第 1 期,第 56 - 62 页。

本节导读文献：

Robinson, L. (2007). The cyberself: the selfing project goes online, symbolic interaction in the digital age. New Media & Society, 9(1),93 – 110.

Lupton, D., & Maslen, S. (2018). The more-than-human sensorium: sensory engagements with digital self-tracking technologies. The Senses and Society, 13(2),190 – 202.

Hollenbaugh, E. E. (2021). Self-presentation in social media: Review and research opportunities. Review of Communication Research, 9,80 – 98.

建议阅读文献：

Lupton D., "Self-tracking Cultures Towards a Sociology of Personal Informatics," the 26th Australian Computer-Human Interaction Conference, Australia, 2014.

Humphreys, L. (2018). The qualified self: Social media and the accounting of everyday life. MIT press.

思考：

未来"人—设备—数据"结合模式对社会整体结构变迁影响机制会是怎样的？

第六章

媒介社会学经典研究方法
及应用案例剖析

第一节 实验法 ▶▶▶

一、实验法定义与应用

(一) 实验法的定义、要素与优缺点

实验法是基于探索因果关系目的的一种研究方式。[①] 实验研究源于自然科学,20世纪被引入社会学等学科,并首先在心理学领域得到应用。[②] 有学者将实验法定义为"一种在有控制的条件下可重复的观察;其中一个或更多的独立变量受到控制,以使建立起来的假设或者假说所确定的因果关系有可能在不同情景中受到检验"[③]。实验法涉及三对主要概念:自变量与因变量、前测与后测、实验组与控制组。自变量是实验中的刺激因素,实验的目的就是比较施加刺激和不施加刺激导致的结果差异。前测指被试在接受自变量刺激之前接受的测量,后测指被试在接受自变量刺激之后接受的测量,前后测因变量表现出的差异被认为是自变量的影响效果。控制组不被施加实验刺激,实验组被施加实验刺激,控制组的设置有利于判断因变量的变化是在自变量作用的情况下产生的,而非受到其他外在因素的影响。[④]

实验法的优点在于将实验变量和其影响分离开来,便于明确因果关系,有利于解决媒介社会学定量非实验研究中的内生性问题。[⑤] 另外,由于严格控制实验环境和条件,在实验环境、变量和设计基本相同的情况下,重复实验得到的结果应是相同的,即实验法的信度较高。[⑥] 实验法需要的受试者也较少,在很多情况下能够节省时间和经济成本。[⑦] 实验法的主要缺点在于多数研究是在实验室环境下人为操控的,实验室环境与自然环境有很大差别,实验室中得出的结论在自然环境下不

---

① 艾尔·巴比:《社会研究方法》,邱泽奇译,北京:华夏出版社,2018年,第222页。
② 风笑天:《社会学研究方法》,北京:中国人民大学出版社,2001年,第187页。
③ 风笑天:《社会学研究方法》,北京:中国人民大学出版社,2001年,第188页。
④ 艾尔·巴比:《社会研究方法》,邱泽奇译,北京:华夏出版社,2018年,第224-225页。
⑤ 罗俊:《计算·模拟·实验:计算社会科学的三大研究方法》,《学术论坛》2020年第1期,第35-49页。
⑥ 陈阳:《大众传播学研究方法导论》,北京:中国人民大学出版社,2007年,第170页。
⑦ 陈阳:《大众传播学研究方法导论》,北京:中国人民大学出版社,2007年,第170页。

一定成立,即外在效度不高。①

为了提高实验的效度,学者们对古典实验法进行了许多改进。在内在效度方面,为了避免实验者先验式判断的影响,很多情况下研究者采用双盲实验,即实验目的、实验组和控制组的分配等实验设计对实验执行人和被试都保密。在选择受试对象时,为了使实验组和控制组尽可能相似,研究者采用概率抽样、随机分配、配对等方法来对被试进行分组。在外在效度方面,"所罗门四组设计"排除了实验变量本身与刺激变量之间的交互作用。②

以实验来验证理论,或通过实验进行科学发现进而提炼出理论,从近代开始就被运用于自然科学研究,并成为占主导性位置的科学研究方法。

一般来说,社会科学实验方法是在高度控制干扰变量的前提下,对受试对象施加刺激,以考察刺激变量(自变量)导致结果变量(因变量)的变化情况,分析两者之间的关系,以检验理论假设或因果命题是否成立。③ 社会科学因果推断的基础策略是比较与控制:通过比较变异来获得变量间的相关关系,通过控制其他变量来获得相关基础上的因果关系。④ 其中,因果关系的确定需要满足三个条件:①变量间存在关系;②时间上有先后;③排除其他竞争性假设。因而社会科学领域的实验法适用范围有限,需要界定明确的概念与假设,特别适用于解释性研究而非描述性研究,尤其适用于小群体互动研究。⑤

在前互联网时代,社会科学实验主要为实验室实验(laboratory experiments)、自然实验(natural experiments)和田野实验(field experiments),⑥是研究因果关系的社会科学家亲自来的研究方式。

(二)实验法与社会学和传播学的关联

19 世纪上半叶,孔德在创立社会学时就强调其实证特征,他希望将自然科学

---

① 陈阳:《大众传播学研究方法导论》,北京:中国人民大学出版社,2007 年,第 170 - 171 页。
② 艾尔·巴比:《社会研究方法》,邱泽奇译,北京:华夏出版社,2018 年,第 226 - 235 页。
③ 罗俊:《计算·模拟·实验:计算社会科学的三大研究方法》,《学术论坛》2020 年第 1 期,第 35 - 49 页。
④ Frank Bechhofer & Lindsay Paterson (2000). Principles of research design in the social sciences. Routledge.
⑤ 艾尔·巴比:《社会研究方法(第 13 版)》,邱泽奇译,北京:清华大学出版社,2020 年,第 267 - 285 页。
⑥ 郝龙:《互联网社会科学实验:方法创新与价值评价》,《中南大学学报(社会科学版)》2020 年,第 163 - 174 页。

的方法引入社会科学的研究,注重研究结论的客观性与普遍性。迪尔凯姆在实证研究中强调的"控制比较法",也可视作一种"间接的实验方法"。除此之外,迪尔凯姆完成了《社会学方法的准则》《自杀论》等重要论著,为实证社会学奠定基础。[①]

实验方法较早被用于研究工业化大幕拉开背景下社会大众的心理和行为变化。随着19世纪工业革命的兴起,传统社会结构受到冲击,工人运动的蓬勃发展引发了政府和企业主的担忧,于是他们资助了一系列如何在工业社会中探索个体或组织行为特征的研究项目。其中,最为著名的霍桑实验就是由美国西方电气公司与美国国家研究委员会资助,于1924年起由霍桑在工厂里开展了一系列,旨在提升工人效率的实验研究。[②]

在传播学的四大奠基人中,具有心理学背景的霍夫兰和卢因都运用实验法进行新闻和媒介研究。其中,卢因把心理学的实验方法引入社会学领域,也为传播学研究提供了有效的分析手段,他还首创了"群体动力论"和"场论",用于对社会个体和群体行为的研究。霍夫兰则主要关注个体心理对行为的影响,研究个人的社会交往及态度、信念转变,他将"控制实验法"引入传播效果研究,曾于"二战"期间在美国陆军军部进行了一系列心理实验,战后在耶鲁大学组织"传播和态度改变研究",被后人称为"耶鲁研究"。

在长期的实验法研究中,社会学和传播学都形成了各自的经典议题和研究重心。例如,社会学田野实验(field experiment)的研究重点分布在四个领域:第一,经济发展、减贫和教育方面的政策干预;第二,关于规范、动机和激励在塑造行为中的作用研究;第三,政治动员、社会影响和制度影响的实验;第四,关于偏见和歧视的实验。[③] 在传播学研究中,互联网社会科学实验常见的议题类型分别为在线社会互动、在线社会感染、在线社会动员和在线传播效果。[④]

---

① 范晓光:《数字化与实证社会学研究方法困境化解》,《中国社会科学评价》2020年第3期,第66-75页。

② Franke, R. H., & Kaul, J. D. (1978). The Hawthorne experiments: First statistical interpretation. American sociological review, 623-643.

③ Baldassarri, D., & Abascal, M. (2017). Field experiments across the social sciences. Annual Review of Sociology, 43(1), 41-73.

④ 郝龙:《互联网社会科学实验:数字时代行为与社会研究的新方法》,《吉首大学学报:社会科学版》2018年第2期,第26-34页。

二、实验法研究案例

(一) 经典实验案例:霍桑实验与米尔格拉姆服从实验

采用实验法进行社会学研究的经典案例有很多,其中比较著名的是霍桑实验(Hawthorne experiment)、米尔格拉姆服从实验(Milgram's obedience experiment)和斯坦福监狱实验(The Stanford Prison Experiment)。霍桑实验于1924年在芝加哥西方电气公司的霍桑工厂开始,就照明水平和工人生产率之间的关系进行了研究。令人费解的是,无论光照的增加还是减少,工人的产出和工作满意度都会普遍增加。研究结果引起了社会学家的兴趣,他们发起了一项实验,以检验社会和物理因素对工作效率的影响。结果显示,大多数产出增加都是由于工作人员受管理层和同龄人之间的人际关系质量所影响,霍桑效应由此产生,工人满意度也成为组织研究中的重要议题。[1]

米尔格拉姆服从实验的想法源于纳粹集中营中士兵服从命令对犹太人施以暴行的现象。在第一次实验中,65%的被试按照实验者的要求,对"学习者"施加了最高等级的"电击"。对于第一次实验就达到如此高的服从率,米尔格拉姆表示惊讶,并进一步探究可能影响实验结果的因素,例如"学习者"的表现是否真实、被试是否意识到电击并没有真正被施加、被试是否需要承担责任、电击的最高伏特数、每次增加的伏特数值等,共进行了20多次实验。[2] 虽然米尔格拉姆实验的伦理问题一直存在争议,但这个实验确实使人们意识到对权威的高度服从普遍存在,该研究也启发了人们运用实验方法来检验探索性议题。

斯坦福监狱实验主要研究环境对个人行为的影响。实验中,被试被随机分为两组,一组扮演警察,另一组扮演囚犯,"狱警"穿着警服,"囚犯"穿着囚服、戴着镣铐,并且被限制了自由行动。在实验中,"狱警"对"囚犯"实施了非人的折磨,扮演囚犯的被试濒临崩溃,从实验者到被试的所有人,都被剧本的角色所困,实验最终被迫终止。[3] 在斯坦福监狱实验中,实验者并不是完全中立的,而是沉浸于监狱长的角

[1] Franke, R. H., & Kaul, J. D. (1978). The Hawthorne experiments: First statistical interpretation. American sociological review, 623-643.

[2] Russell, N. J. C. (2011). Milgram's obedience to authority experiments: Origins and early evolution. British Journal of Social Psychology, 50(1), 140-162.

[3] Zimbardo, P. G., Haney, C., Banks, W. C., & Jaffe, D. (1971). The Stanford prison experiment. Zimbardo, Incorporated.

色,纵容甚至助长了"狱警"的暴行。该实验之后,实验伦理问题也受到更多的关注。

（二）霍夫兰与说服实验

施拉姆曾用"十字路口"来形容传播学多学科穿插的特征。传播学的四大奠基人拉斯韦尔、拉扎斯菲尔德、卢因和霍夫兰分别来自政治学、社会学和心理学领域。其中,霍夫兰和卢因都运用实验心理学方法展开研究,而霍夫兰是把实验法引入个人态度研究领域的重要人物。

第二次世界大战期间,霍夫兰与其他合作者通过实验研究了电影在新兵中的说服效果。霍夫兰在《大众传播实验》一书中对这一系列实验进行了回顾,[①]下文对其中实验设计、主要案例和结果将进行简述。实验选取了《我们为何而战》作为刺激材料,这部系列片包含四部影片:《战争的序幕》讲述了法西斯兴起是"二战"爆发的主要原因,表明美国对此毫无准备;《纳粹出击》回顾了德国对其他国家的野蛮征服,并强调必须对德国宣战来阻止其侵略;《瓜分与征服》讲述了纳粹的战略,以及盟军最初的抵抗战略没有取得成功的结果;《不列颠之战》讲述了英国的英勇抵抗为美国赢得了宝贵的准备时间。[②] 研究者假设,新兵观看影片后,会获得对于战争的事实性信息,并且在美国开战的正确性、战争的困难性、对战友的信任、对盟军的信任、对敌人的仇恨、对战争胜利意义的信念这六个方面观点会有所改变。

以《不列颠之战》为例,其目的是增加美国新兵对盟军的信任,对其效果研究的实验设计如下:实验组观看这部影片,而控制组没有观看这部影片;在实验组观看影片前后对两个组进行匿名的问卷调查,并且进行了一个"只有后测"的附加研究。为了排除前测的影响,在测量因变量时,研究者设计了两套相似的问卷,并在用于后测的问卷开头印了"修改版"几个字,以避免引起被试的怀疑。在抽样方面,研究者以连队为单位进行抽样,并根据年龄、宗教信仰、出身等特点对人员分组进行了调整,以使实验组和控制组相似。研究者既测量了短期效果(被试参与实验一周后),也测量的长期效果(被试参与实验 9 个月后)。

将实验组和控制组的结果进行对比后,研究发现两组人员因变量的差异具有显著性,即影片显著影响了士兵对事实性信息的了解和对盟友的态度。进一步研究发现,新兵态度的改变相较于对事实性信息的了解而言变化较小,学者们对这一

---

① 卡尔·霍夫兰:《大众传播实验》,北京:中国传媒大学出版社,2015 年。

② 希伦·A.洛厄里、〔美〕梅尔文·L.德弗勒:《大众传播效果研究的里程碑》,刘海龙等译,北京:中国人民大学出版社,2009 年,第 88 页。

发现及其他同类型研究的相似结果进行了探讨。"二战"中的说服研究实验设计方法到今天还在使用,这一系列实验也作为传播学实验研究的经典案例被列入各类教材中。

(三) 里维尔项目中的"伪装"技术

采用了实验法的里维尔项目,是大众传播效果研究的里程碑之一,[①]在 20 世纪上半叶的战争中,传单是重要的媒介和思想"武器",然而,军方对传单的传播效果和局限性知之甚少。里维尔项目的目的就是研究目标受众如何理解空投传单上的信息,又是如何把信息传递给更多人的。最初,研究者对拿到空投传单的人进行了面对面访谈和电话访问,以调查他们对传单信息的记忆和理解程度。然而这些信息并不能真正帮助研究者了解到传单信息二次传播的机制。在经历了多次探索后,研究者最终选择在一个真实的社区环境中刺激居民传播简单的信息,进而观测传播速度、准确性和渗透性。

在实验环境的选取上,研究者们选择了一个相对封闭且人群集中的小镇。在信息的设计上,研究者选择了"金顿咖啡,质优如金"这条广告语,一方面广告语容易传播,另一方面广告宣传在居民日常生活中比较常见,不会引起人们怀疑。实验开展过程中,研究者伪装成咖啡公司的工作人员,拜访了精心挑选的住户。研究者给每户一磅咖啡,要求这些住户在看完写在卡片上的广告语之后重复一遍。研究者还告诉这些"一级传播者",三天后小镇上所有知道这个广告语的人都会得到一磅咖啡。在信息的传播上,研究者们也进行了传单空投,来告知居民三天后回访及赠送咖啡的事宜。实验结果显示,84%的居民能正确地说出广告语。学者们进一步发现,信息在传播过程中具有失真现象,包括削平(被缩短)、锐化(某些细节被强调)和同化(外来内容进入信息中)。里维尔项目前期的探索过程和信息传播设计对于在自然环境下开展实验具有重要的借鉴意义。

三、实验法应用概况

(一) 一般概况

将 Web of Science(WOS,美国科学引文)数据库作为数据来源,选取 WOS 数

① 希伦·A.洛厄里、梅尔文·L.德弗勒:《大众传播效果研究的里程碑》,刘海龙等译,北京:中国人民大学出版社,2009 年,第 135 - 141 页。

据库系统中的社会科学引文索引数据库(SSCI),以 online field experiment 为主
题,以一般论文(article)为文献类型,对 2010～2021 年的文献进行检索(检索日期
为 2022 年 6 月 16 日),共计得到 1 113 篇文献,导入软件去重后得到 1 110 篇。

　　将节点类型设置为 Keyword,进行聚类操作后,生成由 425 个节点、687 根连
线组成的网络密度为 0.076 的关键词共现图谱(见图 6),其 Modularity Q 值为
0.764 1,网络聚类效果较好,Mean Silhouette 值为 0.894 5,聚类结果合理。

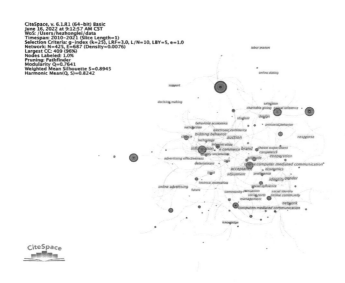

图 6　关键词共现网络

　　关键词共现网络结果表明,实验法被广泛应用于电子商务(e-commerce)、在线
广告(online advertising)、在线约会(online dating)等互联网场景,研究个体和集体
的决策机制(decision making)和行为经济(behavior economics)等主要议题,常常
被归属于计算机中介传播(computer mediated communication)的研究范畴。

　　(二) 实验法在媒介社会学中的应用现状

　　同样在 WOS 数据库以 experimental method, communication/media 和
sociology 为主题进行检索(2023 年 6 月 20 日),共检索到文章 439 篇(检索日期为
2022 年 6 月 17 日),这些文章研究的主题主要是行为科学方向、心理学方向、神经
科学方向、传播学方向、动物学方向、社会学方向、生理学方向、计算机科学方向。
在这些文章中,1995 年至 1999 年发表的文章最多,2020 年至 2021 年再次出现相
关议题实验研究高峰。可见,实验法为研究人类行为提供了有效的方法,且实验法

在心理学方面的应用更为普遍。

在这些文章中,研究较多的媒介社会学议题为社交媒体(social media)、知识(knowledge)、反应(response)、侵犯(aggression)、政治传播(political communication)、在线新闻(online news)、注意(attention)、决策/判断(judgment)、电视(television)、信息(message)、误传(misinformation)、知觉(perception)、性别(gender)。

从这个结果可以看出,媒介社会学实验研究既延续了对经典议题的关注,也融合了技术带来的新议题。政治传播、刺激反应、暴力行为、注意和认知、误传等议题都是早期传播学和社会学的经典议题,而社交媒体、在线新闻、信息等议题显然是互联网出现后媒介社会学领域的新议题,带有鲜明的技术色彩。可见,媒介社会学经典议题具有持久的生命力,而互联网技术的发展为媒介社会学实验议题提供了新对象。

四、互联网技术对媒介社会学实验研究的影响

互联网时代的到来为实验法的改进和完善提供了契机。据联合国国际电信联盟(ITU)数据,在 2019 年后疫情期间互联网的普及速度加快。2021 年互联网用户规模达到 49 亿人,占世界人口的 63%,比 2019 年的用户数量激增了 8 亿。[①] 中国互联网络信息中心(CNNIC)发布报告,截至 2021 年 12 月,中国网民规模达 10.32亿,互联网普及率达 73.0%,人均每周上网时长达到 28.5 个小时,其中使用手机上网的比例高达 99.7%。[②] "我们从根本上生活在一个新的社会世界——一个互动越来越多地通过技术进行调节的世界",研究这些全新的社会互动形式和社会结构需要新方法、新概念和新分析技术。[③]

随着技术手段的演进,实验法在媒介社会学研究中衍生出了多种新路径和新方法,这里选取了其中较为前沿的三种方法进行介绍和应用案例解读。

(一)互联网发展带来的新议题与新工具

1. 背景

互联网对媒介社会学实验研究的影响主要体现在两个方面。一方面,互联网

---

① ITU, Facts and Figures 2021(2022).

② CNNIC, The 49th China statistical report on internet development (2022).

③ Paolo Parigi, Jessica J. Santana, &Karen S. Cook, (2021),"Online Field Experiments," Social Psychology Quarterly, 80(1), pp.1-19.

改变了媒介内容和媒介形态,也改变了社会行动者和社会之间的关系,给媒介社会学带来了新议题,并使宏观层面的研究再次成为媒介社会学研究的重要关注点。另一方面,互联网为媒介社会学实验研究提供了新的工具和手段,有利于提高实验研究的信度和效度,常见的实验设备包括眼动仪、VR 眼镜及手柄、脑电设备等。

有学者基于"医学化"概念,研究了媒介叙事对电子游戏医学化的影响,发现相比于非叙事信息,媒介叙事信息增强了青少年有关游戏障碍的污名感知,扩大了青少年对游戏障碍群体的社会距离。① 这项研究为媒介叙事造成或强化刻板印象提供了证据,如何通过媒介叙事提高社会黏性而不是造成社会疏离成为众多学者关注的议题。有学者融合了自然实验法和网络实验法,通过线上实验的方式,研究了移动视频新闻报道与文字版新闻报道对认知效果的影响,发现视听双通道对用户认知效果有显著影响,短视频新闻能够引发更强烈的情感变化,同时用户对短视频新闻也更加青睐。②

2. 议题、场景、工具的推动表现

(1) 不同媒介形态下的视觉注意与政治信息获取　桑娜·克鲁克迈尔(Sanne Kruikemeier)等人开展了一项眼球追踪实验,用以研究新闻形态(即新闻是在印刷报纸上还是在新闻网站上呈现)对新闻的视觉注意及知识获取的影响。③ 在这项研究之前,已有研究的结果显示了相左的结论,部分研究表明在网站上阅读新闻可以促进知识获取,但也有研究表明阅读纸质新闻更有利于知识获取。眼动实验的优势正是在于可以观察到被试的新闻注意过程,从而确定新闻形态对知识获取的影响机制。在这项研究中,作者提出两个假设:①印刷新闻阅读(与在网站上阅读新闻相比)对从新闻内容中学习有积极的影响;②视觉注意在印刷新闻阅读与从新闻内容中学习的关系中起中介作用。

在刺激材料的选择方面,已有研究表明,新闻形态的不同主要体现在内容结构的方式和个人选择的自由程度两个方面,基于这两个方面,同时为避免被试的熟悉偏见,作者选取了某报纸的部分版面及对应的网站作为刺激材料。相对应地,这项

---

① 任玉琛、沈福元、梁芸等:《当玩家变成病人:媒介叙事对电子游戏障碍污名感知的影响》,《中国网络传播研究》2021 年第 4 期,第 3 - 24 页。

② 王朝阳、魏杰杰:《移动短视频新闻用户认知效果的比较实验研究》,《新闻与传播评论》2021 年第 1 期,第 13 - 25 页。

③ Kruikemeier, S., Lecheler, S., & Boyer, M. M. (2018). Learning from news on different media platforms: An eye-tracking experiment. Political Communication, 35(1), 75 - 96.

研究采用了两组受试者进行测验,第三组为控制组,控制组阅读电子报纸(印刷版报纸的 PDF 版本)。15 分钟的阅读结束后,被试填写了信息回忆和信息识别问卷。研究人员使用 14 个开放式问题来衡量信息的回忆,这些问题都是基于文章中的信息提出的(例如,"为什么汽车税会上涨"或"在欧洲,经济危机似乎又回来了"),且问题是随机排列的。参与者可以从三个选项进行选择:(a)未提供此信息;(b)提供了这些资料,但我不知道答案;(c)提供了这些信息,即……(由参与者给出答案)。第一个和第二个选项被编码为不正确(0),开放答案被重新编码为正确(1)或不正确(0)。两位编码员对数据进行编码,为了评估互编程序的可靠性,20 名受访者的回答被双重编码。信息的识别是通过让被试在四个不同的标题或"我不知道"选项中选择刚刚阅读的新闻标题来测量的。

实验结果表明,新闻形态对知识获取的主效应不显著,这似乎印证了先前的研究得出的相互矛盾的结论,新闻形态本身并不能直接决定知识获取。在视觉注意的中介作用方面,研究者发现阅读网站新闻相较于阅读纸质新闻,被试对特定文章投入了更多的选择性视觉注意。显然,新闻形态对知识获取影响路径中视觉注意的中介作用取决于对视觉注意的定义。这项实验研究发现,新闻网站在传递政治知识方面具有潜力,但公众从网站获取的知识不够广泛。

公众意见形成离不开报纸,报纸给人们提供了获取公共信息的方式,促进了意见沟通。共识的形成离不开社会参与,公众获取公共信息的能力会影响共识的形成。互联网这种新兴媒介出现之后,知识获取和共识形成的方式发生了变化,由于网络结构的非线性特征,公众新闻消费的自主性提高,超链接等元素也使得不同新闻之间的互动性增强。在互联网技术背景下,公众注意力成为影响政治信息获取的重要因素。如何有效利用互联网提高公众的政治参与意识和能力对于社会的发展具有重要意义。

(2)打破实验场景限制　VR 技术近年来在媒介研究中的热度不断增长。杨慧和雷建军梳理了作为媒介的 VR 研究,发现国外更多关注 VR 技术对传播学和社会学研究领域中经典议题的延续和新议题创新的影响,注重 VR 这种新兴媒介如何融入媒介研究的脉络;国内则对传媒行业中出现的新现象更为敏感,注重 VR 技术给传媒实务带来的变化。[1] VR 技术的优势体现在互动、多感官呈现、第一人

---

① 　杨慧、雷建军:《作为媒介的 VR 研究综述》,《新闻大学》2017 年第 6 期,第 27 - 35 页。

称视角、非线性叙事、自然用户界面等方面,[1]能够为被试提供沉浸感、临场感和具身感。[2] VR 技术不仅能够提高用户的信息消费体验,还提高了用户对信息的感知可信度、[3]感知趣味性、参与感、[4]分享意愿[5]和同理心。[6] VR 技术允许研究人员设计特定的虚拟现实环境,因而极大地拓展了研究的广度和深度,变量在 VR 环境中也更容易控制,能够降低实验误差。

罗宾·罗森伯格(Robin Rosenberg)等人研究了在 VR 环境中体验超级英雄的飞行能力对亲社会行为的影响。[7] 该研究的实验设计如下:刺激材料为渲染之后的三维立体城市场景,被试在佩戴 VR 头盔和手握传感器之后,可以通过不同的姿势调整飞行的速度和方向。研究者采用了 2(拥有飞行能力/坐直升机)×2(寻找需要胰岛素的糖尿病儿童/游览城市)的实验设计,以研究超人飞行体验和任务对亲社会行为的影响。亲社会行为的测量采用观测行动和填写问卷的方式。VR 体验结束后,研究者假装不小心碰倒了笔筒,进而观察被试开始捡笔的时间和捡起笔的数量,此外被试还填写了一份亲社会倾向量表。为了避免 VR 体验中其他因素的影响,研究人员还测量了被试的 VR 不适体验(Simulator Sickness)、临场感(感知虚拟环境及人在该环境中的互动"真实"的程度),以及对实验目的的想法。研究结果表明,飞行状态下的被试比乘坐直升机的被试更快地提供帮助,且帮助量更大,而任务差异对被试的亲社会行为没有显著影响。研究者认为,出现以上结果

① Pavlik, J. (2020). Journalism in the age of virtual reality. In *Journalism in the Age of Virtual Reality*. Columbia University Press.

② Foxman, M., Markowitz, D. M., & Davis, D. Z. (2021). Defining empathy: Interconnected discourses of virtual reality's prosocial impact. New Media & Society, 23(8), 2167 – 2188.

③ Kang, S., O'Brien, E., Villarreal, A., Lee, W., & Mahood, C. (2019). Immersive Journalism and Telepresence: Does virtual reality news use affect news credibility?. Digital journalism, 7(2), 294 – 313.

④ Wu, H., Cai, T., Luo, D., Liu, Y., & Zhang, Z. (2021). Immersive virtual reality news: A study of user experience and media effects. International Journal of Human-Computer Studies, 147.

⑤ Sundar, S. S., Kang, J., & Oprean, D. (2017). Being there in the midst of the story: How immersive journalism affects our perceptions and cognitions. Cyberpsychology, behavior, and social networking, 20(11), 672 – 682.

⑥ Bujic, M., Salminen, M., Macey, J., & Hamari, J. (2020). "Empathy machine": how virtual reality affects human rights attitudes. Internet Research, 30(5), 1407 – 1425.

⑦ Rosenberg, R. S., Baughman, S. L., & Bailenson, J. N. (2013). Virtual superheroes: Using superpowers in virtual reality to encourage prosocial behavior. PloS one, 8(1), e55003.

的原因可能是飞行技能使得被试产生了超人联想,而超人与刻板印象中的帮助别人有关;另一种可能的原因是,飞行状态下的被试参与度更高,而直升机状态下的被试参与度较低。

可见,通过场景设计,虚拟现实技术能够激发个人特定倾向,使个人将自己与社会建构的"他人"联系起来,做出符合社会期望的行为。

(3) 捕捉媒介产生影响的痕迹 脑电实验可以捕捉到被试认知、记忆等行为及情绪变化,与传统的自我报告测量相比,该方法可以提供更客观和准确的被试情绪和认知过程信息。脑电设备自动和实时地连续记录,而不会干扰参与者的自然行为,且设备灵敏度极高,可以捕捉人眼难以觉察到的变化。[①]

胡鑫、蒋俏蕾和宋磊等人通过脑电实验研究了"萌"要素对被试情绪的影响,实验设计如下:刺激材料包括 30 段积极情绪视频和 4 段萌视频;正式实验阶段,被试接受了中性测试、消极情绪测试、积极情绪测试和萌测试,在每个试次内,被试被要求观看一段情绪诱发视频,并在观看后填答情绪水平测试问卷,然后进行适当休息以进行下一次测试。研究发现,萌元素能诱发被试多重情绪体验,包括"爱""高兴"等,表明媒介内容中的"萌"能够诱发积极情绪,这种积极情绪体验也促进了媒介内容传播。[②] 梁爽和喻国明运用脑电实验法和行为实验法,进行了不同场景下不同动机的媒介效果研究,发现社会化动机下的媒介体验显著优于其他动机、公共场景下的媒介体验显著优于私人场景下的媒介体验,且动机与场景的交互作用显著。[③] 可见,脑电实验为用户体验研究提供了重要的工具,在互联网时代的情感动员、群体行为研究等方面或许将发挥更多作用。

以上研究表明,互联网技术发展为媒介社会学带来了新议题,实验法展开的场域也发生了新变化。互联网技术还使从个体视角切入并与宏观议题进行关联研究成为可能。复杂信息模型和基于行动者的仿真模拟实验为这种关联提供了思路和方法。

---

① Heiselberg, L. (2021). Methodological Innovation in Industry-based Journalism Research: Opportunities and Pitfalls using Psychophysiological Measures. Journalism Studies, 22 (11), 1504 – 1524.

② 胡鑫、蒋俏蕾、宋磊等:《"萌"的媒介效果:基于脑电情感计算的"萌"视频情绪分析》,《全球传媒学刊》2021 年第 6 期,第 27 – 44 页。

③ 梁爽、喻国明:《媒介使用动机与场景对用户体验的影响研究——基于认知神经传播学的效果测量》,《新闻大学》2021 年第 1 期,第 89 – 102＋121 页。

（二）传统议题在新媒体场景的实验：互联网社会科学实验

1．方法简介

互联网普及率和使用率的快速提升，为数字化时代培育了大量的用户。网民规模日益增长，一方面满足了实验研究对规模化稳定受试者的需求，另一方面也为实验结论的代表性提供了保障。与此同时，分布式计算等大数据技术的高速发展也为大规模在线并行实验与嵌套实验提供了有力的技术支持。

作为田野实验方法在数字时代的新发展，互联网社会科学实验，又称在线田野实验（online field experiments），遵循了田野实验的一般逻辑。[①] 但是，互联网社会科学实验也因研究对象与实验环境的变化而表现出一定的独特性，包括大规模、稳定且多样的受试者池，突破时空限制的大量样本数据，实验过程的自动化，实验数据的实时记录和超越微观个体层面的关注视野等。[②]

互联网实验致力于检验在线行为与互联网现象背后因果关系，而达成这一目标的具体方法，便是通过合理的实验设计，对预先提出的理论命题或因果假设进行验证。其中，常见的刺激和干预手段包括电子邮件/短信（email/SMS）、修改后的网页界面（modified web interfaces）、机器人（bots）和例如浏览器拓展的附加组件（add-ons）等。[③]

在业界，互联网实验得到了更为广泛而日常的应用。互联网科技公司，例如Facebook、LinkedIn 和 Twitter 等经常使用 A/B test 来研究某一产品功能的更新对用户在线行为的影响。小到登录页的设计、按钮位置、文字内容、字体大小，大到搜索算法的好坏，[④]他们习惯于在数据驱动的前提下进行产品设计和功能开发，[⑤]从而更

---

① List, J. A. (2001). Do explicit warnings eliminate the hypothetical bias in elicitation procedures? Evidence from field auctions for sportscards. American economic review, 91(5), 1498-1507.

② 郝龙：《互联网社会科学实验：数字时代行为与社会研究的新方法》，《吉首大学学报：社会科学版》2018 年第 2 期，第 26-34 页。

③ Chen, Y., & Konstan, J. (2015). Online field experiments: a selective survey of methods. Journal of the Economic Science Association, 1(1), 29-42.

④ Xu, Y., Chen, N., Fernandez, A., Sinno, O., & Bhasin, A. (2015). From infrastructure to culture: A/B testing challenges in large scale social networks. In Proceedings of the 21th ACM SIGKDD International Conference on Knowledge Discovery and Data Mining (pp. 2227-2236).

⑤ Kohavi, R., & Longbotham, R. (2017). Online Controlled Experiments and A/B Testing. Encyclopedia of machine learning and data mining, 7(8), 922-929.

为深入洞察用户需求,提升产品体验和预期收益。最为知名的案例莫过于 2012 年奥巴马竞选团队的实践,他们基于 A/B test 发现了更能吸引公众募捐的网站样式,最终帮助奥巴马获得了极高的募捐金额。①

2. 发展历史

约翰·科兰兹(John Krantz)等人第一次在互联网开展了女性吸引力影响因素的实验研究,其与传统实验室结果的高度相似性证明了以互联网作为社会科学实验平台的可行性。② 2000 年,由伯恩鲍姆(M·H. Birnbaum)主编的《互联网上的心理学实验》(*Psychological Experiments on the Internet*)简单回顾了互联网实验的初兴历程,并对数据有效性、方法优劣势、技术支持及其同实验室方法的异同等进行了介绍。③ 此后,安德哈博(V. Anderhub)等将互联网实验引入个体经济决策行为研究之中,④由此推动这一方法由心理学向其他社会科学领域扩展。

2006 年,萨尔加尼克(M·J. Salganik)等人的"社交因素对文化产品成功的影响"实验,使互联网实验方法第一次出现在顶级期刊 *Science* 上。在他们的实验中,创建了一个人工模拟的实验环境。实验结果证明,流行度也会在行动者彼此影响的条件下呈现规律性的幂律分布,⑤充分展示了"虚拟实验室"的可行性和重要价值。

近年来,随着 web1.0 时代门户网站和 web2.0 时代社交媒体平台的相继崛起,用户在数字化时代留下的在线行为数据越来越丰富,为新时代的社会科学研究提供了一个取之不尽、用之不竭的宝藏。与此同时,作为研究因果关系的关键方法,互联网社会科学实验对于用户在线心理与行为等方面的研究具有不可

① Siroker, D., & Koomen, P. (2013). A/B testing: The most powerful way to turn clicks into customers. John Wiley & Sons.

② Krantz, J. H., Ballard, J., & Scher, J. (1997). Comparing the results of laboratory and World-Wide Web samples on the determinants of female attractiveness. Behavior Research Methods, Instruments, & Computers, 29(2), 264 – 269.

③ Michael H Birnbaum & Michael O Birnbaum (2000). Psychological experiments on the Internet. Elsevier.

④ Anderhub, V., Müller, R., & Schmidt, C. (2001). Design and evaluation of an economic experiment via the Internet. Journal of Economic Behavior & Organization, 46(2), 227 – 247.

⑤ Salganik, M. J., Dodds, P. S., & Watts, D. J. (2006). Experimental study of inequality and unpredictability in an artificial cultural market. science, 311(5762), 854 – 856.

替代的重要作用。在计算机辅助的实验研究背景下,越来越多的情境实验(scenario-based experiment)、场景实验(vignette-based experiments)得到广泛的应用。[1]

3. 应用实例:信息在社交媒体中复杂传染的实证研究:一项使用 Twitter 机器人的实验[2]

信息扩散是传播学领域的经典议题,从报纸、广播、电视再到 web1.0 的门户网站时代和 web2.0 的社交媒体时代,媒介技术的演进为信息传染模式的演进提供了新用户、新手段和新环境。随着社交媒体的出现,研究人员可以获得以前所未有的规模捕捉人类社交互动粒度数据的机会。[3]

在研究理论上,传播学者借用了公共卫生学对传染病社会传播模式的数学建模,分析社会关系网络中情感、观念与行为发生与扩散过程。其中,社会传染指的是在社会关系网络中关系位置的邻接者之间会出现情感、观念与行为等方面趋同的过程。研究团队正是聚焦于社交媒体中的信息传染机制,利用 Twitter 机器人建立僵尸网络对选定的目标社交媒体用户进行定向的信息曝光实验,最终通过贝叶斯模型检验验证了信息在社交媒体中的复杂传染模型。

在具体的实验操作上,由丹麦技术大学的学生团队创建了一批 Twitter 机器人账号,通过发布原创微博、填写用户资料、符合所在地作息节律等方法提升账号的真实性,随后通过推特的友好互关机制(粉丝量较少的 Twitter 用户倾向于关注自己的新粉丝)快速涨粉,并且通过基于 Twitter 信息流的机器人网络(僵尸网络),为用户接受来自多主体的信息传染实验必要提供条件。

在实验控制上,首先通过机器人账号发布的文本内容控制刺激物,使得用户接触到全新的热门话题(TAG);其次通过建立机器人网络,让用户接触来自多主体的信息;最后在线大规模实验的应用在突破过往实验法规模局限的同时,也缓解了过往研究中的同质性混淆效应。

---

[1] 臧雷振、滕白莹、熊峰:《全球视野中的社会科学实验方法:应用比较与发展前瞻》,《广西师范大学学报(哲学社会科学版)》2021 年第 5 期,第 12 - 31 页。

[2] Mønsted, B., Sapieżyński, P., Ferrara, E., & Lehmann, S. (2017). Evidence of complex contagion of information in social media: An experiment using Twitter bots. PloS one, 12(9), e0184148.

[3] Mosleh, M., Pennycook, G., & Rand, D. G. (2022). Field experiments on social media. Current Directions in Psychological Science, 31(1), 69 - 75.

4. 方法总结

（1）优势　在大数据时代，互联网不仅仅只是招募受试者的线上机制，更是一个互动发生并获得意义的新空间。互联网社会科学实验正是这样一种将传统的实验设计引入互联网空间的研究方法，它允许研究人员访问新的数据来源，并建立和检验变量之间的因果关系。[1] 通过良好的随机干预，基于计算机辅助的社会科学互联网实验能够有效平衡实验组和对照组之间的潜在混淆因素，更好推动因果效应的评估。

罗俊从样本代表性、环境仿真度、条件控制力、可重复性、主试者偏差、受试者偏差、内在效度、外在效度等多个维度出发，将互联网社会科学实验方法与传统的三大实验法类型进行逐一对比（见表4），他指出互联网社会科学实验不仅能够在总体上提升实验研究的质量水平，节省人力与时间，还对在线心理与行为研究有着不可替代的重要作用。[2]

表 4　传统实验方法与互联网社会科学实验方法的比较

项目	实验室实验	自然实验	田野实验	互联网社会科学实验
样本代表性	较差（便利样本）	很好（随机抽样）	较差（特定人群）	较好-很好
环境仿真度	低（实验室）	高（自然环境）	高（自然环境）	高（双重环境）
条件控制力	很强	很弱	较弱	较弱
可重复性	较容易	极难	较难（成本制约）	容易
主试者偏差	可能存在	容易避免	可能存在	容易避免
受试者偏差	可能存在	一般不存在	可能存在	可能存在—容易避免
内在效度	很高	较低	较低	较低—较高
外在效度	较低	较高	较低	较高—很高

---

[1]　Muise, D. , & Pan, J. (2019). Online field experiments. Asian Journal of Communication, 29(3), 217 - 234.

[2]　罗俊：《计算・模拟・实验：计算社会科学的三大研究方法》，《学术论坛》2020 年第 1 期，第 35 - 49 页。

（2）局限性　首先是实验法本身在主观性上的缺陷，在"理论先行"的要求之下，研究者的理论框架、知识结构、学术视野等主体性因素势必会对实验设计产生一定程度的影响，进而导致难以察觉的设计偏差和缺陷。

其次，也更为重要的是，基于真实社交网络开展的互联网社会科学实验有可能侵犯用户的知情同意权和隐私权，甚至引发严重的社会后果。[1] 例如有研究指出新闻中积极内容的减少可能会对少数患有精神疾病的用户带来伤害，[2]因而在进行实验设计时需要格外注意。

除此之外，研究人员需要遵循内部评级协议（IRB），以避免过度暴露个人数据或私人信息。[3]

最后，在实验信效度方面，研究人员经常发现在线大规模实验的建构效度（construct validity）不足，对于自变量和因变量的测量不够精准。除此之外，还面临着统计意义上随机化和溢出效应（randomization and spillover）的挑战。[4]

（三）基于行动者理论的社会模拟

1. 社会学理论视角下的宏观与微观

宏观现象，微观行为及它们之间的连接，是社会科学经久不衰的关注议题。早期的实证社会学关注宏观层面的结构与社会行为的关联。随着社会学的学术中心从欧陆移至北美，经历了一个从宏观结构逐渐到微观行为关注的转向。"二战"以后，在美国社会学中占据统治地位的帕森斯结构功能主义，实质上是通过构建宏大理论去理解社会世界。作为帕森斯的学生，默顿创造性地提出了中层理论，在方法论层面试图去调和宏观与微观"脱节"的问题。[5]

20 世纪 80 年代，复杂性科学运动兴起，其中圣塔菲（Santa Fe）研究所提出的复杂适应系统（complex adaptive systems, CAS）理论对后世的社会科学研究影响

① Flick, C. (2016). Informed consent and the Facebook emotional manipulation study. Research Ethics, 12(1), 14-28.
② Hunter, D., & Evans, N. (2016). Facebook emotional contagion experiment controversy. Research Ethics, 12(1), 2-3.
③ Mosleh, M., Pennycook, G., & Rand, D. G. (2022). Field experiments on social media. Current Directions in Psychological Science, 31(1), 69-75.
④ Muise, D., & Pan, J. (2019). Online field experiments. Asian Journal of Communication, 29(3), 217-234.
⑤ 范晓光：《数字化与实证社会学研究方法困境化解》，《中国社会科学评价》2020 年第 3 期，第 66-75 页。

深远。这一理论将人类社会视为一个复杂适应系统，认为人类作为行动者主体的适应性会导致系统动态演变的复杂性。从复杂性研究视角观之，正是微观层面主体的相互作用生成了宏观层面多样性、复杂性的现象。①

20世纪90年代，默顿和拉扎斯菲尔德的学生科尔曼，在《社会理论的基础》中提出了"科尔曼之舟"（Coleman's Boat），强调微观到宏观之间的转换，②即复杂性研究中的涌现性问题（emergence）。③ 他指出行动者间的相互依赖性，使得个体微观行动如何转变为社会宏观结果的过程和机制变得模糊。

美国著名社会学家佩奇曾在《美国社会学年鉴》上介绍了复杂性研究涉及的基础概念，并呼吁社会学者应该了解一点复杂性相关的知识。④ 在国内社会学研究中，早在十多年前著名社会学家赵鼎新⑤和沙莲香等⑥便向国内社会学界引介了行动者模型等复杂性研究方法，乔天宇和邱泽奇则在近年回顾了社会学涉及复杂性的经典理论及探索复杂性的主要研究方法，关注复杂性研究为社会学突破传统边界带来的机会。⑦

2. 行动者模型（ABM）

社会模拟（social simulation）是依据某种社会行为的理论或经验，以人工系统来模拟社会系统，旨在获得对社会结构、功能及其变迁更好的理解，并解释复杂的社会现象，乃至预测社会发展演变的可能方向的一种方法。⑧

在社会科学领域，采用这样的行动者模型进行的模拟研究，称为行动者模型或

---

① 罗俊：《计算・模拟・实验：计算社会科学的三大研究方法》，《学术论坛》2020年第1期，第35－49页。

② Coleman, J. S. (1990). Foundations of social theory. Harvard university press.

③ Rauhut, H., & Lorenz, J. (2011). The wisdom of crowds in one mind: How individuals can simulate the knowledge of diverse societies to reach better decisions. Journal of mathematical Psychology, 55(2), 191－197.

④ Page, S. E. (2015). What sociologists should know about complexity. Annual Review of Sociology, 41(1), 21－41.

⑤ 赵鼎新：《集体行动，搭便车理论与形式社会学方法》，《社会学研究》2006年第1期，第2页。

⑥ 沙莲香、刘颖、王卫东等：《社会心理现象计算机模拟及其方法论意义》，《社会学研究》2007年第6期，第138－160页。

⑦ 乔天宇、邱泽奇：《复杂性研究与拓展社会学边界的机会》，《社会学研究》2020年第2期，第25－48页。

⑧ 葛岩、秦裕林、赵汗青：《社交媒体必然带来舆论极化吗：莫尔国的故事》，《国际新闻界》2020年第2期，第67－99页。

基于主体的建模。① 社会模拟能够连接定性和定量的研究，定性研究为社会模拟的微观机制提供理论支持，丰富抽象后的行动者概念。② 行动者模型采用纵向生成性视角，③以一种自下而上的方式模拟微观层面上的个人行为和行为预期，从而在宏观层面上产生涌现效应（emergent effects）。④ 元胞自动机（cellular automata，CA）和多行动者建模（multi-agent model，MAM）是行动者模型的两种具体实现形式。

CA 是行动者模型的简单方法。⑤ 在 CA⑥ 或一般网络（general network graphs）⑦中，用户通常被建模为通过相邻关系连接的个体行动者，他们通常具有特定的行为规则，如果达到某个激活阈值就会触发。该阈值表示对个体影响（例如，接收到的消息的数量）所需的强度，直到个体状态变化为止。经济社会学家托马斯·谢林（Thomas Schelling）是第一个使用行动者模型从事社会科学研究的人，其著名的种族隔离研究采用的便是一个简单的 CA 模型。⑧

MAM 可以对更为复杂的过程和主体行为建模，个体行动者不仅在分布上更为灵活，还能够进行知识、推理、表达、计划、情感等个体行动和决策。⑨ 除此之外，神经网络和遗传算法的引入甚至可以模拟个体行动者在学习和进化中的适应性行动。⑩

① Davidsson, P. (2002). Agent based social simulation: A computer science view. Journal of artificial societies and social simulation, 5(1).

② Squazzoni, F., Jager, W., & Edmonds, B. (2014). Social simulation in the social sciences: A brief overview. Social Science Computer Review, 32(3), 279 – 294.

③ 梁玉成、贾小双:《横向因果与纵向因果——计算社会科学的范式探讨》,《天津社会科学》2021 年第 1 期,第 15 – 19 页。

④ 罗俊:《计算·模拟·实验:计算社会科学的三大研究方法》,《学术论坛》2020 年第 1 期,第 35 – 49 页。

⑤ Gilbert, N., & Troitzsch, K. (2005). Simulation for the social scientist. McGraw-Hill Education (UK).

⑥ Monica, S., & Bergenti, F. (2014). A Stochastic Model of Self-Stabilizing Cellular Automata for Consensus Formation. In WOA.

⑦ Tsang, A., & Larson, K. (2014). Opinion dynamics of skeptical agents. In Proceedings of the 2014 international conference on Autonomous agents and multi-agent systems.. 277 – 284.

⑧ Schelling, T. C. (1971). Dynamic models of segregation. Journal of mathematical sociology, 1(2),143 – 186.

⑨ Uhrmacher, A. M., & Weyns, D.. (2009). Multi-Agent systems: Simulation and applications. CRC press.

⑩ Macy, M., & Flache, A. (2009). Social dynamics from the bottom up: Agent-based models of social interaction. Oxford University Press. pp.245 – 268.

例如,爱泼斯坦(Epstein)和阿克斯泰(Axtell)基于多行动者建模开发出的一个名为"糖豆"(sugar scape)的人工社会财富积累模型,①在行为经济学、社会分层等研究领域都有较好应用前景。②

3. 关注议题

从 20 世纪 80 年代至今,ABM 越来越为社会科学各界所接受和应用。

夏德龙将社会科学领域中的社会模拟划分为行动者之间的竞争与合作、金融政策、传播现象、国家安全(军事战争、灾害模拟和险情预测)四大主要应用领域。其中在对传播现象的社会模拟中,他又总结出了包括社会演化、文化扩散、信息传播、态度转变、舆论演变、街头骚乱在内的经典传播学议题。③

舆情分析作为复杂性科学和传播学的交叉方向,长期以来在跨学科的视野下开展研究和实践。例如,葛岩等人主要运用行动者模型的社会模拟来预测舆论极化现象,此时的舆论演化是大量个体观点在彼此之间,与主流媒体和社交媒体之间迭代互动的过程,演化结果是从这些微观和局部互动中,自下而上涌现出的一种宏观社会模式。④

除此之外,集体行动也是基于行动者模型的社会模拟所关注的热门议题。⑤ 例如福勒等人的研究就聚焦于政治传播中的集体行动,关注为什么投票作为集体行动会发生,以及为什么政党会按特定的方式选择选举纲领等核心议题。⑥ 创新的扩散也可视作集体行动的后果。达夫昂特(Deffuant)等学者在临界阈值模型的基础上引入了组织间交流讨论、决策不确定性、少数极端主义者的影响等变量,研究了创新在组织间扩散的过程。⑦

① Epstein, J. M., & Axtell, R. (1996). Growing artificial societies: social science from the bottom up. Brookings Institution Press.
② Terna, P. (2001). Creating artificial worlds: A note on sugarscape and two comments. Journal of Artificial Societies and Social Simulation, 4(2), 9.
③ 夏德龙:《复杂性研究的社会仿真模拟方法述评与展望》,《华中科技大学学报(社会科学版)》2021 年第 2 期,第 127 - 135 页。
④ 葛岩、秦裕林、赵汗青:《社交媒体必然带来舆论极化吗:莫尔国的故事》,《国际新闻界》2020 年第 2 期,第 67 - 99 页。
⑤ 乔天宇、邱泽奇:《复杂性研究与拓展社会学边界的机会》,《社会学研究》2020 年第 2 期,第 25 - 48 页。
⑥ Fowler, J. H., & Smirnov, O. (2005). Dynamic parties and social turnout: An agent-based model. American Journal of Sociology, 110(4), 1070 - 1094.
⑦ Deffuant, G., Huet, S., & Amblard, F. (2005). An individual-based model of innovation diffusion mixing social value and individual benefit. American journal of sociology, 110(4), 1041 - 1069.

4. 社会模拟应用实例：通过复杂智能体的建模与仿真来分析社交媒体中的沟通与交流行为[①]

基于哲学、心理学和认知科学的个体决策理论，以及社会行动者类型理论，[②]伯恩特（Berndt）等人基于 ABM 社会模拟思想，使用社会行动者类型（social actor types）来模拟用户行为的路径，[③]劳瑞吉（Fabian Lorig）等后续的研究者将之发展为四种经典的个体行动者类型，分别为经济人（homo economicus）、社会人（homo sociologicus）、情感人（emotional man）、身份守护者（identity keeper）。随后，劳瑞吉的团队在用户决策模型[④]的基础上开发出一个模拟机制，适用于用户在社交媒体中的沟通与交流场景（见图 7），并将这一机制应用于一个德国电视节目的 Twitter 传播与推广中。

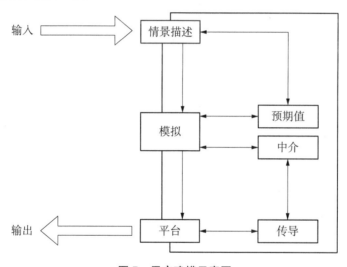

图 7　用户建模示意图

① Lorig, F., Rodermund, S., Berndt, J. O., & Timm, I. J. (2018). Modeling and simulation of complex agents for analyzing communication behavior in social media. Intern. J. Advances in Internet Technology, 11, 11 - 20.

② Fischer, K., Florian, M., & Malsch, T. (Eds.). (2005). Socionics: Scalability of complex social systems. Springer.

③ Berndt, J. O., Rodermund, S. C., Lorig, F., & Timm, I. J. (2017, July). Modeling user behavior in social media with complex agents. In Third International Conference on Human and Social Analytics. pp. 18 - 24.

④ Dittrich, P., & Kron, T. (2002). Complex reflexive agents as models of social actors. In Proceedings of the SICE Workshop on Artificial Society/Organization/Economy Vol. 25, pp. 79 - 88.

研究结果表明,不同动机的特定组合,无论是在个体内部还是在整个群体中,都会极大地影响动态的交流与沟通。因此,为了真实地模拟和解释社交媒体中的用户行为,仔细考虑行动者的动机就变得至关重要。此外,劳瑞吉等人还通过敏感性分析(sensitivity analysis)揭示了不同行为主体类型对其交流沟通行为的影响,所观察到的动态演化过程与各自行动者类型的社会学描述相对应。

5. 方法总结

(1)优势　正如乔天宇和邱泽奇指出,社会模拟相较于调查、实验等其他实证方法的优势在于可以模拟有限理性行动者的各类启发式行动过程,并允许存在异质性行动者。[①] 除此之外,还可以在模型中纳入行动者间的互动及影响、网络结构的效应、环境的影响,以及行动与环境之间的相互作用。社会模拟还特别适用于动态过程的分析,通过复盘实时演化进程,不仅能够考察系统变迁的动力学特征,还更利于在理论研究中探索因果发生的机制。

(2)局限性　首先,社会模拟方法在因果推论上存在较大的局限性,存在着复杂度与真实性的矛盾。一方面,完全由研究者自主设定的模型参数,使其外部效度常常遭受质疑,特别是在研究突发现象时并不具有较强的应用性;[②]另一方面,过于复杂的模型虽然更接近现实,但反过来又削弱了其对因果性机制的抽象贡献。[③]

其次,基于行动者的建模常常忽略了其他问题的研究,例如模型负载量、不确定因素分析、模型数据校对及利用该模型的方法论问题。[④]

最后,在涉及对大型系统的模拟时,基于行动者的建模仍在计算机运行速率上受限。[⑤]

---

① 乔天宇、邱泽奇:《复杂性研究与拓展社会学边界的机会》,《社会学研究》2020 年第 2 期,第 25-48 页。

② Berry, B. J., Kiel, L. D., & Elliott, E. (2002). Adaptive agents, intelligence, and emergent human organization: Capturing complexity through agent-based modeling. Proceedings of the National Academy of Sciences, 99(suppl 3), 7187-7188.

③ 梁玉成、贾小双:《横向因果与纵向因果——计算社会科学的范式探讨》,《天津社会科学》2021 年第 1 期,第 15-19 页。

④ Berry, B. J., Kiel, L. D., & Elliott, E. (2002). Adaptive agents, intelligence, and emergent human organization: Capturing complexity through agent-based modeling. Proceedings of the National Academy of Sciences, 99(suppl_3), 7187-7188.

⑤ 夏德龙:《复杂性研究的社会仿真模拟方法述评与展望》,《华中科技大学学报(社会科学版)》2021 年第 2 期,第 127-135 页。

值得关注的是,跨学科领域的最新研究成果为社会模拟的微观机制提供了全新的理论基础。例如,神经科学和认知科学发现了共情和社会情绪在理解人类行为中的作用,呼吁重新考虑理性人的行动者假设等社会模拟的微观基础。[①] 在这方面,最重要的挑战之一是更好地理解社会和制度环境在触发特定社会情绪方面的作用,并探索社会网络对认知和行为的影响。[②]

五、结语

实验法是媒介社会学研究的主要方法之一,其历史可以追溯到霍夫兰将实验法引入传播学领域。实证研究范式在传播学领域的广泛应用使传播学最终发展为独立学科,实验法的研究议题也从微观层面逐渐转向中观和宏观层面。互联网技术背景下,实验法在媒介社会学研究中的三种发展路径为传统议题的新媒体场景实验、复杂信息模型和基于行动者的仿真模拟。互联网改变了媒介内容和媒介形态,也改变了个体与社会之间的关系,使宏观议题再次成为媒介社会学研究的重点。互联网技术也为媒介社会学实验研究提供了新的工具和手段,拓展了实验研究的可能性和想象力。

本节导读文献:

Kruikemeier, S., Lecheler, S., & Boyer, M.M. (2018). Learning from news on different media platforms: An eye-tracking experiment. Political Communication, 35(1),75 - 96.

Mønsted, B., Sapieżyński, P., Ferrara, E., & Lehmann, S. (2017). Evidence of complex contagion of information in social media: An experiment using Twitter bots. PloS one, 12(9), e0184148.

Lorig, F., Rodermund, S., Berndt, J. O., & Timm, I. J. (2018). Modeling and simulation of complex agents for analyzing communication behavior in social media. Intern. J. Advances in Internet Technology, 11,11 - 20.

---

① Emonds, G., Declerck, C.H., Boone, C., Vandervliet, E.J., & Parizel, P.M. (2011). Comparing the neural basis of decision making in social dilemmas of people with different social value orientations, a fMRI study. Journal of Neuroscience Psychology & Economics, 4(1),11 - 24.

② Squazzoni, F., Jager, W., & Edmonds, B. (2014). Social simulation in the social sciences: A brief overview. Social Science Computer Review, 32(3),279 - 294.

建议阅读文献:

Page, S. E. (2015). What sociologists should know about complexity. Annual Review of Sociology, 41, 21 - 41.

乔天宇、邱泽奇:《复杂性研究与拓展社会学边界的机会》,《社会学研究》2020 年第 2 期,第 25 - 48 页。

思考:

未来智能媒体发展是否会促使仿真模拟成为主导研究方法?

一、调查法与媒介社会学的关联

（一）调查法的学术起源

社会学研究方法中，调查法是被应用得最为广泛的一种。调查法为何能成为一种主流的研究方法？我们不得不提到为社会学研究作出巨大贡献的迪尔凯姆。

19世纪后半叶对社会学的理解存在两种看法，一种是唯名论，一种是唯实论。"唯名论认为只有个别事物是真实存在的，不承认一般概念的实在性；只有有了个别事物，然后才有一般概念，一般概念不过是同类事物的名称，不能离开个别事物而独立存在。……唯实论也叫实在论，它同唯名论相反，只承认一般概念的实在性，不承认个别事物的实在性。唯实论认为只有一般概念才是真实存在的，是个别事物的本质；个别事物只是一般本质派生出来的偶然现象，并不是真实存在，所以唯实论是赤裸裸的客观唯心主义。"[①]唯名论社会科学研究鼻祖为马克斯·韦伯（Max Weber），韦伯从社会行动概念切入进行人的研究，他认为我们日常生活中能接触到的都是一个个的人，然而"社会"却看不见摸不着，所以对社会现象的理解必须通过一个个体的行动，对其进行解释性的理解，才能理解社会现象，进而理解社会结构变迁的过程。唯实论可以追溯到迪尔凯姆，迪尔凯姆最有名的"自杀论"指出，我们每一个人对日常规范日用而不知，但是当人们一旦违反这个规范的时候，就能感觉到它是切切实实存在的，也就是说，社会是外在于我们个人实体而存在的。那么，如何理解这样的社会呢？正如道德法律，它外在表现为社会大多数群体遵循的规范和准则。如果要去寻找这样的规范与准则，那就需要关注概率曲线，正态分布。百分之九十五区间的人遵循的规律、法则、道德，就是一个社会中切切实实形成的日用而不自知的规范要求。当人们越过这个规范的时候，进入百分之九十五以外的区间的时候，就能感受到自己处在社会边缘化的人群或位置中。米歇尔·福柯的《规训与惩罚》等著作解构了现代社会人们称之为文明的构建过程，然

---

① 山东人民出版社编：《常用哲学名词解释》，济南：山东人民出版社，1982年，第72页。

而文明的存在、社会的运行,就是在迪尔凯姆所指出的概率论的百分之九十五区间内常态运作。因此,社会学的整个论述基础就建立在区别于经典数学确定性的统计学概念认识论基础之上。在这样的情况下,可以把各种社会现象当作"物"来进行研究,这样的"物"是超越一个一个的个体而形成的社会事件、社会行动、社会现象,可以通过统计的方法来观察大多数人遵循的规范,也可观察他们触犯规范后产生的后果。"作为社会学的奠基人之一,迪尔凯姆毕生都致力于把社会学建设成为一门完整又严密的社会科学。他把'社会事实'确立为社会学的研究对象,并主张'社会事实只能用社会事实来解释'的基本原则"[①]。

在传播学的四大奠基人里,最有名的是拉扎斯菲尔德。他的若干头践,促成了后续调查法研究传统在传播学中的形成。拉扎斯菲尔德最早使用交叉列表、群体访谈等方法进行研究。他的研究贡献促成了现代主流传播学与社会学研究方法。

(二)应用与发展

随着技术的改革,传统调查研究方式及应用路径发生了革新。调查研究方法在当前的发展,主要体现在以下几个方面。

通用型。在超越个人,概率论分析的逻辑视野下,调查法可以应用在各种议题上,包括在媒介体制的研究当中。例如,施拉姆的四大报刊理论,作为一种规范性的研究,一直以来被批评缺乏实证的佐证,而在 2002 年,哈林和曼奇尼的《比较媒介体制》,正是通过对欧洲和北美 18 个民主国家媒介制度调查基础上,辨识了媒介体制与形塑其演变的政治变量之间的变异的主要维度,才提出媒介体制发展的三大模式——极化多元主义模式、民主法团主义模式和自由主义模式。在其中用来解释为什么媒介在上述每种体制中扮演不同的角色,以及对目前正在改造它们的种种变革力量的探究也都是建立在实证调研基础上。由此可见,即便在最宏观的社会制度结构变迁上,调查方法都可以作为科学结论提出的有效研究方式和手段。而在组织层面、个人及群体互动、个人自我意见形成的中观和微观谱系议题中都可以看到调查法的适用性。也就是说调查方法可以覆盖媒介社会研究从宏观到微观、从社会结构到个体行动的各个层面议题中,而对于从个体行动到集体行动再到社会结构的形塑,调查法尤其适用于从微观行动到中观事件再到宏观结构变迁的分析诠释。

---

① 陈云主编:《环境社会学的理论视野》,汕头:汕头大学出版社,2021 年,第 60 页。

与其他方法相结合。20 世纪 70 年代以来延续媒介的心理学研究取向在方法论层面属于个人主义，个人主义注重对个人认知、情感、意动行为方面的研究，通过对个人层面变量的捕捉，来实现基于个体认知基础上的群体引导。而调查法的优势是能对一个更大范围横截面的信息进行描述和相关的分析，但是对于揭示内部的因果机制相对较弱。因此，在 70 年代，一般将调查研究方法与其他研究方法结合，如实验法、访谈法进行结合成为一种普遍的研究趋势。这种结合的好处是容易规避每种方法上的缺陷，而以目标为导向获得更大程度的接近真实的变量测量内容效度的提升，这种称之为"联结研究"（linkage studies）的方式一直被带入当前线上调查广泛开展的时代。

大数据分析。不管是横截面研究，还是时间序列分析研究，以及各种研究组合，能掌握的数据都是现实社会空间中人们行动轨迹的集合。如今的媒介平台、媒介界面和媒介生活的普遍性，导致研究者可以在媒介上进行大量数据痕迹的追踪，从而使这种方法成为现在最普遍、最有效率、最直接的数据追寻的路径。这种基于"人—设备—数据"构连而形成的数据获得及分析方式实际上构成传统调查方法在媒介时代的演进。

二、调查法在媒介社会学领域的应用现状

（一）国内应用状况

调查法被广泛使用在新闻传播学和社会学"媒介"主题研究领域，在中国知网上以"媒介""社会""调查"同时作为关键词进行搜索（搜索时间：2022 年 8 月 12 日）发现，3223 篇出现在"新闻传媒"领域，而只有 213 篇出现在"社会学及统计学"领域，进一步对全部文献进行可视化图表分析可以发现：在发表年度趋势上，2004 年以后，调查法在媒介社会议题上的使用陡增，最高点出现在 2012 年、2015 年和 2017 年，分别达到 247 篇、244 篇、227 篇，到 2020 年仍然有 222 篇，对比于"媒介""社会""实验"为主题词的媒介社会实验研究方法应用搜索结果（305 篇），可以明确感受到调查法在"媒介社会"研究中的主流地位（见图 8、图 9）。

在研究主题分布上，可以发现媒介素养、媒介使用、新媒体、农民工、新闻媒介、媒介公信力等是调查法广泛使用的媒介社会研究主题（见图 10）。同时在新闻传播领域也形成了采用该研究方法的高发文作者群（见图 11）。

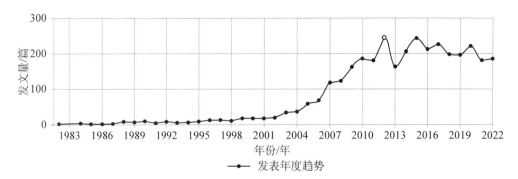

图 8　"媒介""社会""调查"知网发文年度趋势（1982～2022 年）

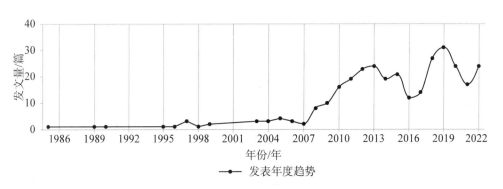

图 9　"媒介""社会""实验"知网发文年度趋势（1982～2022 年）

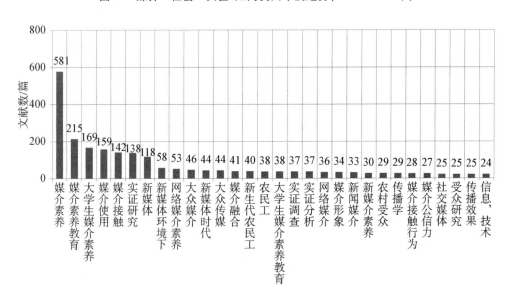

图 10　"媒介""社会""调查"知网发文量前 30 主题分布（1982～2022 年）

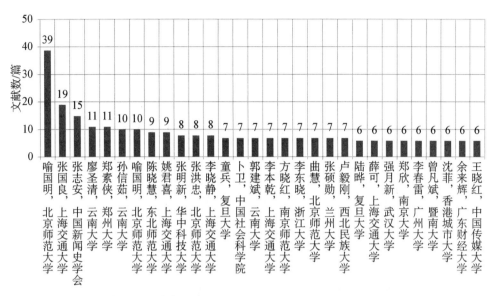

图 11　"媒介""社会""调查"知网发文量前 30 作者分布（1982～2022 年）

相较于新闻传播领域在"媒介社会"研究相关主题调查法的高状况使用率，"社会学及统计学"领域对其的关注较少，在检索出的 213 篇文献主题分布中，与新闻传播领域关注略有不同的是"老年人""国家认同""风险感知""幸福感""留守儿童"相对靠前，尤其是"社交媒体"成为社会学及统计学关注媒介社会研究的重要主题（见图 12）。这并不是说上述主题在"新闻传播"领域的调查法使用议题分布上不显著，从绝对研究数量上来看肯定是新传领域研究广泛，只是从中我们可以看到国内社会学领域对这个议题切入的视角分布，间接反映出媒介相关的哪些社会议题是重要的。

（二）国外应用状况

以 media、society 和 survey 为关键词在 Web of Science 进行搜索（搜索时间：2022 年 8 月 12 日），可以发现在"article"类别里的 3890 条搜索结果中，有 794 篇在"传播学"学科分类出现，551 篇在"社会学"学科分类出现，分别占到全部文章的 20.4% 和 14.2%。其中高被引的 4 篇论文为《陷入困境：新闻公众信任的比较和纵向分析》（被引 103 次）、[1]《数字媒体素养干预提高了美国和印度对主流新闻和虚

---

① Hanitzsch, T., Van Dalen, A., & Steindl, N. (2018). Caught in the nexus: A comparative and longitudinal analysis of public trust in the press. The international journal of press/politics, 23(1), 3-23.

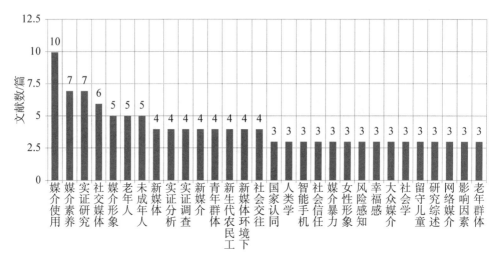

图 12 "媒介""社会""调查"在"社会学及统计学"领域知网发文量前 30 主题分布 (1982～2022 年)

假新闻的辨别力》(被引 69 次)、①《失信新闻和媒体是"人民公敌"？民粹主义世界观如何塑造接受者对媒体的态度》(被引 64 次)、②《数字鸿沟已经变老:老年人之间数字鸿沟的决定因素》(被引 323 次),③分别涉及"媒介信任""媒介素养对比""媒介与民主""数字鸿沟"议题,单从被引次数来看,"数字鸿沟"仍然是媒介社会研究中最关注主题。

当按照"最多优先"排序分类详细考察所搜索到的文章时,具体的排序为社交媒体使用与青少年心理状态、身体监控、社会比较、性别与性、④媒介使用与社会资

① Guess, A.M., Lerner, M., Lyons, B., Montgomery, J.M., Nyhan, B., Reifler, J., & Sircar, N. (2020). A digital media literacy intervention increases discernment between mainstream and false news in the United States and India. Proceedings of the National Academy of Sciences, 117(27), 15536 - 15545.

② Fawzi, N. (2019). Untrustworthy news and the media as "enemy of the people?" How a populist worldview shapes recipients' attitudes toward the media. The International Journal of Press/Politics, 24(2), 146 - 164.

③ Friemel, T.N. (2016). The digital divide has grown old: Determinants of a digital divide among seniors. New media & society, 18(2), 313 - 331.

④ Kohler, P. K., Manhart, L. E., & Lafferty, W. E. (2008). Abstinence-only and comprehensive of sexual activity and sex education and the initiation teen pregnancy. JOURNAL OF ADOLESCENT HEALTH, 42(4), 344 - 351.

本、①算法与现实构建、②互联网使用和民意表达、③互联网使用和社会信任、④基本上囊括了媒介与社会相关的主要议题，也更符合本书所构连的媒介社会学议题谱系，而调查研究方法在所有议题上的应用性，也更说明了其作为普适的媒介社会学研究方法的重要性。

三、调查法在当前媒介社会议题上应用案例分析

本部分主要从三个方面选取研究案例对调查法在当前媒介社会议题上的广泛应用性和发展潜力进行分析。第一篇所选文献主要关注媒介对当前以"企业""机构"为单位的中层组织在其运行中的作用进行分析，目的在于阐明尽管大量的调查研究关注社会宏观层面的媒介议题，或者是从微观层面考察媒介对人们认知、情感、行为的影响，但实际上，对于社会运转重要组成部分的中观组织层面，媒介也正以嵌入性的方式在进行着日常运转机制的参与和助推。第二篇文献主要指出其实从 1970 年代以来，为了规避调查方法在传媒研究应用中"空媒体变量"的问题，即单纯通过调查我们无法聚焦到底是媒介接触的哪些部分影响了人们的心理变化和行为趋向，因此主张将调查研究与内容分析、访谈研究等传统媒介研究方式相结合。近年来线上实验开展的可行性，进一步为调查法与实验法的结合提供了空间。第三篇文献主要关注社交媒体产生后，其对调查法工具的拓展及应该注意的现象。网络中民意的呈现在被哪些技术及利益相关者力量引导，而这种引导却在确实发挥着与国家政策提出与社会结构变动、公众意见反馈相关的互动作用，因此，以社交媒体作为调查工具仍然要注意潜在的陷阱和进行审慎评估。通过对三篇文献的分析将展示调查法在当前媒介社会情势下具体可以使用和开拓的空间及方向。

---

① Hooghe, M., & Oser, J. (2015). Internet, television and social capital: the effect of 'screen time' on social capital. Information, Communication & Society, 18(10), 1175 – 1199.

② Just, N., & Latzer, M. (2017). Governance by algorithms: reality construction by algorithmic selection on the Internet. Media, culture & society, 39(2), 238 – 258.

③ Shen, F., Wang, N., Guo, Z., & Guo, L. (2009). Online network size, efficacy, and opinion expression: Assessing the impacts of Internet use in China. International Journal of Public Opinion Research, 21(4), 451 – 476.

④ Jackob, N. (2012). The tendency to trust as individual predisposition-exploring the associations between interpersonal trust, trust in the media and trust in institutions, 37(1), 99 – 120.

（一）中层组织研究中调查法的应用

《让员工参与在线公司》①这是一篇公共关系领域的文章。选择这篇文献进行分析，而不是选择传播学相关的文章的原因是想要说明实际上媒介对社会的影响发生在各个层级和领域。当我们聚焦于一种传播研究方法的时候，会显得过于聚焦，因为对社会事件的认知，对学科的划分都类似于韦伯的"理想类型"，其目的是方便我们认识世界、理解世界、改造世界。如果在进行研究的时候，过于聚焦或局限在一个学科领域，尽管会做的深入，然而实际上对于社会现实的解释力，对于社会结构变化的影响力因素的挖掘和变迁模式的发现，从复杂系统理论模型层面就会显得局促。真正的学术研究，必然是以"问题意识"为先，在问题观照下向社会事实发生的机理迈进。因此选择阅读其他领域的文献来为传播和媒介议题的解读助力就成为可为的选择之一。通过观察在传统上被划分为其他学科领域是如何关注媒介社会的发生，以及分析媒介在他们关注的学科议题上是如何发挥作用的，分析它们是从哪种角度切入的……对这些问题的关注和梳理有助于建立更为宏观的跨学科"他山之石"问题解析框架。我们选取的这篇文章关注的是在传统的划分谱系中，与自我传播、人际传播、社会传播、大众传播相并列的组织传播中社交媒体使用所带来的变化。从社会学行动者和结构，以及二者的反身性互动的分析架构来看待、理解社会的运转时，组织就成为超越于个体，同时又与社会更大的结构相关联的中间层。尤其是从中世纪到工业革命再到信息社会这个漫长的历史时期，工厂和公司成为典型的现代社会组织。不管是在十六、十七世纪，传统工厂、公司成为城市社会组织主体结构，还是到当代媒介平台成为日常生活主要场景的当代，公共关系研究一直寄居在新闻研究诞生早期关于私人空间和公共空间的论述中。媒介传播在公共领域到底能发挥什么作用，能发挥多大的作用，成为最开始传播及新闻研究关注的对象和兴起与成长的背景。而实际上，媒介在公众日常从私人领域到公共领域的关系谱系空间中，尤其是在公司组织这样公共性的日常参与领域和劳动过程当中，普遍发挥着架构作用。

该论文主要研究在公司内部社交媒体运用对员工敬业度的影响。进入

---

① Sievert, H., & Scholz, C. (2017). Engaging employees in (at least partly) disengaged companies. Results of an interview survey within about 500 German corporations on the growing importance of digital engagement via internal social media. Public relations review, 43(5), 894-903.

web2.0 阶段后,社交媒体成为公司组织运营的重要平台和维系手段。媒介不止于对群体中每个个体敬业度的影响,而在于个人敬业度实际关联的是组织能不能有效运转,以及组织效率能不能达成。从微观的员工敬业度到组织作为一个系统对知识的管理,组织、脉络、结构乃至企业的商业模式,社交媒体都在其中发生影响。该论文的核心问题就是企业内部社交媒体和员工敬业度之间的关联是如何发生的。研究的第一个假设将自变量和因变量的关系加以证明,即"内部社交媒体是促使员工积极参与公司的重要工具",在此基础上延伸出第二个假设,这一假设关注社会人口特征变量的影响,即"内部社交媒体缓解了沟通和协作工作的流动,从而促进了更强的参与度,但不同社会人口特征的受访者期望由于内部社交媒体的使用而发生不同的变化"。第三个假设涉及了组织本身的结构和互动特征之间的影响。即"为了成功地建立内部社交媒体并吸引员工,扁平的等级制度和开放的互动是必要的"。第四个假设涉及组织中最重要的个人力量,管理者层级的作用。即"在领导任务中,内部社交媒体可以通过将被任命者包括在决策过程中来推动员工敬业度,然而管理者必须作为一个角色榜样,使用内部社交媒体来最终培养数字员工敬业度"。第五个假设涉及组织管理运营和企业文化如何进行构建、运作,树立企业文化最根本的凝聚力和信任文化在社交媒体中如何运用、生成、反向作用于社交媒体在组织内部的展开过程。这是一个典型的实证研究,构建核心自变量和因变量的关系同时,主要变量涉及组织结构层级里面相关的个体的社会人口学变量、组织结构的过程、组织管理层的榜样、组织文化的氛围作用等相关因素。

　　该论文的研究设计包括 2013 年和 2016 年的两个部分。时间序列是调查法运用时常见的方式。当研究者进行简单的横截面研究的时候,最常关注一个因素与另外一个因素之间的关系。当两个因素之间有关系存在时,常常会引入时间变量作为进一步推进因果论断的前提。在各类运用调查法开展的研究中,为了更好地证明研究假设,运用面板数据进行追踪,时间序列分析就成为更强大的研究策略支撑。就该论文而言,2013 年和 2016 年前后展开了两次。在研究设计搭设的过程中,作者首先论述了为什么选择该议题?该论文切入的视角便是数字传播技术、互联网的发展在组织网络中运用的普及性。接下来论述议题前期的研究等内容。在这些研究背景基础上,对关注问题进行了阐释,最终浓缩在五个假设当中。第五个假设结果证明了公司内部有较强的信任基础的话,就可以推动内部社交软件的使用。在强信任文化、内部社交软件的使用、平等的管理等级制度的整体配合下,内部社交媒体的使用率就会变得更高。普遍的实证研究需要证明 A 和 B 之间有关系,C 在中间起到调节或者中介作用。但是,在社会现实生活中,往往会显示出两者之间是负相关或者是无显著相关,其实这类结果的发现也是非常有意义的。就本研究关注主题来说,这涉及社交媒体的使用在人际关联层面和组织运作层面不仅有正面效应,还有负面效应。对于组织文化来说,组织领导层级序列中间和企业文化中间,在什么样的介质零界点下面起到了多大的积极效用? 在哪些层面上采用了其他更优的沟通模式? 这些问题的解答对于社交媒体时代数字媒体在组织运作中的运用都有实际的意义,而不只是停留在理论推演的层面。在该研究中,作者把多重变量引入,形成复杂系统模型进行验证,就是一种有益的方式。而在传统议题上,在普遍的社会运行领域的各类议题当中,调查法都可以与其他方法关联发挥更大的作用。

(二) 调查法与其他研究方法的关联(linkage)研究:机遇、注意事项

这里以弗里斯(De Vreese)等人的《将调查和媒体内容数据连接:机会、考虑因素和陷阱》[1]作为导读文献分析调查关联研究的潜力和可能性。将媒体调查和内容分析进行关联研究是一个从 20 世纪 70 年代以来就有的普遍趋势,现在之所以把这样的研究重提是因为现代社会中人们在媒体空间生活、互联网空间生活、界面中生活越来越成为常态,这为研究者将两种研究进行连接提供了技术的可能。但是这种方法面临很多问题和挑战,我们需要进行反思和避开一些陷阱。本部分选取的文献对此进行了综合的回顾和考量,因此被作为代表性文章来解读。该论文的发表期刊为《传播方法和测量》。在这篇两种研究方法结合的论文当中,作者首先回顾了关联研究(linking studies)在传播研究和政治科学研究应用的普遍性。20 世纪三四十年代是政治科学、传播学诞生发展的重要历史时期,当时研究者关注的重点议题是社会是如何变迁的,领导人是如何更替的,在这样的社会语境当中信息的传递、人和人之间的互动、组织的运作是如何发生的成为首先需要回答的问题。客观上促成了最开始研究者以问题为导向,综合采用不同方法进行关联研究的趋势。例如,拉扎斯菲尔德在 20 世纪 40 年代的"伊里调查"中,他所应用的面板

---

① De Vreese, C. H., Boukes, M., Schuck, A., Vliegenthart, R., Bos, L., & Lelkes, Y. (2017). Linking survey and media content data: Opportunities, Considerations, and Pitfalls. Communication Methods and Measures, 11(4), 221 - 244.

调查就综合使用了统计方法和焦点小组访谈，目标是解决研究议题，而不是限定在一个具体方法窠臼中，真正地成就了当时的社会科学研究。在弗里斯等人的这篇论文中列举了 70 年代的研究者和研究状况，90 年代帕梅拉·休梅克（Pamela Shoemaker）和斯蒂芬·里思（Stephen Reese）[①]对关联研究的总结，以及在这个领域深耕多年的弗里斯本人的发现，还有后续学者在测量误差识别基础上所提出的解决方案，构成了关联研究的整体发展脉络。

　　该文首先分析了调查与内容分析的关联基础，即他们各自的优缺点。传统的内容分析可以揭示哪些内容暴露了，但是这些内容和社交媒体的各类使用者和他的行为之间有什么样的关联、关系，难以获得深度的挖掘和勾连。调查数据可以通过大范围的媒体接触调查将群众的行为态度转变连接起来，但是这种连接只能获得相关关系，不能揭示到底是哪些信息在影响态度和行为的变化。所以一方面，内容分析揭示了内容本身的文本和符号意涵，但对其含义的实际发生模式难以客观科学地证实；另一方面，调查数据可以说明很多关于媒体使用或态度的信息，但如果不了解媒体具体暴露的内容，这些态度的呈现和转变很难与媒体接触有意义地联系起来。电视、广播、报纸、互联网的普遍使用与公众和群体态度和行为的转变有关联，但是这种关联的具体机制人们却难以详细地呈现，即到底是这些媒介中介的哪种使用和哪些内容在产生影响？如果只是通过调查法只能获得宏观的勾连结果，难以获得具体的对应复杂机制研究成果，很容易最后变成一个简单的曝光研究。在这样的情况下，就需要结合两种研究方式的优点，共同促进研究推进和分析。现在国内外传播与社会研究领域所出现的调查研究、文本研究、内容分析研究相结合的成果可以说就是这种研究结合的趋势显示和发生典范。

　　关联研究中的第一种结合方式就是媒体内容和媒介接触（media exposure）的简单结合分析。媒介接触系从使用者角度，媒介暴露则从媒体的角度，他们共同指向公众对媒介内容的接触。在该类型的调查研究中，研究者一般将较长时期内媒体内容的总和与这一时期公众舆论和行为关联起来，在此基础上进行探索性的分析[②]和聚

---

①　Shoemaker, P., & Reese, S.D. (1990). Exposure to what? Integrating media content and effects studies. Journalism & Mass Communication Quarterly, 67(4), 649 - 652.

②　Statham, P., & Tumber, H. (2013). Relating news analysis and public opinion: Applying a communications method as a 'tool' to aid interpretation of survey results. Journalism, 14(6), 737 - 753.

合水平的时间序列分析,①其研究背后理论假设根基类似传统议程设置理论当中对媒介内容影响力的分析。通常来说,这种描述主要涉及一个时间段中媒介内容及其倾向的总体分析,而无论是媒介取向的媒体曝光率还是受众取向的媒介接触都是一个宏观的总体分析,难以说明每个个体使用何种媒介接触何种内容与改变的关联。而对于了解改变人们态度和行为的具体变量,就需要将媒体具体内容和横断面个体调查数据联系起来分析。这个时候个体所接触的具体媒体内容数据和对个体的媒体曝光率的测量就变得非常重要。从而在将个人层面数据与个别媒体渠道的内容联系起来同时,实现了媒体内容对个人层面的调查曝光测量的丰富和具体化。当将个体的媒体内容的数据和抽离具体媒介内容的概率化的"空媒体曝光变量"(empty media exposure variables)联系起来分析时,传统上空媒体接触的测量问题就可以获得解决,我们可以得到具体媒体内容和具体公众行为关联的区分性系数。这个时候我们说每个个体的媒介接触的变量、媒介接触的内容与他们的态度、行为之间的联系才是鲜活丰富的。这是第二种类型的联合研究,我们可以称之为媒体内容和横截面调查数据的联合研究。第三种是媒体内容和滚动截面调查数据联合研究。如果只是一个横切面的研究时候,更多的只能证明变量之间的关系,而无法证明因果关系。如何通过引入时间因素来构建、提供一个因果分析机制的可能性,就需要运用到滚动横截面设计,滚动横截面设计简单来说融合了横向调查和时间序列加入后变量的丰富度。论文中提到的 1984 年和 1988 年美国全国选举研究和随后的加拿大全国选举研究,还有著名的安娜堡选举研究,和 2000 年丹麦议会的欧盟公投研究都是运用了滚动横断面设计。这样可以得到最大规模和范围的媒体信息曝光数据,从而与公众态度和行为之间进行关联分析。也就是说,既可以对公众意见和媒体内容的发展进行总体比较,也可以进行时间序列层面的细分比较,还可以对媒体内容曝光与特定因变量之间的关系进行个人层面的动态分析。但是这种分析也只是媒介接触与结果变量之间建立关联关系的研究,而不能对具体影响机制进行阐释。如何既能顾及宏观面关系的分析,又能兼顾个人层面的因果机制的挖掘?第四种关联研究即将媒体内容和面板调查数据进行结合就可以部分解决这个问题。面板调查数

---

① Hester, J. B., & Gibson, R. (2003). The economy and second-level agenda setting: A time-series analysis of economic news and public opinion about the economy. Journalism & Mass Communication Quarterly, 80(1), 73 - 90.

据既有时间的跨度也有横截面的跨度,是在对特定选择人群长期追踪调查基础上形成的数据集。以此类数据进行的分析既可以观察到个体的内部变化,也可以在时间维度上辨明是由哪些影响变量触发个体产生态度或行为的变化。就媒介接触研究来说,就可以辨明在长时段内哪些媒介内容引起了人们哪些方面的变化,并对其中涉及的复杂变量进行各类调节、中介或结构方程分析,起到还原或呈现媒介变量与人们态度行为变量变化的历时段因果机制分析。因此这也成为当前为什么人们倾向于将调查法与其他研究方法进行结合研究的原因。就内容分析与调查研究的结合来说,在内容指标的选择上,可以有效地避免调查法所获得的媒介接触指标过于宏观概化而导致因果分析过于笼统的问题,也避免了单纯的内容分析对影响人群作用分析单一化而无法顾及人群异质性的问题。

调查法与其他方法的结合主要有三种模型。第一种是滞后因变量模型,是将因变量在前一波调查中的得分作为自变量加入新一波调查数据的分析中。第二种是固定效应模型,是把每个被调查者添加虚拟变量作为自变量,以解释被调查者之间的变化,分析焦点是个体内部的变异。第三种是随机截距交叉滞后面板模型(RI‐CLPM),[1]该模型在兼具面板数据集合优良特性的基础上可以区分人与人之间的差异。总体来说,在将调查研究与内容分析结合起来开展的"关联研究"中需要注意以下事项:①如果时间和资源允许,在调查中尽可能以最细粒度和详细的方式对公众媒介接触的具体接触方式细节和内容文本进行提问和访谈;②在任何关联分析中,首先关注实质性内容特性,然后在分析中添加其他变量分析结果作为附件提交并汇报稳健性测试结果;③对于一些重要且难以评估的变量要提供替代规范评估结果以报告其稳健性;④注意模型规格的选择,模型规格的选择应同时考虑实际问题和研究中可用的设计和措施;⑤反思内容测量的可靠性,并考虑可用的修正方法。

(三) 社交媒体平台对调查方法的发展

本部分以博格丹·巴特林卡(Bogdan Batrinca)和菲利普·特里莱文(Philip Treleaven)的《社交媒体分析:技术、工具和平台调查》[2]一文作为了解社交媒体调

① Hamaker, E. L., Kuiper, R. M., & Grasman, R. P. (2015). A critique of the cross-lagged panel model. Psychological Methods, 20(1), 102 - 116.

② Batrinca, B., & Treleaven, P. C. (2015). Social media analytics: a survey of techniques, tools and platforms. Ai & Society, 30(1), 89 - 116.

查方法发展的导读文献。实际上,社交媒体对调查方法的发展近年来已获得更大的进展,其被融合在大数据及计算科学的分析中,我们在这里不展开叙述,本部分主要从社交媒体广泛运用于调查方法应用的 2015 年前后的状况进行总结。该论文关注社会科学研究方法在媒介技术发展背景下的变化及大数据方法的广泛使用对调查研究方法的扩展。在社交媒体数据痕迹能够广泛获得之前的调查研究当中,数据信息主要依赖调查对象的自我汇报,因而会受个体主观因素及呈现汇报能力的制约。2010 年后社交媒体的快速发展,为互联网空间中数据痕迹抓取便捷性提供了契机,因而进行客观的公众意见分析变得可能。该论文是在 2015 年对社交媒体的分析技术、工具、平台的回顾性文章,基本代表了当时对这个领域框架性问题的理解和结构性面貌的呈现。该论文首先对社交媒体进行了定义,认为"社交媒体"包含简单的提要聚合(RSS)、博客和新闻等,主要呈现为非结构化文本并可通过网络进行访问。计算社会科学在社交媒体领域的发展,利用定量技术(例如计算统计、机器学习)结合大数据进行数据挖掘和模拟建模来回应调查问题,[1]逐渐变成一种主流的研究方法。

对于社交媒体数据攫取来说,关键的构成部分有两块:一块是计算机科学的部分,主要包括自然语言处理、数据挖掘和文本分析。自然语言处理是计算机科学、人工智能和语言学的一个交叉领域,涉及计算机和人类(自然)语言之间的交互。具体来说,它是计算机从自然语言输入中提取有意义的信息和产生自然语言输出的过程。对这些数据进行抓取的时候,以非结构化文本的形式从社交媒体和其他网站收集在线数据,也被称为网络抓取、web 收集和 web 数据提取。文本分析里则包括信息探索(IR)、词法分析与研究词频分布、模式识别、标注和注释、信息提取、数据挖掘技术、链接和关联分析、可视化和预测分析等。另一块是传统媒介内容分析部分,主要是新闻分析、意见分析和情感分析。新闻分析主要指对文本(非结构化数据)新闻故事进行各种定性和定量属性的测量,这些属性包括情感、相关性和新颖性。意见挖掘(情感挖掘,意见/情感提取)是一个试图让自动系统从自然语言的文本中确定人类意见的研究领域。情感分析是指运用自然语言处理,计算语言学和文本分析等方法识别和提取原材料中的主观信息。

① Cioffi-Revilla, C. (2016). Bigger Computational Social Science: Data, Theories, Models, and Simulations—Not Just Big Data.

　　社交媒体数据分析方法主要面临的挑战分布在抓取、数据清理、整合数据源、数据保护、数据分析、数据可视化等方面。如在数据抓取环节中，许多数据掌握在商业公司手中，研究数据的获得，首先需要支付一笔不小的费用，这往往是研究人员难以负担的。在数据清理部分，尽管现在已经发展出许多先进的技术，但是诸如高频实时流类型的数据仍然难以应对。在整合数据源阶段，研究人员越来越多地将新的数据源整合在一起，包括社交媒体数据、实时市场和客户数据，以及用于分析的地理空间数据，但各类数据整合的效度从社会科学层面看仍然存在许多需商榷的问题。而近几年来公众及各类机构越来越意识到的数据保护问题，也对社交媒体数据分析的伦理提出了更高的要求。此外，在面对外语、俚语、拼写错误等内容编码方面，还有分析仪表盘的问题，即许多社交媒体平台要求用户编写 api 来访问提要或用编程语言（如 Java）编写分析模型，这些技能通常超出了大多数社会科学领域研究人员的能力，对于需要通过编程接口来接入"深入"访问"原始"数据（例如配置 api、合并社交媒体源、组合整体来源和开发分析模型）能力，数据可视化对传统的社会科学研究人员来说也是挑战。

　　在巴特林卡和特里莱文这篇文章中，强调了要关注情感分析和监督学习方法在研究中的应用，因为这对于大部分社会科学研究议题都非常重要。在情感分析中需要注意情感语境、情感层次、情感主观性、情感倾向、情绪强度等问题。如在情感语境中要注意上下文观点，同样的观点可能有完全不同的表达。情感（主观性）需要与数据（表达的观点）保持距离，才能更客观地进行编码等。监督学习方法最简单的是建立一个词袋模型而不考虑单词顺序和语法结构。朴素贝叶斯分类器（Naïve Bayes，NBC）基于贝叶斯定理，需要研究者具备基本的编程和统计学知识。后续发展出大量的社交媒体分析工具包，从简单的开源工具到库，多功能商业工具包和平台也逐渐涌现。在编程工具方面，r 用于统计编程、Matlab 用于数值科学编程、Mathematica 用于符号科学编程、Python 用于（自然）语言检测/标题和内容提取/查询匹配。除此之外，还有业务工具包如 SAS 情感分析、社交媒体监控工具（如 social mention）、各类文本分析工具和可视化工具等，可以说越来越丰富、先进和便捷。如今的许多媒体平台本身具有工具又提供数据，例如传统的新闻文本分析当中，像汤森路透（Thomson Reuters News Analytics，TRNA）这样的公司提供新闻档案和相关分析，其通过 MarketPsych Indices 扩展了新闻分析服务，可以实现对新闻和社交媒体进行实时心理分析，获得对包括金融领域在内的市场心理的定量看法,这极大地扩展了传统新闻调查的能量和业务范围。在传统的社交媒体平台,如 Twitter、Facebook,以及其他社交网络媒体也都以各种形式提供不同类别和程度的数据服务,供应商通常会把目标对准那些希望检测消费者对其品牌或产品的态度的公司。另外还出现了诸如 SocialSTORM 这样基于云服务的"中央枢纽"平台,它可以从 Twitter、Facebook、RSS 媒体等在线来源获取基于文本的数据。

四、媒介社会学调查法总结与思考

调查法运用在社会科学研究的各个领域,本节主要从媒介社会学的视野,从媒介中介化社会后议题应用的广泛性、与其他方法的关联应用,以及社交媒体和人数据出现对其的发展三个角度的案例分析来证明调查法在当前媒介社会研究领域的广阔空间。媒介社会学视域下的调查法,我们特别需要注意两个问题或节点,一是调查法与传统社会学和传播学的学理勾连,从迪尔凯姆到拉扎斯菲尔德,调查研究方法的学理逻辑都深植在从个体行动到社会集体行为之间的概括式分析中,可以说不理解调查法的逻辑就无法理解社会科学之所以称为"科学"的原因。当前,调查法纵深的变化在媒介社会议题上的体现,表现为人们越来越倾向于突破基于"共现"特征的相关关系的分析而向基于"中介""调节"为代表的初始型因果逻辑迈进,而这种研究思路的变化也正好与当前以大数据分析为代表的"强人工智能"和"弱人工智能"关联起来,可以说人类正在一步步向揭开"算法黑箱"迈进。另外,当前大量数据的涌现,伦理问题也随之爆出。以陈文泓(Chen Wenhong)和安娜贝尔·全-哈斯(Anabel Quan-Haase)的研究为例,他们指出大数据的利益相关方(stakeholders)应该成为讨论这个问题的关键。[1]

本节导读文献:

Sievert, H., & Scholz, C. (2017). Engaging employees in (at least partly) disengaged companies. Results of an interview survey within about 500 German corporations on the growing importance of digital engagement via internal social media. Public relations review, 43(5), 894-903.

De Vreese, C.H., Boukes, M., Schuck, A., Vliegenthart, R., Bos, L., & Lelkes, Y.

---

[1] Chen, W., & Quan-Haase, A. (2020). Big data ethics and politics: Toward new understandings. Social Science Computer Review, 38(1), 3-9.

(2017). Linking survey and media content data: Opportunities, considerations, and pitfalls. Communication Methods and Measures, 11(4), 221 – 244.

Batrinca, B. , & Treleaven, P. C. (2015). Social media analytics: a survey of techniques, tools and platforms. Ai & Society, 30(1), 89 – 116.

建议阅读文献：

Shoemaker, P. , & Reese, S. D. (1990). Exposure to what? Integrating media content and effects studies. Journalism & Mass Communication Quarterly, 67(4), 649 – 652.

Hamaker, E. L. , Kuiper, R. M. , & Grasman, R. P. (2015). A critique of the cross-lagged panel model. Psychological Methods, 20(1), 102 – 116. doi:10.1037/a0038889

思考：

大数据分析是否能代替传统的调查研究方法？

一、访谈法与媒介社会学的关联

(一) 访谈法的学术起源

访谈法作为传统定性(质化)研究的一种重要方式,在社会科学研究领域广泛应用。访谈(interview)是搜集调查数据的一种方法,由研究者派访员口头提问,并记录受访者的应答。① 即通过研究者与受访者的直接对话而收集事实材料的一种调查研究方法,这建立在二者互动基础上。就研究者对访谈过程的控制程度大小,访谈可以分成三种:封闭式(或结构式)、半开放式(半结构式)、开放式(非结构式)。这三种访谈类型之间的界线,并不固定,尤其是半开放式和开放式访谈,往往依靠研究者根据具体访谈情境的需要而进行选择或调整,它们都是田野研究常用的访谈手段。②

从社会学研究谱系来看,如果说调查法遵循了迪尔凯姆"方法论整体主义",那么访谈法的学术根基就与马克斯·韦伯的"方法论个人主义"(methodological individualism)密切相关。韦伯认为社会学是一门致力于解释性理解人们社会行动过程并对其影响作出因果说明的科学,又被称为"解释社会学"。他将人类的社会行动作为研究对象,认为社会行动即人与人之间基于主观意志的行为交换,是社会生活最基本的单元,而人类作为社会行动的主体,应当成为研究的起点,因此关注个体行为脉络及动机意图,并由此揭示其背后的社会结构成为此一脉络的研究进路特征。正如哈罗德·加芬克尔(Harold Garfinkel)所言:"人们通过行动和互动不断地创造社会结构,事实上也创造了属于他们自己的现实(realities)。"③

而论及访谈法在传播研究中的学术起源,必然要提及受众文化研究路径。传

---

① 艾尔·巴比:《社会研究方法(第13版)》,邱泽奇译,北京:清华大学出版社,2020年,第222页。
② 陈阳:《大众传播学研究方法导论》,北京:中国人民大学出版社,2007年,第223页。
③ 艾尔·巴比:《社会研究方法(第13版)》,邱泽奇译,北京:清华大学出版社,2020年,第56页。

播学科形成后,受众的定位经历了从被动消极到积极主动的转变。19世纪末到20世纪三四十年代,以"魔弹论"为代表的受众观占据主导地位,强调受众的被动属性,研究重点主要放置在传者要素上。直到拉扎斯菲尔德通过"伊利调查"提出"二级传播流"理论和"意见领袖"理论,才推动学界将研究重点逐渐转移到受众生理及心理因素方面,但在访谈者和受访者的关系上仍然呈现出"强大的访谈者"和"顺从的受访者"的倾向特征。到20世纪六七十年代,以霍尔为代表的批判研究学者注意到传者与受众的复杂双向作用,把人们的注意力逐渐引向受访者的多元性和能动性上,传统"被动"受访者的地位才逐渐从原来的窠臼中脱离。但是真正的转折发生在20世纪七八十年代,受文化研究、社会符号学、女性主义、消费研究和日常生活人类学的影响,学界开始对媒介权力产生普遍质疑,主张将"the audience(单数)"重新考虑为"audience(复数)",并从动词的角度(audiencing)去理解它,强调受众在参与、协商、解释、游戏、批评等行动中所展示的主体性地位。与此同时,借鉴福柯、德里达等人的思想,访谈研究开始向话语研究转型,"受众"及与之关联的"访谈"法进入重新形塑自身方法特征的阶段。

定性研究或后来更多地被称为质化研究的方法进路的重要性来源于它对基于过分强调变量设计及控制的实验、调查等方法所带来的创意萎缩、分析面向和范畴日益缩小现状所能产生的补充作用。[①] 访谈法是韦伯解释社会学传统与文化研究和批判研究路径在当前社会科学方法领域的综合显现,相对更为强调"情境释义"。作为定性研究方法之一,访谈法有助于研究者走出经典实证研究范式假设检验逻辑的桎梏,实现理论和实践的反复对话,并最终促进新理论的生成。

（二）应用与发展

访谈法并非采访或日常谈话,它是一种以研究为目的的有计划、有准备的访谈,因此具有基本的操作规范和特征,所有环节必须紧紧围绕研究的主题进行。访谈法的优点在于具有一定灵活性,除结构式访谈外,半结构式访谈和非结构式访谈的内容虽然事前也有一定的规划性,但访谈者可以根据现场情况进行调整;如果访谈技巧得当,还有助于挖掘更深层次的内容或发现事先未考虑的、意料之外的信息。这同时也对访谈者提出了更高的要求,要求他们具备较强的控场能力,能够保证访谈不偏离主题,建立和维持与受访者的信任关系,减轻受访者顾虑,确保能够

---

① 李晓凤:《质性研究方法》,武汉:武汉大学出版社,2006年,第24页。

收集到更多可信内容。与此同时,访谈法也存在缺陷,主要表现为样本范围较小,在材料分析和解释上要求研究者更高的理论储备和特征挖掘能力。

表5列举的是采用访谈法进行研究的经典文献。尽管早在20世纪30年代,访谈法就从问卷调查中脱离独立,但总体特征仍呈现高度结构化的特点,受访者主要是精英人群,他们通常拥有话语权、社会资本、社会地位,受访者被视为"传递特殊知识的人",基本与新闻采访没有明显区别。"二战"后,随着两极阵营的形成及社会研究机构的兴起,战时兴起的政治调查和民意调查的发展,促使研究者开始关注数据的信度和效度问题,但从方法应用的总体表现来看仍然存在套取答案机械、样本规模不合理的缺陷。20世纪七八十年代,访谈法逐渐成熟,研究者逐渐认识到访谈是双向互动的过程,加上受到同时期女性主义研究、社会符号学等思潮的影响,访谈者开始重视访谈质量及访谈情境的作用,开始进一步完善技巧和方法,并与电话和计算机等新技术联系在一起。现在的访谈研究应用更为科学规范,并常与问卷法、实验法相结合,发挥出强劲的研究支持能力。与此同时,随着新媒介技术在人们日常生活中中介作用的加大,智能媒体的发展、可穿戴设备的应用,从客观环境要求和技术条件支持方面都为访谈研究的创新模式开展提供了基础,访谈研究方式向前发展成为大势所趋。

表5 访谈研究分析的重要文献①

年份	作者和篇名
1947	Hadley Cantril, *Gauging Public Opinion*
1954	Herbert H. Hyman, *Interviewing in Social Research*
1965	Stephen A. Richardson, B. S. Dohrenwend, and D. Klein, *Interviewing: Its Forms and Functions*
1969	Raymond L. Gorden, *Interviewing: Strategy, Techniques and Tactics*
1974	Jaen M. Converse and Howard Suchuman, *Conversations at Random*
1979	Norman M. Bradburn and Seymour Sudman, *Improving Interview Method and Questionnaire Design*

---

① Platt, J. (2002). The history of the interview. Handbook of interview research: Context and method, 33 - 54.

续　表

年份	作者和篇名
1981	Charles F. Cannell, P. V. Miller, and L. Oksenberg, *Research on Interviewing Techniques*
1982	W. Dijkstra and J. van der Zouwen, *Response Behaviour in Survey-Interview*
1984	Charles Turner and Elizabeth Martin, *Surveying Subjective Phenomena*
1990	Lucy Suchman and Brigitte Jordan, *Interactional Troubles in Face-to-Face Survey Interviews*
1991	Paul P. Biemer, R. M. Groves, L. E. Lyberg, N. A. Mathiowetz, and S. Sudman, *Measurement Errors in Surveys*
2002	Douglas W. Maynard, H. Houtkoop-Steenstra, N. C. Schaeffer, and J. van der Zouwen, *Standardization and Tacit Knowledge: Interaction and Practice in the Survey Interview*

二、访谈法在媒介社会学领域的应用现状

(一) 国内应用状况

以 CNKI 数据库作为数据搜索来源,以"媒介""社会""访谈"为关键词进行搜索(时间段设定:1983 年 1 月 1 日至 2023 年 5 月 1 日),来源类别限制在"学术期刊"(搜索时间:2023 年 5 月 1 日),共计得到 13204 条结果,其中有 2437 篇出现在"新闻与传播"学科,600 篇出现在"社会学及统计学"学科,研究结果见图 13。

进一步对上述两学科的 3037 篇文献进行可视化图表呈现发现:从发文量来看,自 2000 年后,访谈法在媒介社会议题上的使用开始总体呈现上升趋势,在 2016 年达到峰值 197 篇,而后逐渐呈现回落趋势(见图 14)。

聚焦于研究主题,可以看到在"新闻与传媒"领域,学界更多地将访谈法运用于"新媒体""媒介素养""媒介融合""媒介文化"等相关议题(见图 15)。而在"社会学与统计学"领域,该方法主要应用在"国家与社会关系""个人与社会""青少年犯罪""社区建设"等议题上(见图 16)。尽管两个学科在访谈法使用主题分布上存在差异,但仍然存在交叉领域,典型表现在近年来社会科学界普遍关注的老年人媒介使用议题上。

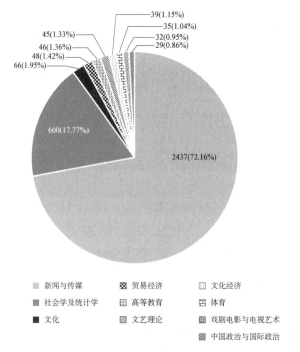

图13　"媒介""社会""访谈"在知网学科分布(1983～2023年)

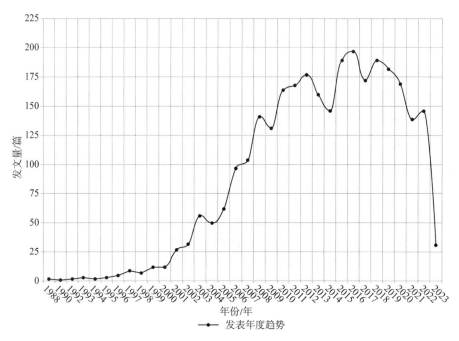

图14　媒介社会议题发文趋势(1983～2023年)

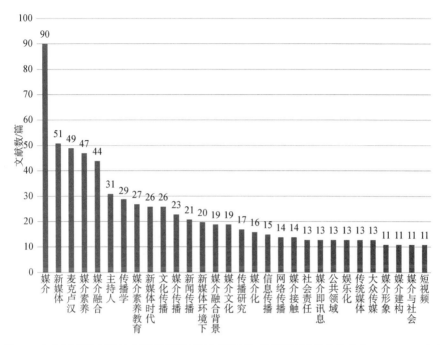

图 15　知网中"媒介""社会""访谈"议题在"新闻与传媒"领域发文分布（1983～2023 年）

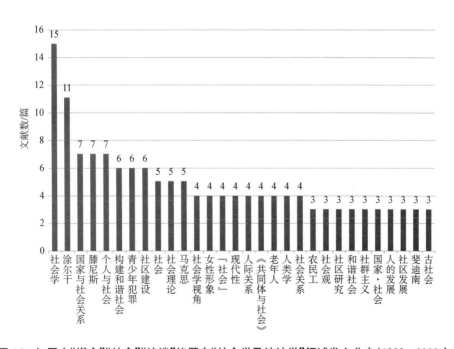

图 16　知网中"媒介""社会""访谈"议题在"社会学及统计学"领域发文分布（1983～2023 年）

（二）国外应用状况

以 WOS 数据库作为数据搜索来源，以"media""society"和"interview"为主题进行搜索（搜索时间：2023 年 5 月 3 日），将文献类型限定在"论文"中，共得到 3257 条检索结果。在研究方向上，702 篇分布在传播学（communication），524 篇分布在社会学（sociology）。

对上述两学科 1226 篇文献进行进一步分析，从年度发表量可以看出，自 1993 年至 2022 年，发文量基本上呈现逐年递增趋势，尤其在 2017 年至 2021 年增长速度最快。到 2021 年年度发文超过 140 篇（见图 17）。

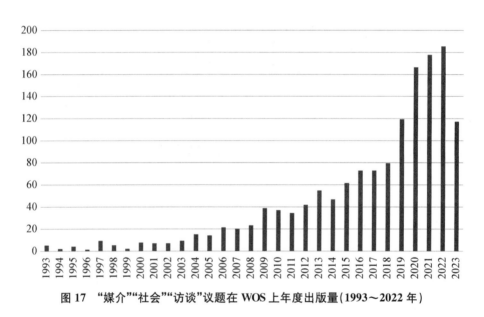

图 17 "媒介""社会""访谈"议题在 WOS 上年度出版量（1993～2022 年）

三、访谈法在当前媒介社会议题研究案例分析

（一）《予人发声：访谈在受众研究史上的关键作用》

本部分以利文斯通的《予人发声：访谈在受众研究史上的关键作用》①一文作为了解访谈法作为一种研究方法在传播学发展中的历史。该文从强大的采访者和顺从的受访者这一后拉扎斯菲尔德时代受众研究传统遭遇的挑战说起，指出给予

---

① Livingstone, S. (2010). Giving people a voice: On the critical role of the interview in the history of audience research. Communication, culture & critique, 3(4), 566 - 571.

受众更高地位声音的出现挑战了原来强调专业的精英的访谈人员的模式,这一变化的出现有赖于对传统受众研究的批判和新媒体所释放的受众地位的变化,针对受众的访谈不再是对被采访者认识的诱导式呈现。但即便发生这样的变化,大多数研究者仍然停留在"想象的""理论的"受众层面。生活世界和理性世界的区隔,让他们不愿意面对真实的"受众"。作者作出上述论断的基础来源于其对访谈研究形成的历史回溯。

"采访"一词最初指的是皇室的仪式性会议,这体现了"采访"最初的"权力生态",即采访的主导权掌握在女王的手里,采访者是祈求者。而在接下来拉扎斯菲尔德为研究公众舆论制定的开放式访谈中,上述生态发生了变化,权力逐渐转移到了访谈者手中——即一个中立的、强大的访谈者从顺从的对象那里"收集"不受污染的信息,这种方法一直统领了受众研究几十年,并促成了诸如"使用和满足理论",态度、效果研究的大批成果。

但这种传统在访谈法的后续发展中遭遇了挑战,威廉姆斯在《关键词》中指出,对"采访"一词需强调其双向性。[1] 对采访者与受访者权力的重新认识刺激了对二者关系的批判性反思。后拉扎斯菲尔德时代的批判研究者们将受访者视为"参与者",给予尊重,共同检查研究结果以检验其可信度。这使得受访者能够协商访谈的条款,自由表达自己,包括给予访谈者惊喜,或提出质疑和挑战。

转折出现在 20 世纪八九十年代,这种被反思过的"采访"在更广泛的媒体与传播研究领域展现出惊人潜力,并持续从文化研究、社会符号学、女性主义、消费研究和日常生活人类学的平行发展中汲取能量,给予观众以"声音",为更广泛的媒体权力批判性分析开辟了道路。以霍布森、[2]霍奇和特里普、[3]刘易斯、[4]罗德威、[5]施罗德[6]

———————

[1]　Williams, R. (1983). Keywords: A vocabulary of culture and society. London: Fontana.

[2]　Hobson, D. (1982). Crossroads: The drama of a soap opera. London: Methuen.

[3]　Hodge, R., & Tripp, D. (1986). Children and television: A semiotic approach. Cambridge, UK: Polity.

[4]　Lewis, J. (1991). The ideological octopus: An exploration of television and its audience. London: Routledge.

[5]　Radway, J. (1984). Reading the romance. Chapel Hill, NC: University of North Carolina Press.

[6]　Schrøder, K. (1988). The pleasure of 'Dynasty': The weekly reconstruction of self-confidence. In P. Drummond & R. Paterson (Eds.), Television and its audience: International research perspectives. London: British Film Institute.

及利伯斯和卡茨、①利文斯通和伦特、②莫利③为代表的一系列研究要求受众"the audience（单数）"被重新考虑为受众们"audience（复数）"，因为他们研究中的受众呈现出丰富生动的面貌。同时，受众这一名词逐渐被从动词的层面重新考量——参与、解释、谈判、游戏、批评，及成为受众（audiencing）的过程获得更多的重视。

这种让受众发声的访谈研究趋势的形成，更重要的是为新的调查形式开辟了道路。首先，它破坏了精英文本分析家的权威；其次，它揭示了重塑和矫正媒体形式的策略；再次，它挑战了政治经济学和媒介帝国主义理论，揭示了再挪用、全球本土化、反流动的过程，以及各类媒介形式和受众偶尔对主流媒体力量的抵抗；最后，这一访谈模式有助于解释为什么媒介效果理论的普遍性主张只是偶然适用，因为媒介影响总是取决于语境。

作者指出，尽管上述历史溯源所涉及的故事并不新鲜，但今天的研究者不应忽视这段历史——它强调走出去与观众交谈的行为才是关键，而不是对他们的行为和想法抱有想当然的、同质化的、轻视与偏袒性的看法，如对肥皂剧观众与脱口秀观众的刻板印象。因为真正的事实是，在观众行为的背后，存在一个复杂的、有启发意义的解释活动过程，正如祖宁（van Zoonen）通过仔细聆听《老大哥》观众的意见，发现这个节目提供了一个重新谈判公共和私人之间既定界限的机会，甚至质疑精英维持其特权的方式。④ 正因如此，施罗德等人重新规划了"询问受众"的含义，即：访谈是一种话语生成器，通过它得以深入了解信息提供者所掌握的解释权，这会影响特定的媒介产品。因此，访谈最终是一个载体，用于说明信息提供者的生活世界中由媒体引起的意义。⑤

尽管访谈法进入新的发展阶段，但作者也坦言新的访谈模式依旧面临阻力。主要原因在于，对于部分研究者而言，走出去询问受众是一件非常困难的事情，这可能来源于研究者厌恶在自己的家乡与"真人"进行所谓"冒险的谈判"。也正因如

① Liebes, T., & Katz, E. (1990). The export of meaning. Oxford, England: Oxford University Press.
② Livingstone, S., & Lunt, P. (1994). Talk on television. London: Routledge.
③ Morley, D. (1992). Television, audiences and cultural studies. London: Routledge.
④ van Zoonen, L. (2001). Desire and resistance: Big Brother and the recognition of everyday life. Media, Culture and Society, 23(5), 669 - 677.
⑤ Schrøder, K., Drotner, K., Kline, S., & Murray, C. (2003). Researching audiences. London: Arnold. p.143.

此,尽管他们勤奋地研究了媒体生产,对媒体表现进行了编码解码,或者研究了公众对日常实践的描述,但他们依旧忽略了约翰逊"文化回路"分析中的关键因素——消费和生产,①或是霍尔所说的解码和编码,②哈贝马斯所说的生活世界和系统世界。③

除此之外,作者还指出,尽管数字时代互联网的用户使用被视为是主动的,互动文本给研究者带来了前所未有的解释性挑战,但新媒体分析中依旧充满了对用户参与的同质化、刻板化假设,主动受众的论点很容易被遗忘。在教学实践中,学生们容易忘记区分隐含的受众和实际的受众;在研究实践中,这一观点也时隐时现,如作者举例认为施罗德确实与纪录片《王朝》的受众进行了访谈,④但格里普斯罗德没有,⑤罗德威与经验受众接触了,而莫德莱斯基没有。⑥

在该文的结尾,作者指出,正如赫尔墨斯所说:受众研究的动力正是出于不代表他人发言的愿望。访谈的核心不仅是讲述,更是倾听。⑦ 走出去与受众面对面地交流,应成为这种研究方法突出的特点。

(二) 从传统访谈文本分析向话语分析的转型

本部分所选导读文献为《质性访谈数据分析:话语分析方法》,⑧该文将话语分析(discourse analysis)作为传统质性研究方法的扩展,以图书情报研究(library and information studies,LIS)领域的一个具体研究作为分析访谈数据的案例,展示了话语分析的基本策略,该文主要内容包括:①系统考察了话语和语篇中语境相关的变异性;②解释了如何识别在特定领域中存在的话语;③解释了话语分析与定

① Johnson, R. (1986/1987). What is cultural studies anyway? Social Text, 16, 38 - 80.
② Hall, S. (1980). Encoding/decoding. In S. Hall, D. Hobson, A. Lowe, & P. Willis (Eds.), Culture, media, language. London: Hutchinson.
③ Habermas, J. (1987). The theory of communicative action. Lifeworld and system: A critique of functionalist reason (T. McCarthy, Trans. Vol. 2). Cambridge, UK: Polity.
④ Schrøder, K. (1988). The pleasure of 'Dynasty': The weekly reconstruction of self-confidence. In P. Drummond & R. Paterson (Eds.), Television and its audience: International research perspectives. London: British Film Institute.
⑤ Gripsrud, J. (1995). Dynasty years: Hollywood television and critical media studies. London: Routledge.
⑥ Modleski, T. (1982). Loving with a vengeance. New York: Methuen.
⑦ Hermes, J. (2006). Feminism and the politics of method., Questions of method in cultural studies,. pp. 154 - 174.
⑧ Talja, S. (1999). Analyzing qualitative interview data: The discourse analytic method. Library & information science research, 21(4), 459 - 477.

性资料解释学阅读的差异;④讨论了质性研究中信度和效度的标准。作者指出在图书情报研究领域,定性研究方法和定量研究方法均得到应用,其中定性研究呈现上升趋势,尤其在信息行为研究上,而当下出现的最新趋势是从数据收集方法转向数据描述、分析和解释方法,话语分析因而成为主要的研究方法。

定性(质化)研究方法(qualitative research method)被理解为描述、分析和解释数据的方法。定性研究是相对于定量(量化)研究(quantitative research)而言,二者分别采用了不同的解释策略,一种具有人文主义特征,是以主题分析为中心,旨在捕捉参与者的经历及其意义诠释;另一种是更"硬"的统计方法,注重描述具体事实或社会结构。但是传统的定性研究方法存在模型不够准确、适用性不高的问题,难以孕育出新的理论。在此背景下,话语分析进入研究者的视野。

话语分析是对自然情境下人们的日常对话、访谈或其他文本资料进行分析,从内容、结构、表述立场,以及表述方式等方面进行分析的一种方法。① 现代话语分析通常以哈里斯 1952 年在《语言》杂志上发表的名为《话语分析》的论文作为开始的标志。随着建构主义思潮的兴起,人们逐渐认识到语言并不只是表达的工具,而是在不同历史文化环境下的产物,并会随着历史变迁发生改变。话语分析作为一种新的研究方法出现,是社会科学和人文学科语言学转向的一部分,强调语言在社会现实建构中的作用。此后,话语分析成为传播学、社会学和心理学主流的研究方法之一。在操作层面上,话语分析中基本的分析单元为"释意语库"(interpretative repetoires),超越访谈内容本身,展示一种不以捕捉参与者真实意图、意义或体验为目标的定性分析方法价值。在方法论层面,话语分析是一种打破主观意义与客观现实,以用户为中心和以系统为中心的二分法研究方式。它将访谈数据作为社会文本从宏观社会学层面进行分析,将语言作为社会建构的符号,并关注话语产生的历史背景、社会语境(social context),以及其转化社会现实并形成社会制度的方式。

在考察话语中的语境变异性时,作者分别以针对"图书馆音乐服务的主要功能"和"图书馆选择馆藏资料的原则"为访谈主题进行了案例展示,揭示出针对同一事物,受访者在不同的背景下,从不同的角度出发,可能提供相互矛盾的观点,而这来源于答案提供的语境依赖性,背后其实遵循着一定的文化逻辑,但是这一点在传

---

① 弗里克:《质性研究导引》,孙进译,重庆:重庆大学出版社,2011 年,第 273 页。

统的访谈资料分析中却往往被忽略。在话语分析中,研究者放弃了受访者的行为和信念只有一个真正准确版本的假设,主张和承认它是反身性的、理论性的、语境性的、文本性的。正如维特根斯坦(Ludwig Wittgenstein)所指出的:"每个表达不仅仅是陈述,同时也是一种评价。"①但需要注意的是,在话语分析中,这种解释的可变性与不一致性并不意味着受访者的话语完全不具备规律性,只是表明规律性不能被固定在单个被访者的水平上。在特定的领域,话语内部具有连贯性,但同时又存在相互矛盾和替代的关系,这是话语历时性的体现,因为新的解释作为对先前话语的纠正而出现,然而既定的概念和方法不会因为其有效性开始受到质疑而消失,所以不同的话语在同一知识领域并存。

该文作者进一步指出,对话语基本分析单位——"释意语库"的定义存在两种不同的观点。韦纶(Margaret Wetherell)和波特(Jonathan Potter)将释意语库定义为"有限的语言单位",由特定文体和语法方式中使用的有限范围的术语组成。② 而福柯将话语定义为一种实践,他强调话语不仅仅由单一的意义或解释组成,而且是知识的形成。福柯认为释意语库不是由有限范围的术语组成的"有限语言单位",因为相同的术语在不同的话语中使用它们的意义存在差异。福柯所影响的话语分析并不研究世俗话语的规则和惯例,而是检查"严重的言语行为"、制度化的谈话或实践。

由此可见,话语分析中使用的建构主义解释方法对定性研究中的一些传统方法提出了质疑。传统的定性研究方法将语言仅仅视作反映客观世界、表达观点、进行沟通的中介,研究者按照问题和答案的分布进行分析,选择被访者话语中的某一部分作为其问题的答案,而忽略掉话语的其他部分。而话语分析者并不把个体作为主要分析单位,他们将语言作为分析对象本身,专注于识别语言叙述中的文化规律,从而作出一种宏观的社会学解释。访谈本质上是一种文化和集体现象,答案的意义不在于回答了某个问题,而是在于其所嵌入的局部乃至更广泛的话语系统和社会实践。话语分析强调主体并不是单一静态的,在不同的社会语境和言语情境中,个体使用可变的语言资源,并在不同的话语之间非常自然和熟练地移动。因

---

① Wittgenstein, L. (1978). Philosophical Investigations. Oxford: Basil Blackwell.

② Wetherell, M, & Potter, J. (1988). Discourse analysis and the identification of interpretive repertoires. In Charles Antaki (Ed.), Analysing everyday experience: A casebook of methods. p.172.

此,话语分析着重分析不同语境下不同陈述的产生背景,这些陈述的建构方式,以及其可能产生的社会效果。

那如何才能发现这些话语呢? 作者也给出了一些方法指示:首先是要对"断裂"的部分进行关注。第一阶段包括分析参与者回答中的不一致和内部矛盾(这正是传统的定性方法所舍弃的);第二阶段由描述变化的标识、规则、模式组成,即在不同参与者的谈话中反复出现的描述、解释和争论,探究背后驱使其形成的社会文化规则;第三阶段包括识别基本假设和起点(在福柯的论述中被称作"陈述"),它们构成了一种谈论现象特殊方式的基础和条件。其次是要关注特殊的语篇,即基于特定背景假设而联系在一起的术语,基于不同的假设而失去联系并与其他词汇联系在一起。对术语的选择、连接和排序,词语在语篇中与其他词语的不同表达方式,都蕴含着不同的思想和意义形态。最后是语句和缺席。事实的构成、解释和权衡都是取决于什么被认为是重要的、有价值的和可取的。因此,表达的存在与否也能够反映社会文化规则。

在研究的信度与效度上,传统的定性研究秉持一种事实主义,分析集中在访谈答案的内容上,以揭示参与者的实际行为和态度。而这些访谈数据受到研究情况和被访者记忆能力的影响,所以研究结果的可靠性取决于采访答案是否提供有关研究现象的公正和准确的信息。当数据量较大时,研究结果通常概括性更强。而话语分析是一种样本视角,访谈答案被作为语言表达进行分析,这些语言资源本身并无真伪,而是一种存在,所以研究结果的效度和信度并不取决于实证水平和研究材料的性质,也不取决于研究者与研究对象之间互动的性质。研究结果的可靠性取决于研究人员解释的可验证性。解释以研究数据为基础,必须以一种一致和可识别的方式,生成宏观社会性质的解释。

总的来说,话语分析将不同的话语方式系统化,从而揭示了特定的历史时刻产生知识和意义的起点和机制,摆脱了方法论个人主义和集体主义的分歧。正如"话语建构主义"的推动者波特所总结的那样,话语是行动取向的、情境性的、建构性的。话语分析为定性研究提供了一种新视角,也为研究者了解社会结构提供了一种新方式。

(三) iPhone in vivo:移动设备使用的视频分析

本部分以巴里·布朗(Barry Brown)、莫伊拉·麦格雷戈(Moira McGregor)和埃里克·劳瑞尔(Eric Laurier)所作的《iPhone in vivo：移动设备使用的视频分析》[1]一文作为数字时代移动设备与视频分析兴起对访谈法影响的案例导读文献。该文介绍了一种新的利用设备与视频数据进行科学研究的方法。这一方法通过对iPhone使用的屏幕捕捉和可穿戴相机的视频记录，分析移动设备如何与其他同时存在的现实活动相联系。在移动设备被广泛使用但其使用数据难以"在田野中"被搜集的当下，这一方法具有较强的前瞻意义。与此同时，该文带来了一种全新的受众研究视角，不同于以往在受众行为发生后进行的访谈活动，移动设备的普及与视频记录的便捷化使研究者得以观察到受众"当下"的媒介使用行为，这为受众研究的未来发展提供了创新思路。

作者指出随着移动设备使用的持续增长，人机交互中的移动计算问题日益受到关注，但对移动设备的研究仍然面临挑战，其本身的轻体量与不可控的使用环境是关键原因。作者在借鉴多个便携式可穿戴相机记录视频后，将其与用屏幕捕捉软件录制的智能手机视频相结合，使其能在使用环境中相对不引起关注地进行记录。这一研究在切入视角上跳开了现有研究强调人与设备的交互、特定应用程序的重要性及应用程序使用中的总体模式，侧重关注社会与物理环境之间的关系，以及设备的使用如何回应和重塑用户在该环境中的行动。该文主要聚焦于移动设备的两种流行用途：信息搜索与地图使用。分析搜索行为发生的自然环境与用户互动环境，描述手机地图的方向与现实环境对应的方式，并根据其研究结论提出了"应当将设备使用嵌入到与他人共存的世界构建生成视角进行分析"的明确主张。

不同于智能手机的清晰划分，设备的"移动性"及其对传播研究的意义是一个更难界定的问题。该文列举了此前的两种界定方法：一是从用户本身的移动性来看待移动性，如布朗和奥哈拉(Kenton O'Hara)[2]的研究记录了"流动性"是如何在管理场所方面被处理的——何时何地何人在进行工作，工作场所是如何被部署的；二是从不同设备的主要用户界面范式界定流动性，根据手指互动的不同模式可以将设备分为"触摸"系统(主要是iOS和Android)和基于键盘和鼠标的系统(主要

① Brown, B., McGregor, M., & Laurier, E. (2013, April). iPhone in vivo: video analysis of mobile device use. In Proceedings of the SIGCHI conference on Human Factors in computing systems, pp. 1031-1040.

② Brown, B. and O'hara, K. (2003). Place as a practical concern of mobile workers. Environment & Planning A. 35(9), 1565-1587.

是 Windows 和 OSX)。

　　而在智能手机使用的具体研究领域,主要有三项研究值得关注。巴克胡斯(Louise Barkhuus)和波利查尔(Valerie Polichar)①的研究记录了智能手机以一种相对"混乱"的方式结合多种功能的重要性。博默尔(Matthias Böhmer)等人则通过引入"应用链"概念分析了手机上不同应用是如何被使用的,同时还分析了其使用时长。② 而丘奇(Karen Church)等人的研究关注了移动搜索,他们使用了经验抽样(通过 SMS 信息提示)及基于网络的移动搜索调查,分析了移动搜索背后的背景和动机。③ 但这三项研究共同存在的问题是,缺乏对智能手机在实际使用过程中的分析,包括特定应用程序的使用细节与影响因素。

　　传统移动设备研究主要采用事后采访、日记或经验抽样的研究方法,这些方法面临的挑战在于,数据的收集往往是在设备使用之后,无法捕捉细节使用情况,覆盖面较窄。而该文采用了录像——这一普遍用于记录使用者与技术产品互动的方法,利用对话分析来理解技术使用过程。如在关于使用 GPS 驾驶的研究中,安装在车内的摄像机记录了司机使用导航的过程及 GPS 克服具体问题的方式。当然,这一方法也面临着相当大的挑战——用户的移动性导致固定摄像机作用有限,而小型可穿戴相机的续航能力较弱。更重要的是,移动设备使用的发生是偶然性的,将其使用限制在固定时间和地点,可能会导致使用性质的扭曲。

　　值得关注的是,作者详细描述了所采取的实验方法与处理问题的细节,包括对参与者的选择——根据使用设备、语言和人数进行被试筛选,同时限定城市旅游为使用主题,对其一天的信息搜索与地图使用进行录像与视频分析。

　　该文为使用者的移动设备使用与现实互动提供了独特而有说服力的视角——突出设备使用的不同面向。在关注谈话与互动的研究中,注意参与者所处的"多活动"环境,即参与者在使用移动设备的同时是否在与他人进行互动。搜索与谈话的关系则更为密切,搜索为谈话提供了回应与更进一步的话题。此外,在用户界面这一更小的互动范围中,一个项目的高亮显示与用户界面的手势结合在一起工作,互

① Barkhuus, L., & Polichar, V. E. (2011). Empowerment through seamfulness: smart phones in everyday life. Personal and Ubiquitous Computing, 15(6),629 – 639.

② Bhmer, M., Hecht, B., Schning, J., Krü, A., & Bauer, G. (2011). Falling asleep with Angry Birds, Facebook and Kindle: a large scale study on mobile application usage.

③ Church, K., & Oliver, N. (2011). Understanding mobile web and mobile search use in today's dynamic mobile landscape. DBLP, 67.

动界面由此承担了"双重职责"。在地图使用方面,该文主要关注了人们是如何将电子地图与现实方向相对照的,以及在电子地图不准确的情况发生后如何通过对话与现实中的人们进行互动。

总体而言,该文为此后移动设备研究提供了一种新的分析方法,使参与者的实时动态与数据得以被记录。此外,文章还对"移动性"这一概念进行了新的诠释——移动性并非仅仅等同于便携性,还包含了日常生活中更广泛的实践和活动。文章整体展现出一种对移动设备与现实世界互动关系的深刻关注,而非对技术细节的分析,移动设备与信息技术并不会将人从现实世界中脱离,而是如复杂织锦中的一根线,紧紧地将人们嵌入日常生活之中。

四、媒介社会学视角访谈法总结与思考

访谈法运用在社会科学研究的各个领域,本节主要就访谈法在媒介社会学议题上的应用情况与发展趋势进行了分析。访谈法发展历程可以追溯至马克斯·韦伯的解释社会学传统,同时也是文化研究和批判研究路径在当前社会科学研究方法领域的综合体现。就媒介社会学视角而言,即将受众研究中的个体从"大众"中解救出来,给予受访者以"参与者"主动权,分析他们构建社会现实的过程和机制。本章所介绍的三篇文献分别聚焦访谈方法"予人发声"的学术实践意义,话语分析与访谈分析的差异,以及可穿戴录像分析给访谈法带来的挑战与机遇。首先,第一篇文献系统化地梳理了访谈法的源起与发展过程,指出以访谈者为核心的传统访谈法受到后拉扎斯菲尔德时代批判研究者们的挑战,受众在语境、参与、解释、协商等各个方面的积极能动力量得到了重视,揭示了公众在重塑和矫正媒体形式,以及对媒介商品进行挪用时采取的日常微观策略,使访谈法作为一种重要的受众研究方法意义彰显——即作为一种话语生成器,以说明信息提供者的生活世界中由媒体引起的意义。第二篇文献重点关注了话语分析这一以语篇为单位对诸如制度化谈话和实践等"严重的言语行为"中"变异性""断裂性"特征进行着重分析,并以此揭示知识和社会系统构建中条件性因素的研究方法。这种分析范式蕴含着巨大的研究潜力,在揭示真实媒介社会构建运作上更具说服力,远远超越了访谈方法背后所寄居的假设检验逻辑方法。第三篇文献介绍了一个与数字时代伴生的全新的研究视角——即通过移动设备屏幕捕捉与视频记录进行互动分析。这不仅大大扩展了移动民族志的"田野"范围,还使得对数字时代被重新建构的设备使用者的深入

分析成为可能,数据获得的范围被拓宽,获取难度被降低,对人与机器间复杂变化的连接模式的拆解与分析,也将随着被跟踪"记录"模式全面升级的访谈方法的不断发展,在未来达到前所未有的深度和广度。

本节导读文献:

Livingstone, S. (2010). Giving people a voice: On the critical role of the interview in the history of audience research. Communication, culture & critique, 3(4), 566 – 571.

Talja, S. (1999). Analyzing qualitative interview data: The discourse analytic method. Library & information science research, 21(4), 459 – 477.

Brown, B., McGregor, M., & Laurier, E. (2013, April). iPhone in vivo: video analysis of mobile device use. In Proceedings of the SIGCHI conference on Human Factors in computing systems (pp. 1031 – 1040).

建议阅读文献:

Sclater, S. (2017). The uses of narrative: Explorations in sociology, psychology and cultural studies. Routledge.

甘雨梅:《"录像分析"作为社会研究方法:理论、应用与展望》,《新闻与传播研究》2020 年第 2 期,第 25 – 41 页。

思考:

当下媒介环境中访谈法开展的认识论思考起点为何? 应该采用怎样的方法策略?

第四节 大数据分析

一、媒介社会学中的大数据文本挖掘

广义的大数据已经构成了 web2.0、web3.0 时代线上即时信息的储存、管理和分析形式,它包括结构化数据、半结构化数据、非结构化数据和交互数据,但目前主要聚焦于非结构化数据。在相当程度上,大数据与对计算机工具依赖水平较低的传统数据处理方法相对应,因为它能够随着联网数据的产生即时收集、管理和处理海量的信息,而其处理数据的量和质是过去常用的软件工具和人工方法所难以达到的。

随着大数据逐渐深入到互联网乃至物联网的方方面面,人们的行为轨迹越来越多地由传感器、系统算法、软件、硬件等计算机工具所数据化整合。大数据时代,每一个人都生活在一个高度媒介化的社会中。从个人需求角度出发,大数据能够根据人们的选择形成用户画像,由此预测并推荐他们感兴趣的内容,人们因此能够更为精准地找到自己所匹配的人物和所归属的群体;从社会经济的角度出发,商家和平台能够借用大数据更快、更精准地锚定自己的目标消费者,并投放最能带来经济效益的消费引导性内容,根据消费者的层级精准调节营销的形式和内容。在这些意义上,大数据时代下的人都被假定为经济人,有关他们消费行为的数据是最能吸引市场投资的关键性因素,也最能推动大数据技术发展的方向。大数据选择性地强化了众人已有的偏好,大数据媒介化社会的公共领域和权力结构因此也被重构,人们的异化和被控感达到了一个新阶段——人们的行为轨迹被简化为了与消费和阶级有关的数据,不仅仅是生产劳动、生产关系成为商品,人们的消费行为、娱乐活动乃至隐私都成为商品。

对此,学界基于大数据的半结构性、结构性数据的处理能力及隐私保护等议题进行了各类讨论。本节主要着眼于大数据文本挖掘方法为媒介社会学所带来的方法贡献进行分析。

文本是传播学也是社会学研究的主要对象,在具体的研究路径上,基于文本的研究又可以分为实证研究和理论研究两种类型。曾凡斌等认为,传播学的学科理论基础较为薄弱,常要借助其他学科的理论和方法,而已有的传播学研究成果,尤

其是传播效果研究,大多由经验研究来推动。过去的经验研究主要通过人工和简单的计算机工具来对研究数据进行编码、统计和分析,这一方面导致研究深度受限,研究结论的解释力有限;另一方面导致研究过程相对低效耗能。[①] 而随着互联网和大数据技术的发展,人们的社会活动越来越向线上迁移,作为一种集数据挖掘、分析和可视化呈现于一体的研究方法,大数据在扩充实证研究范围、帮助研究者提出更有建设性的研究假设和研究问题的同时,也能够帮助研究者快速模拟基于研究假设的理论模型,大大提升了传播研究的效率。

二、大数据文本挖掘研究方法综述

帕克斯(Malcolm Parks)认为,传播学界应用大数据文本挖掘研究方法的历史基本可以分为三个阶段,[②]这三个阶段的大数据研究特征并非彼此互斥,而是可能在同一时期共同发展。

第一阶段,人们更多强调这种新的研究方法本身,主要集中于社会科学领域的大数据收集和统计工作,包括通信特征等。

第二阶段,人们开始将该方法应用于更为具体的研究问题、研究假设,或者对已有的经验研究成果及理论模型展开验证。如郭蕾和瓦尔戈(Chris Vargo)在传统议程设置理论的基础上,使用 GDELT 新闻数据源,运用 Python 等大数据文本挖掘方法和聚类分析、时间序列分析等分析方法,补充发展了大数据时代的网络议程设置理论。[③]

第三阶段,每个研究领域的学者都逐渐确定了他们在互联网时代中所感兴趣的新的研究问题及其所适用的大数据文本挖掘研究方法规范。如科莱奥尼(Elanor Colleoni)等人运用机器学习和社会网络分析方法,研究了 Twitter 上民主党人和共和党人在互惠关系和非互惠关系网络的政治亲和性结构问题。[④]

---

① 曾凡斌,陈荷:《基于谷歌图书语料库大数据的百年传播学发展研究》,《现代传播:中国传媒大学学报》2018 年第 3 期,第 135 – 145 页。

② Malcolm R. Parks, (2014), Big Data in Communication Research: Its Contents and Discontents, Journal of Communication, 64(2), Pages 355 – 360.

③ Guo, L., & Vargo, C. (2017). Global Intermedia Agenda Setting: A Big Data Analysis of International News Flow. Journal of Communication, 67(4), 499 – 520.

④ Colleoni, E., Rozza, A., & Arvidsson, A. (2014). Echo chamber or public sphere? Predicting political orientation and measuring political homophily in Twitter using big data. Journal of communication, 64(2), 317 – 332.

　　而如果从常见的大数据文本挖掘研究方法来看,卡琳娜(Gibert Karina)等人将描述性模型、关联性模型归为无反应变量的类型,将判别式模型、预测式模型归为有反应变量的类型,并对多种常见的大数据文本挖掘方法进行了分类。[①]

　　构建描述性模型主要用到了信息架构(Information architecture, IA)中的概念性聚类、开源全文检索引擎 Elaticsearch(Es)的统计学聚类,以及基于一定规则的聚类方法(Clustering based on rules, CIBR),它们通常通过将 IA 与统计学工具相结合的形式进行。其中,概念性聚类需要预先假设类别的数量,并且不适用于大型数据集。

　　构建关联性模型用到的工具与描述性模型类似。在 IA 中,研究者可以实现关联性规则分析、基于模型的推理和定性推理等操作,在 Es 上,可以使用主成分分析(Principal component analysis, ACP)、简单对应分析(Simple correspondence analysis, SCA)和多重对应分析(Multiple correspondence analysis, MCA)等功能,而基于 IA 与统计学工具的研究方法,贝叶斯网络分析(Bayesian networks)是常见的大数据挖掘与分析工具。这类研究方法需要研究者初步确定所要研究的变量及其模型架构,以进一步确定变量之间的关联。

　　对于判别式模型,卡琳娜等人又将其划分为了基于案例的推理、基于规则的推理和贝叶斯学习(Bayesian learning)三类。基于案例的推理通常用到 IA 工具当中基于示例的学习(Instance-based learning, IBL)方法,基于规则的推理通常用到 IA 中基于规则的分类器、决策树、Es 中的判别式分析,以及 IA 与统计学工具结合的基于箱线图的归纳规则、回归树、模型树和支持向量机(Support vector machines, SVM),基于贝叶斯学习的方法则主要有 IA 与统计工具相结合的朴素贝叶斯分类器。判别式模型需要研究者对分类的规则或者示例进行预定义。

　　而在预测式模型中,研究者通常会用到基于 IA 工具的联结主义模型、进化计算和蚁群算法,以及基于 Es 工具的简单线性回归、多重线性回归、方差分析(Analysis of variance, ANOVA)、广义线性模型(Generalized linear models, GLM)和时间序列方法。这些大数据挖掘和分析方法都相对常见,通过预测式的

[①]　Gibert, K., Sànchez-Marrè, M., & Codina, V. (2010). Choosing the right data mining technique: classification of methods and intelligent recommendation.

分析,研究者能够进一步优化函数模型,将更多的变量因素和异常值也考虑并整合进自己的假设中。①

三、大数据研究方法文献选读及其视角性解读

继适用于web2.0时代及以前相对传统的数据获取和分析方法以后,大数据作为融合了大容量、高速度的数据获取、数据分析甚至是数据表达的方法,是基于web3.0时代网络多媒体的整合和交互应运实践而生。我们将沿用波伊德(Danah Boyd)和克劳福德(Kate Crawford)的定义,将大数据方法限定在"搜索、整合和交叉引用大数据集的能力"这一定义下展开讨论。② 从基本的大数据方法、应用范围及其利弊分析,到大数据方法的使用带来公共领域上的结构转型,再到更为动态化、结构化的大数据界面方法,笔者试图站在当前大数据使用与技术发展结合前沿,梳理大数据分析方法的缘起、应用和发展前景。

（一）大数据分析方法在多媒体领域的应用③

不同于传统的数据获取和分析方法,大数据分析方法主要具有以下特点:①数据量体积(Volume)庞大。包括多年来存储的交易数据、来自社交媒体的结构化数据流、机器之间的交互数据等。②与数据量相适应的高处理速度(Velocity)。RFID标签、传感器和智能电表促使人们以可以用近乎实时的方式处理大量数据。③数据形式的多样性(Variety)。大数据需要管理和整合不同形式的数据,包括结构化、编码化的传统数据,以及非结构化的文本、音视频、交易数据等。④存在峰值数据带来的多变性(Variability)挑战。季节性或事件性因素可能带来数据过载,为数据处理带来挑战。⑤数据来源的复杂性(Complexity)。虽然我们有必要重视数据来源之间丰富的关联性、层次结构和连接性,但跨系统的数据连接、匹配、转换和清理仍然是一项挑战。⑥大数据的价值(Value)有待开发。不同类型的应用会产

---

① Gibert, K., Sànchez-Marrè, M., & Codina, V. (2010). Choosing the right data mining technique: classification of methods and intelligent recommendation.

② Boyd, D., & Crawford, K. (2012). Critical questions for big data: Provocations for a cultural, technological, and scholarly phenomenon. Information, communication & society, 15(5), 662 – 679.

③ Verma, J. P., Agrawal, S., Patel, B., & Patel, A. (2016). Big data analytics: Challenges and applications for text, audio, video, and social media data. International Journal on Soft Computing, Artificial Intelligence and Applications (IJSCAI), 5(1), 41 – 51.

生不同类型的用户数据,因此需要了解如何利用这些大数据来提高业务和生活方式,以确定大数据的价值。

以上"5V+1C"这六种特点由拜尔(Mark Beyer)和莱尼(Douglas Laney)的"3V"模型、[①]哈希姆(Hashem)等人的"5V"模型[②]发展而来,由于更加着眼于大数据文本挖掘和分析工具所面临的挑战,剔除了准确性(Veracity)、加入了多变性和复杂性的特点。接下来,我们开始就不同类型的大数据分析展开介绍。

1. 狭义的大数据分析

除了包括常规工具难以在可接受时间内获取、整合和处理的大型数据集任务,狭义的大数据分析方法还特指一套科学技术,使用这一套科学技术,人们就能够以新的整合形式从多样化的大型数据集中发掘出大量数据中的隐藏价值。以大数据分析结果的应用价值将其分类可将大数据分析划分为四种类型:①规范性数据分析。有助于帮助决策者决定采取什么行动,这种分析类型十分有价值,但尚未被广泛应用,它专注于回答特定的问题,如医院的管理、患者的诊断,以及决定集中治疗的地点等。②预测性数据分析。有助于预测未来可能发生的事情,如客户关系管理(Customer relationship management, CRM)、临床决策支持、集合分析、交叉销售、客户维持、直接营销、欺诈检测、投资组合、产品或经济层面的预测、风险管理、承保等领域,都用到了预测性数据分析。③判别性数据分析。有助于研究过去某些情况发生的经过、原因,以及帮助决策者克服这些情况,如天气预报、客户的行为分析等。④描述性数据分析。有助于准确描述目前正在发生的事情,并预测未来近期内这些事情的发展情况,如市场分析、合作伙伴的行为分析等。

大数据分析方法主要依托于 Facebook 或 Gmail 等网站上的用户数据及行为,Flipkart、Snapdeal 等大型商业网站都是大数据分析的典型工具,亦即 IA 工具,通过这些先进的数据挖掘和分析技术,如文本分析、机器学习、预测性分析、数据挖掘和统计,以及自然语言处理等,企业可以获得以前无法开发的数据源,将新数据与旧数据相结合并分析,作出更快、更好的决策。在印度,大数据分析方法也在被以

---

① Mark Beyer, Douglas Laney(2012). The Importance of 'Big Data': A Definition. Gartner Research.

② Hashem, I. A. T., Yaqoob, I., Anuar, N. B., Mokhtar, S., Gani, A., & Khan, S. U. (2015). The rise of "big data" on cloud computing: Review and open research issues. Information systems, 47, 98 – 115.

更广泛的形式进行社会应用,比如大数据分析方法可以帮助选举者进行投票后的民意调查、检查管道漏水的情况、洞察用户的消费行为、确保水供应、提高印度的金融包容性比例、预测火车票的检票状况等。

2. 社交媒体分析

社交媒体分析指收集社交媒体网站、播客等的数据,并将其应用于商业目的。在 web3.0 时代,社交媒体已经成为了了解用户实时情绪、需求和意愿的最佳平台,在此投放的商业广告也容易获得较好的营销成果。eBay、Amazon 等公司都拥有庞大的数据库,Facebook 拥有超过 500 亿张图片,早在 2012 年 8 月,谷歌每月大约要处理 1000 亿次搜索。而社交媒体分析的应用领域也非常广泛,包括行为分析、基于地理位置的互动分析、推荐系统的开发、链接预测、客户互动分析与营销、媒介使用、安全、社会研究领域等等。同时,这种分析方法也面临高数量和变化性的挑战,高数量指的是社交媒体分析需要处理海量的数据,这就需要使用者拥有大量的存储空间和强大的数据处理能力,变化性指的是不仅社交媒体平台在不断变化,人们线上交流所使用的语言也在不断地演变。

3. 内容库分析

内容库分析是指对存储在社交媒体后台网站数据的分析,前文所提到的预测分析推荐系统就基于内容库分析而展开,推荐系统能够将用户资料中所出现的关键词、物品等与类似的商品相匹配,匹配的特征越多,用户就越有概率对该推荐系统产生满意感,这种概率就被称为推荐系统的精度。

精度很大程度属于主观指标,很难被测量,提高精度或者说精确性的方法之一就是尽可能多地征求客户的反馈。此外,衡量推荐系统的有效性还要求向用户征求反馈有一定的召回率,即获得一定数量的可能有效的建议。一般来说,精度或者说精确性与召回率会有反比关系,理想的系统会同时拥有高精确度和高召回率,但在现实中,在二者之间取得平衡是更具有操作性的选择。

不过,基于用户发布的内容及其中关键词标签的过滤系统或者过滤辅助系统也带来了一些问题。比如,用户发布的商品评价等信息不一定具有可信度,真正有用的数据较为稀缺,和关键词主观使用场景不同所带来的数据的不连贯性特征等。

4. 文本分析

文本分析,就是通过文本挖掘工具和文本分析工具自动获取大量的文本数据,从而提取出数据库中以文本形式呈现的有效数据，并进行归类分析。这些数据结果通常是简短的、实时性的，以非结构化短语的形式被呈现出来，而这种文本分析方法通常基于规则联系不同项目，预测规则、模式、概念和事件等之间的关联，因而被广泛应用于政府、学术和商业方面的需求，如国家安全目的的应用、营销应用、开放式调查结果的分析和自动处理电子邮件和信息等。除此之外，文本分析方法不仅可以从社交媒体中获取和分析数据，还可以反过来被应用于社交媒体的运行，如通过监测数据源来对社交媒体上的事件进行监测和预测、邀请专家对人们发布的问题进行协作式应答、形成社交媒体上的标签等。

文本分析的步骤通常是：①确定文本对象。在初始阶段，数据是非结构化的。②文本处理。所有的信息将以含有语义和句法的文本形式传输。③文本转换。上一步中判定重要的文本将被提取出来。④特征选择。在提取重要文本的过程中，数据被计算并以统计学格式记录。⑤数据挖掘。将所有数据分类和聚类。

5. 音频分析

音频分析，指的是从音频信号中提取意义和信息，将数据压缩后打包成统一的格式，并进行分析。这种分析方法的对象主要是声音再现和原始声音文件，而存储数字音频数据的格式又主要有未压缩的音频格式、无损压缩的音频格式，以及有损压缩的音频格式。

音频分析的应用更加贴近我们的日常生活，如检测犯罪行为的应用、信号发送者和接受者之间的威胁检测、远程监控系统、移动网络系统等都用到了音频分析的工具，特别是音频分析能够突出监控或网络中出现问题的部分，以便帮助使用者掌握状况。

6. 视频分析

由于 CCTV 和摄像机能够通过监控获得大量的信息，因此视频和图像贡献了80％的非结构化数据。问题是监控摄像头、视频网站等生产视频的速率很快，所以大量视频带来的无效信息也为大数据分析带来了负担。首先，从体量上来说，视频所占据的内存更大，即使是一个小型数码相机捕捉到的图像也在几百万秒内存储了数百万的像素信息，而这些信息都需要网络、服务器和存储器花费一定的时间辨别和处理，这就导致视频的传输速度很慢；其次，从种类上来说，视频由各种格式和种类组成增加了视频编辑处理分析人员的工作难度。

但视频分析方法的应用非常贴近日常生活。如事故分析，学校、交通、商业方面的安全措施监控检测,都用到了视频分析方法。而在科技应用领域,视频分析方法也能方便操作员通过审查监控视频统计出人或车在特定区域内的移动情况,自动分析出最常用的交通路线,识别目标并进行场景分析、方向分析等。

总的来说,虽然大数据的存储、管理和检索还面临着诸多需要改进的问题:但从宏观角度来看,海量的数据流对大量的存储空间和适应能力的需求,推动了社交媒体平台的结构转型,而可供全球性访问的多种语言数据和不断演变的网络语言形式也为数据挖掘和分析带来了挑战;从微观角度来看,我们需要开发基于内容关联性而非形式关联性的过滤机制,以防止数据来源对数据的扭曲。不过,人们仍然有必要利用这些数据来增加商业机会和改善公众生活水平,尤其是积极解决需要改进的问题,以促进自动化系统的更新迭代。

(二) 大数据与公众领域[①]

厘清大数据分析方法的基本内容以后,我们再了解其成效和影响,这也是不容忽视的领域,因为这将决定这种方法的价值,以及我们该如何辩证地看待和应用网络时代的大数据。对此,陶尔·哈珀(Tauel Harper)认为大数据不仅造成了网络群体分众化的现象,还从根本上重构了公共领域创造意义的方式。

首先,哈珀指出,网络上的群体分众化本质上是网络权力的转移。不同于印刷传播时代,商业广告需要通过"广告补贴"等形式为刊登广告的新闻报刊付费,如果要使高端商品的广告能够被其受众看到,商家就需要资助与其受众相称的高质量新闻报刊以获得刊登广告的合适渠道。在网络传播时代,大数据方法能够采集、分析用户既有的偏好和观念,据此整合成包含了用户的习惯、品位、活动和弱点等信息的全面画像,在此基础上进行媒体信息和广告内容的精准投放,通过这样一种方式,商家不需要再为诸如新闻报道之类更为广泛的信息提供资金,也能够向最适合自己产品定位的受众投放广告,甚至可以再根据受众观看广告和消费商品的不同数据层次来调整广告的内容及形式。哈珀据此引出如下结论,即过去充当公共意见交汇点的媒体现在只需要基于大数据向用户呈现分众化、个体化的内容,不再需要满足某一层次大多数用户的需求。由此,掌握大数据的公共平台成为工具性的渠道,它的权力也不再有经济效益与之相制衡,它的功能不再承载

---

① 本节主要参考 Harper, T. (2017). The big data public and its problems: Big data and the structural transformation of the public sphere. New Media & Society, 19(9), 1424 - 1439.

不同的差异、意见和对话,最终导致真正出现在可对话公共领域中的信息和意见大大减少,随之而来的是公共领域和话语权力的分割,而这种分割趋势早在大数据出现以前就潜藏在了媒体、公共领域和代议制民主的发展过程当中。正如哈贝马斯在《公共领域的结构转型》中认为政治公共领域已经由自律的私人组成的公开批判的场域转型为了不同利益公众组织进行妥协的政治场所,政治也就是资本主义民主的公共领域实际上被中介化了,而随着公众参与文化公共领域的形式相应地逐渐由批判转向消费,公共利益也逐渐与私人利益、私人消费相重叠,所谓的公共新闻已经与商业广告的消费导向性相融合,旨在让消费者在私人订制的信息茧房中消费更多符合其定位的商品,而这一转型早在代议制民主和中央媒体范式的发展中呈现出端倪,沿着哈贝马斯的分析路径,哈珀继续论证了公共领域创造意义的方式转型如何与大数据的产生和发展相互影响。

　　哈珀在梳理学界对大数据媒体中公民权利的诠释时,主要是围绕南希·弗雷泽、①尚塔尔·穆菲②和朱迪思·巴特勒③等人的论著展开,并得出如下结论:第一,他们继承了 20 世纪 50 年代以来葛兰西、本哈比等政治理论家对公共领域准入原则的质疑。即认为,对哪些人能够进入公共领域辩论的规范性判断本身就带有霸权主义的色彩,而在此基础上,媒体平台也是大数据的所有者还掌握了最为广泛的用户信息,且获取这些信息的渠道已经为他们所私有,因此媒体平台的所有者能够引导每个相互分化的受众进行"大规模重叠文化"的媒体消费,即通过大数据了解什么样的内容能够最大程度地吸引公众的消费,并为这些媒体内容附加更多的商业利润。同时将公众对该内容的消费常态化,这实际上就是一种媒体霸权主义的实现。第二,边缘化群体在公共领域中培养了自己小规模的、具有独立发声权的公众,并对主流公众和权威机构提出了挑战,其中,基于大数据信息建立的匹配和推荐系统构成了这些新集体聚集的渠道,而大量的直接交流推动新集体批判活动的组织性,使他们能够参与更复杂的辩论并挑战现有的公共权

①　Fraser N, (1992). Rethinking the public sphere: a contribution to the critique of actually existing democracy. In: Calhoun C (ed.) Habermas and the Public Sphere. Cambridge, MA: MIT Press, pp. 109 - 142.

②　Mouffe C, (1996). Democracy, power and the 'political'. In: Benhabib S (ed.) Democracy and Difference: Contesting the Boundaries of the Political. Princeton, NJ: Princeton University Press, pp. 245 - 256.

③　Butler J, (1997). The Psychic Life of Power. Stanford University Press.

力持有者。由此,他们认为,媒体公共领域应该重返为强力发声者、为自己进行公开辩论的场域,而不是走向彻底的分裂,因为规范性判断所排除的不能进入公共领域辩论的条件,亦即构成性外部因素,会使某一利益方霸权视角下的意见被建构为身处辩论中的公众所认为的"客观",所以这些因素也应当作为公众在消费之外各自不同的需求被逐渐纳入公共领域的利益诉求和辩论议题中。那么,所谓规范性判断具体而言是怎样的?作者提出了三种产生方式:优化大数据算法以突出受众的特定消费行为;计算受众搜索频率最高的内容,得出常规化的平均值,以此排除异常值;对大数据算法的应用首先考虑现有社会规范和已建立的社交网络。通过这三种主要方式,大数据媒体上的霸权主义公共领域将辩论的议题和辩论的参与人员限定在了与他们的利益息息相关的范围内,其余则被边缘化或排除在外。

由于权力不仅构成主体存在的可能性,并且权力决定了在主体的哪些活动被社会所普遍接受,所以说,主体如何被识别恰恰决定了社会权力的运作。如今,大数据库替代了传统的档案馆,而用户更为广泛的、工具性的消费性数据信息也替代了原来的空间信息,成了主体被公共领域识别的主要方式,再加上任何信息作为数据被存储和呈现就一定会涉及上下文相关信息的丢失,即"Haecess"或"Thiss",大数据媒体因此拥有了空前的调配公众的权力。而根据哈珀的观察,大数据媒体最为突出关注的是个人社交网络、偏好、收入、购买习惯和人口统计学等方面的数据,除此以外的信息被判定为了不能激发受众消费的内容,包括过去相当重要的国家地位、民族文化和决定媒体内容的日期划分等,这些变化性因素最终定义了公众可能采取行动的公共领域,也就是公众所具备的权力,但这些权力实际上背后仍然受到了媒体平台负责人商业利益的形塑。

基于大数据平均值预测所形成的公共领域内部和结构性外部也面临着威廉·戈德曼(William Goldman)所提出的"无人知晓"问题,即人们无法准确预测哪些媒体内容会起到相应的作用,但通过算法的改进,人们能够确定哪些内容会准确和显著地带来使商家有利可图的商机,这导致人们更加依赖结构性外部和构成此局面的大数定律统计规则,亦即伯努利定理。该规则认为,随着样本增加,从范数或平均数导出的水平降低,样本分布可能更接近平均水平与异常值,也就是与构成性外部因素变得越来越不相关。因此,从积极层面来讲,在制作媒体内容或进行受众研究时,大数定律可能就起到了排除地方差异的作用,哈珀认为,这实际上呈现了某种程度上具有解放性的参与式民主制度,鼓励了每个人就自己的偏好聚集为新的公众,在形成自由化新公众的过程中,这些边缘群体有可能由于坚持自身的专业性、非物质性、独特性或公益性,从而受到因追求更高消费水平而形成的结构性外部因素阻碍,从而被边缘化。

事实上,正如哈贝马斯所言,构成我们身处的社会、媒体和文化环境的语言、制度、经济和行政权力系统早已被霸权主义权力话语体系所渗透,而大数据的应用在整体上强化了这样一种"大规模重叠文化"的复制和传播结构,几乎每个媒体消费者都会接触到一些主流媒体渠道,因此,虽然大数据媒体中存在"长尾"的小受众,但根据韦伯斯特的分析,现有网络的大众文化优势远远超过了公众分裂的趋势。此外,社交网络和媒体推荐系统所产生的大众化媒体总是倾向于支持最能吸引消费的民粹主义内容。与之相印证地,从量上讲,全球互联网流量的99%都聚集在了排名前1000的网站上,从质上讲,地缘性的网络社群往往无法与现有的主流网络相竞争,哈珀对此也梳理了学界对该现象的批判和构想。

结合尼采和巴特勒的论述,人们越来越趋向于在自己的存在之外、在某种占主导地位的话语中确证自己的身份,这是在培养一种对客观的共同事物的归属感。而大数据网络放大了大多数人的信念对媒体公众所形成的影响,并通过对特定内容的认同和推荐来传播这些信念,这些信念恰恰也是由先前大多数人的消费所决定的。这样一来,不仅是道德判断,一些逻辑判断内容也主要是因大多数人的同意而变得具有正当性,即使它们并非是"客观真实"的。由此,大数据网络开始自带一种先入为主的民粹主义认识论特征,由此带来的问题主要表现为三种类型的忽略:其一是在数据收集的过程中忽略了细节和上下文;其二是在通过大数据进行预测的过程中,忽略了异常值和特殊情况;其三是由于优先考虑已经存在的高流量网络而忽略了新兴却边缘化的网络。

那么,回到网络内容结构的角度上,我们会发现,比起引发了什么样的讨论,所吸引的流量成为衡量内容的优先标准,而大数据算法会根据已有的网络流量数据来对推荐内容进行预估和推送。最终,原本产生最多流量的内容继续被推荐和曝光,这些内容作为哈利南(Blake Hallinan)和斯特罗法斯(Ted Striphas)[①]所说的

---

① Hallinan B and Striphas T, (2016). Recommended for you: the Netflix Prize and the production of algorithmic culture. New Media & Society 18(1):117-137.

"安全的中间地带",总会排斥特定小众类型的人和生活方式,他们通常是边缘化群体、穷人和非消费群体,而"多数人暴政"也就随之产生了。

总的来说,不仅是大数据算法强化了大众的全球性同质化消费,由此形塑而来的以消费为主的公共领域本身也更容易被引向主流消费群体,进而认同既已存在的信念,在某种意义上成为易被操纵的民粹主义消费者,而社交媒体平台和大数据工具本身也已然私有化,因此获取大众隐私的渠道一直处于一种向资本开放的状态。对此,哈珀就如何挑战其流量根基以抵抗同质化内容提出了两种方法,一是关注流量以外的数据信息和重新认识、理解新的、独特的文化。二是在大数据工具上,促进开放数据、知识共享、开放获取和开源软件形成非商业性的、包容的公共政策辅助工具。需要肯定的是大数据研究方法所提供的工具摆脱了成本的限制,使人们能够创建更有响应性和吸引力的社区,也能够帮助我们更为直观地理解"结构性外部"的存在,因此,在接纳、理解和应用的基础上展开大数据研究方法的优化是很有必要的。

(三)大数据分析的研究应用:2014～2016 年虚假新闻的传播结构及其议程设置效果[①]

梳理过大数据的应用现状和前景,并剖析大数据算法如何对公共领域内容结构进行重构以后,我们现在进入到克里斯·瓦尔戈(Chris Vargo)和郭蕾等人应用大数据分析虚假新闻传播结构及其效果的具体实例中。

在《假新闻的议程设置能力:2014 年至 2016 年网络媒体格局的大数据分析》一文中,瓦尔戈、郭蕾等人采用媒介间议程设置理论和网络议程设置(NAS)模型,以假新闻网站、事实核查网站、党派媒体和新兴媒体上的内容为参照对象,应用 Python 和 GDELT CKG 数据集,计算出了假新闻传播的特征向量中心性、构建了时间序列因果关系模型,据此重现了假新闻如何影响不同媒介间的议程设置,以及这些议程受影响的效果是长期的还是短期的发生模式,接下来我们试图按网站类型梳理他们的研究成果。

在研究方法上,瓦尔戈等人首先确定美国新闻报道中的 16 个主要议题,分别是:税收、失业、经济、国际关系、边境问题、医疗保健、公共秩序、公民自由、环境、教

---

① 本节主要参考 Vargo, C. J., Guo, L., & Amazeen, M. A. (2018). The agenda-setting power of fake news: A big data analysis of the online media landscape from 2014 to 2016. New media & society, 20(5), 2028 – 2049.

育、国内政治、贫困、灾难、宗教、基础设施及媒体和互联网。一旦假新闻对 9 个及以上议题有影响,就判定为假新闻对整体网络议题议程有显著影响。接着,他们借鉴邵等人[1]的假新闻网站元分析方法,即一旦某个假新闻网站被一个以上的假新闻来源识别,就将其纳入分析。最终,他们在 GDELT 数据集内的 96 个假新闻网站中筛选出了 60 个假新闻网站和 171365 篇假新闻内容,通过 Python 扫描假新闻的内容将其与 16 个主要议题相匹配,一旦某篇假新闻与多个议题相匹配,就将假新闻中同时出现的多个议题识别为相关联的,每个议题间相联系的强度由同时提及这些议题的假新闻数量总和所决定。在这里,特征向量中心性指的是一个议题节点与网络中其他节点连接数量的多寡,是衡量网络中节点影响力的一个标准,而中心性得分时间序列的计算方式为"问题中心性得分 * 媒体类型 * 天数",如果该时间序列所在的格兰杰因果关系模型下,根据 X 和 Y 的过去价值对 Y 进行回归分析的结果比只根据 Y 的过去价值进行回归分析的效果更好,那么就判定为时间序列 X 对另一个时间序列 Y 有格兰杰因果关系。其中,虽然普通最小二乘法模型(OLS)可以计算出滞后期的最佳拟合度,但由于考虑到了不同类型的媒体内容,因此研究者选用 1 天、2 天、3 天、4 天和 5 天这 5 类滞后期来对时间序列进行测试。

在上述研究方法指引下,该研究获得如下发现:首先,瓦尔戈等人基于杰弗里·贝姆(Geoffrey Baym)的文章定义了"假新闻"的核心在于其需要对某种真实的或合法的新闻实践进行假设,而这种往往带有讽刺性的和追责性的假设被包装成可信的新闻报道形式,文章内的超链接通常引向主流媒体、社交网站和维基百科等,[2]因此,它们极易被公众理解为是"真"新闻,并诱导公众去相信虚假信息。这些假新闻在近年来愈加受欢迎,原因来源于有些政治动机可能是被虚构出来的,也可能是捏造者出于经济动机想要引起争议和增加流量,对此,研究者提出了第一个研究问题(RQ1):假新闻的网络议题议程是否会预测整个新闻媒体的网络议题议程? 结果显示,假新闻网站在 2014 年和 2015 年都在 7 个议题上对所有新闻媒体

---

[1]　Shao C, Ciampaglia GL, Flammini A, et al. (2016). Hoaxy: a platform for tracking online misinformation. In: Proceedings of the 25th international conference companion on world wide web, international world wide web conferences steering committee, April. New York: ACM. pp.745 – 750.

[2]　Baym G. (2005). The daily show: discursive integration and the reinvention of political journalism. Political Communication 22(3):259 – 276.

的议程产生了格兰杰因果效应,在 2016 年,假新闻网站则对 4 个议题有格兰杰因果效应,并且有至少 1 个议题受到滞后影响。尽管假新闻并未设定 3 年内网络整体的媒介议程,且它的网络议程设置效果随时间的推移而降低,但是假新闻还是将某些议题的中心地位转移到了其他新闻媒体的议程上。

由于党派媒体本身就具备推进某些政治议题以建构媒体间议程和公众议程的强烈动机,因此,研究者假设:党派媒体会促成假新闻的传播,亦即相比其他类型的媒体,假新闻网站的议题议程更有可能预测党派媒体的网络议题议程。而对于党派媒体,研究者也进一步细分为了保守派媒体和自由派媒体,由于克雷格·西尔弗曼(Craig Silverman)和杰里米·西格曼-怀恩(Jeremy Singer-Vine)的研究[1]表明,自我报告的共和党人亦即保守派人士中有 84% 的人相信假新闻标题,而民主党即自由派人士中仅有 71% 的人相信假新闻标题,[2]因此研究者假设,假新闻的网络议题议程更有可能预测保守派媒体的议程(H1),相比自由派媒体的议程,假新闻的网络议题议程更有可能预测保守派媒体的议程(H2)。同时,他们也提出了第二个研究问题(RQ2):假新闻的网络议题议程能否预测其他无党派媒体(包括新兴媒体)的议程? 结果显示,假新闻网站在 2014 年和 2015 年的 8 个议题与 2016 年的 12 个议题上都对所有在线党派媒体议程有格兰杰因果关系,其中至少有 1 个议题存在滞后情况,反之,网络党派媒体在 2014 年和 2015 年都预测了 13 个议题,而在 2016 年预测的 9 个议题中,有至少 1 个议题存在滞后期。因此,瓦尔格等人认为,虽然党派媒体议程与假新闻网站议程在环境、失业、经济、国际关系、公民自由和宗教等议题上相互影响,但是在 2014 年和 2015 年,党派媒体更多预测了假新闻的议题议程,假新闻议题议程对党派媒体议题议程的预测仅体现在了 2016 年。同时,相比其他媒体,假新闻议题议程确实在一定程度上预测了传统媒体的议题议程,但新兴媒体也受到了一定影响。而对于党派媒体的政治倾向,结果与假设相反,相比保守派媒体,假新闻更有可能影响自由派媒体的议题议程,因此 H3 不成立。总的来说,在 2014~2016 年间,假新闻的议题议程明显跟随了新兴媒体和传统媒体的

[1] Silverman C and Singer-Vine J. (2016). Most Americans who see fake news believe it, new surveysays. Buzzfeed, 6 December. Available at: https://www. buzzfeed. com/craigsilverman/fakenews-survey?utm_term=.jdG7neg4a#.mo0D7kq68

[2] Silverman C and Singer-Vine J. (2016). Most Americans who see fake news believe it, new surveysays. Buzzfeed, 6 December. Available at: https://www. buzzfeed. com/craigsilverman/fakenews-survey?utm_term=.jdG7neg4a#.mo0D7kq68

网络议题议程。

　　与假新闻网站和党派媒体相抗衡的事实核查网站在假新闻的传播中起到了针对性的作用。米歇尔·阿玛泽恩(Michelle Amazeen)认为,事实核查内容侧重于确认并提醒注意新闻内的某项主张是否符合事实,具体而言,就是事实核查人员会根据新闻内的某项主张是否可以被证实来决定他们将要核查哪些内容,他们并不会直接消除新闻中的错误或虚假信息。由于其针对性的特点,研究者们再次提出假设:事实核查网站的网络议题议程更有可能遵循假新闻网站的议程(H4)。基于此,他们还提出了一个研究问题(RQ3),即事实核查网站的网络议题议程是否会预测所有在线媒体整体的新闻媒体议程? 还是说前者会反过来跟随后者整体的新闻媒体议程? 结果显示,事实核查网站的议程基本上独立于其他网络媒体的议程,并没有显著的预测效果,它们与其他媒体之间的联系也在随着时间的推移逐渐减少,仅在 2016 年将灾难和国际关系议题显著性转移给了整个网络媒体间的议程,以及在 2014 年预测了新兴媒体的网络议题议程。不过,在 2014 年,事实核查网站还是在 10 个议题上对假新闻有格兰杰因果效应,其中 1 个议题有滞后情况。因此,事实核查网站的内容并不必然遵循假新闻的议题议程,相反,它呈现了将议题中心性向假新闻转移的倾向。可以说,虽然事实核查者的初衷是纠正假新闻,但在某些情况下,他们可能反而为假新闻提供了议题思路。

　　根据瓦尔格等人的研究,假新闻网站并没有如假设般获得在整个网络媒体领域内的议程设置权力,但它们在获得越来越多的媒体关注的同时,与党派媒体之间显著地相互影响,也在议题设置上逐渐更加独立于其他媒体,尤其是在国际关系、经济和宗教等单个议题上展现出了议程设置的效果。而事实核查网站是整个媒体环境中最为独立自主的媒体,但这也导致其他媒体对它们的关注度较低,他们的影响力仅为 2016 年假新闻影响力的一半。

　　瓦尔格等人完成的这项研究也存在一定的局限性,如受其统计方式所限,一些媒体内容使用假新闻的议题不一定是犯了同样的事实错误,而只是引证这些假新闻并予以驳斥,可见研究所使用的方法并不能具体地衡量假新闻中具体虚假主张的议程设置效果,大数据算法工具的发展在机器学习和内容分析上还有很长的路要走。不过,不论是 GDELT CKG 的网络新闻数据集来源,还是 Python 等计算机辅助工具,都是对大数据研究方法的积极运用,如果仅仅依赖传统的统计和计算方法,研究者们的工作便难以充分涵盖这高达数十万条的新闻内容,更难以一一计算其格兰杰因果关系,而他们的研究路径也为我们日后使用大数据进行社会科学研究提供了一条思路。

四、研究意义、展望以及挑战

本节大致梳理了大数据文本挖掘和分析方法的定义、应用领域、应用方法,以及大数据普及化所带来的公共领域的结构性变化,即大数据使人在媒介社会中的存在状态更多地呈现为一组经济和消费意义上的数据。与此同时,它一方面让最能刺激消费的内容与主流的信念、文化内容相结合,使网络公共空间沦为某种民粹主义的"回声室";另一方面,它也为边缘化的小众群体提供了获取信息、聚集和参与民主政治的渠道。

因此,学习和应用大数据文本挖掘和分析方法是互联网时代下研究媒介社会议题的必然趋势,因为人们的行为轨迹已经越来越详尽地被整合进网络大数据中,而传统的依赖于受访者自我汇报的研究方法并不能满足客观全面地反映人们态度和行为真实状况的数据需求,使用实验法又需要消耗相当的人力、物力与财力,而大数据能够兼容两种方法的优点,通过高效数据获取与分析为揭示人们行动特征展示社会结构变迁提供更强大的研究工具。不过,大数据作为一种开放性的技术也面临着诸多问题。

首要问题即隐私问题。大数据在挖掘人们的行为数据的同时,不可避免地掌握了人们的隐私,在一些社交媒体网站的开源信息中,有一些信息甚至不是用户自愿提供的,这也造成了隐私泄露的风险。对此,贝洛奥加兹等人总结了两种主要的解决方案:一是对特定的私人数据进行不识别的处理;二是将隐私信息差异化,在研究者挖掘文本数据时,避免他们获得非必要的用户隐私信息。[①]

另一个主要挑战是如何找到足够有效的方法来分析庞大的在线数据流,要做到这一点,研究者们需要预先设定所要分析的目标和最适用的算法类型,然后再展开挖掘工作,这对计算机的软硬件都提出了要求。对此,贝洛奥加兹等人认为无监督技术和聚类分析将为解决这一问题提供行之有效的手段。[②]

---

① Bello-Orgaz, G., Jung, J. J., & Camacho, D. (2016). Social big data: Recent achievements and new challenges. Information Fusion, 28, 45 – 59.
② Bello-Orgaz, G., Jung, J. J., & Camacho, D. (2016). Social big data: Recent achievements and new challenges. Information Fusion, 28, 45 – 59.

最后,我们可以注意到,大数据文本挖掘的过程已经逐渐与分析过程紧密结合在一起,因此研究者们也需要考虑如何有效地对所挖掘和分析的数据进行可视化呈现。

本节导读文献：

Verma, J. P. , Agrawal, S. , Patel, B. , & Patel, A. (2016). Big data analytics: Challenges and applications for text, audio, video, and social media data. International Journal on Soft Computing, Artificial Intelligence and Applications (IJSCAI), 5(1), 41 - 51.

Harper, T. (2017). The big data public and its problems: Big data and the structural transformation of the public sphere. New Media & Society, 19(9), 1424 - 1439.

Vargo, C. J. , Guo, L. , & Amazeen, M. A. (2018). The agenda-setting power of fake news: A big data analysis of the online media landscape from 2014 to 2016. New media & society, 20(5), 2028 - 2049.

建议阅读文献：

Marres, N. , & Gerlitz, C. (2016). Interface methods: Renegotiating relations between digital social research, STS and sociology. The Sociological Review, 64(1), 21 - 46.

陈云松:《当代社会学定量研究的宏观转向》,《中国社会科学》2022 年第 3 期,第 127 - 144 页。

朱迪亚·珀尔、达纳·麦肯齐:《为什么:关于因果关系的新科学》,江生、于华译,北京:中信出版社,2019 年。

思考：

如何看待大数据与因果分析机制的关联?

后　记

　　本书从 2021 年 9 月筹划到 2024 年 4 月定稿,历时两年半时间,在这期间媒介社会学领域发生了重大变化。从 2017 年尼克·库尔德利和安德烈亚斯·郝普的《现实的中介化建构》英文版面世,到 2022 年 9 月安德烈亚斯·郝普进一步思考结晶成果《行动者、社会关系与秩序:媒介社会学的数字化转型》一文的发表,在一定程度上意味着国外学界对媒介化社会的思考已经从 2014 年西尔维奥·韦斯伯《媒介社会学再评论》中的框架雏形实现了结构化转型。与此同时,国内学界近年来一直活跃的媒介记忆、媒介组织、媒介家庭、媒介与社会报道、新闻生产、平台运作和数据生产资料的研究也风起云涌。本书采取行动—媒介—结构的框架梳理,并主要聚焦海外生产作品的引进导读,注定是一种视角性的有限努力。然而鉴于在该领域尚无面向本科高年级和研究生学习的批判性参考读物,最终还是决定出版。

　　本书的编写框架和理论切入视角来源于我在上海交通大学媒体与传播学院面向学术型硕士开设的"媒介社会学"课程大纲,各章节导读框架和文献选择也由此课程而来。最终各章节实际完成人构成情况如下:第一章媒介社会学概论:概念、议题与方法由我独立完成;第二章媒介社会学的学派根基:芝加哥学派源流梳理主要由唐颖、王凌波协助完成;第三章媒介社会学的经典研究范式介绍主要由于月新协助完成;第四章媒介社会学经典理论家基本理论框架介绍主要由覃滢、Oka Fukii 协助完成;第五章媒介社会学专题介绍部分媒介、体制与政治主要由吴蔚文协助完成;媒介工业和受众主要由张然协助完成;媒介表征/再现主要由 Elaine Zhu Zhang、Imelda 协助完成;数字技术、自我和社会主要由冯紫薇协助完成;第六章媒介社会学经典研究方法及应用案例剖析部分实验法主要由杜兰娟、何中蕾协助完成;调查法部分由 Chiaki Tanibata 协助完成,访谈法主要由郑倩、施可儿协助完成,大数据分析主要由 Oka Fukii 协助完成。全书各章节组织安排修改审订由我完成,感谢学院和我校出版社支持,也感谢黄强强、郭嘉泰老师的专业编审。

需要说明的是,本书文献选取主要是对 web1.0~web3.0 阶段历时性研究本文的代表性选读,随着对媒介社会学领域涉猎文献的增加和对这个领域认识的发展,后续课程还将不断补充扩展近五年的研究文献,形成更适合当前研究借鉴的数字媒介社会学读本,欢迎看到这本书的专家、学者、同学积极讨论,并就书中出现的错误、谬误指正,共同促进领域知识生产正向发展。

另外,为帮助读者更为全面的了解国内外媒介社会学的发展状况,并对本书框架视角位置有更清晰的认知,特别邀请复旦大学李红涛教授和得州大学奥斯汀分校的陈文泓教授作序,他们分别从国内传播学根基视野和国外社会学根基视野对本书框架所进行的专业解读、批评和建议,相信会给读者带来更多的帮助,在此对二位学者深表谢意,也希望借此唤起更多学界同仁关于媒介社会学框架的再思考。

最后借用马克思《共产党宣言》中的名言"一切坚固的东西都烟消云散了",以及人类对"向死而生"的有限体认和执着追求,想说尽管媒介技术的发展,以及理论界的反思如此之快,但我们仍然可以做出一些有限的努力和尝试,拥抱和欢迎一切对话。是为记。

韩瑞霞
2024 年春于上海交通大学闵行校区